Olaf Gersemann

# Die Deutschland-Blase

Olaf Gersemann

# Die Deutschland-Blase

## Das letzte Hurra einer großen Wirtschaftsnation

Deutsche Verlags-Anstalt

MIX
Papier aus verantwortungsvollen Quellen
FSC® C014496

Verlagsgruppe Random House FSC® N001967
Das für dieses Buch verwendete FSC®-zertifizierte Papier
*Munken Premium Cream* liefert Arctic Paper Munkedals AB, Schweden.

1. Auflage

Typografie und Satz: DVA/Brigitte Müller
Gesetzt aus der Minion
Grafiken: Peter Palm, Berlin
Druck und Bindung: GGP Media GmbH, Pößneck
Printed in Germany
ISBN 978-3-421-04657-4

www.dva.de

Für Katja

## Inhaltsverzeichnis

# Einleitung
## Herr Turtur und der Ententest

August Gersemann, mein Urgroßvater, war Steinmetz von Beruf. Nebenbei beackerte er ein Stück Land, das nicht sein Eigen war, und arbeitete, weil er keine Pacht zahlen konnte, auf dem Hof des Eigentümers. Er hatte, so würde man es heute ausdrücken, drei Jobs. 1902 starb er, mit 32 Jahren, an einer ansteckenden Krankheit, vermutlich Typhus. Maria Gersemann, seine Frau, schlug sich durch. Sie wusch in den Häusern anderer Leute die Wäsche, per Hand, denn Waschmaschinen gab es damals nicht.

Und vieles andere auch nicht. Das Flugzeug, das Radio und der Staubsauger zum Beispiel waren gerade erst erfunden worden. Lange noch sollten sie in Deutschland ein Luxus bleiben, der einigen wenigen vorbehalten war. Es war eine Welt ohne Panzer und ohne Atombombe – aber auch ohne Anti-Baby-Pille und Antibiotika.

Augusts Sohn Josef, mein Großvater, wurde Hauer, und der Job war ungefähr so unangenehm, ungesund und gefährlich, wie es der Name andeutet. Hauer, so wurden früher einfache Bergleute genannt. Als mein Großvater um die 30 war, bekam ein Hauer im deutschen Steinkohlenbergbau neun Reichsmark am Tag; ein Kilo Butter, zum Vergleich, kostete in deutschen Großstädten damals vier Reichsmark.[1]

Josef Gersemann wurde hineingeboren in ein ärmliches Leben. Das Pro-Kopf-Einkommen, ein grobes Maß für den ökonomischen Wohlstand eines Landes, lag in Deutschland ungefähr auf dem Niveau, das heute Staaten wie Algerien, Bolivien oder die Philippinen erreichen. Es folgten ein Weltkrieg, die Hyperinflation, die Große Depression, noch ein Weltkrieg. Und dennoch: Als mein Großvater 1991 starb, hatte sich das Pro-Kopf-Einkommen in Deutschland mehr als verfünffacht.[2] Er hatte zuletzt einen Lebensstandard genossen, der zu Zeiten seiner Geburt unerreichbar scheinen musste. Das wohl eindeutigste Zeichen dafür ist gar kein materielles: Josef Gersemann wurde – trotz seiner vielen Arbeitsjahre unter Tage, trotz eines frühen Herzinfarkts – 93 Jahre alt. Fast dreimal so alt wie sein Vater. Und mit ziemlicher Sicherheit auch weit älter als jeder seiner Vorfahren.

Keine besondere Geschichte. Und gerade das ist so besonders.

»Scheußlich, viehisch und kurz«, so beschrieb der englische Philosoph Thomas Hobbes im 17. Jahrhundert das Leben des Menschen im »Naturzustand«. Für den allergrößten Teil der Geschichte traf diese Beschreibung auf den allergrößten Teil der Menschheit auch zu. Und es ging wenig voran. Im Jahr 1800 lag das Pro-Kopf-Einkommen in Deutschland sogar niedriger als drei Jahrhunderte zuvor. Die Zeitgenossen Goethes waren im Durchschnitt ärmer als die Landsleute Luthers.[3]

Dann erfasste die industrielle Revolution Deutschland. Seit nunmehr 200 Jahren hat hierzulande jede Generation den materiellen und immateriellen Wohlstand wachsen sehen – und das trotz aller Rückschläge. Fünf, sechs Generationen in Folge, jede zumindest im Durchschnitt in praktisch jeder nur denkbaren Hinsicht reicher als die davor – das hat es, soweit man das heute nachvollziehen kann, niemals zuvor gegeben.

Bald wird diese Serie abreißen, wir stehen vor einer historischen Zäsur. Meine Generation – ich bin Jahrgang 1968 – ist noch in sehr viel größerem Wohlstand aufgewachsen als die Generation zuvor. Meine Generation hat auch, wie die davor, einen beträchtlichen Wohlstandszuwachs miterleben dürfen. Aber meine Generation wird auch die neue Ära miterleben: die Ära, in der der Wohlstand in Deutschland mit hoher Wahrscheinlichkeit bestenfalls stagnieren wird. Die Phase dagegen, die wir aktuell erleben, eine Art Sonderkonjunktur, wird uns noch lange als die gute alte Zeit in Erinnerung bleiben. Sie ist das letzte Hurra einer großen Wirtschaftsnation.

Deutschland steht vor großen Herausforderungen. Es gilt, die Energiewende zu bewältigen, ohne dass die Preise für Strom weiter in dem Tempo der vergangenen Jahre steigen. Und es gilt, die Voraussetzungen dafür zu schaffen, dass die europäische Währungsunion dauerhaft Bestand hat. Wenn beides gelingt, dann hat Deutschland beste wirtschaftliche Aussichten: Das ist herrschende Meinung, ein weit verbreiteter Eindruck in Deutschland.

Dieses Buch widerspricht diesem Konsens. Euro- und Energiekrise sind in der Tat gewaltige Herausforderungen. Aber selbst wenn – ein großes Wenn – es gelingen sollte, sie zu meistern, gehen wir wirtschaftlich schweren Zeiten entgegen. Sehr schweren. Die Wirtschaftsmacht Deutschland gleicht Herrn Turtur aus Michael Endes Kinderbuch »Jim Knopf und Lukas der Lokomotivführer«: Je näher man hinschaut, umso kleiner wird sie. Deutschland ist ein Scheinriese, wir überschätzen unsere gegenwärtige wirtschaftliche Kraft ebenso wie unser wirtschaftliches Potenzial für die Zukunft.

Wenn sich dennoch Selbstzufriedenheit, ja Selbstgefälligkeit in der Wirtschaftspolitik der Ende 2013 gebildeten Großen Koalition widerspiegelt, dann ist das vor allem ein Produkt falscher Maßstäbe. Wir vergleichen uns mit Ländern, die gerade in akuten, umwälzenden Wirtschaftskrisen stecken, und freuen uns, dass wir dabei gut abschneiden. Wir definieren Beinahe-Stagnation in kräftige Aufschwünge um und anhaltende Massenarbeitslosigkeit in nahende Vollbeschäftigung. Wir protzen mit unseren Stärken und blenden unsere Schwächen aus. Wir haben uns die Latte niedrig gehängt und sind stolz, wenn wir sie überhüpfen.

Wirtschaftsexperten sind notorisch schlecht darin, die Zukunft vorherzusagen. Die Euro-Krise etwa hat praktisch niemand kommen sehen. Im Grunde reicht der Weitblick der Ökonomen noch nicht einmal bis zur nächsten Straßenecke. Rezessionen erkennen sie regelmäßig erst dann, wenn sie längst da sind.[4]

Auch auf sehr viel entscheidendere Fragen haben Ökonomen in der Vergangenheit vielfach die falschen Antworten gegeben. Der Österreicher Joseph Alois Schumpeter etwa, einer der ganz großen Theoretiker des Kapitalismus, sah im Kampf der Wirtschaftsordnungen den Sozialismus obsiegen. Ein anderer berühmter Ökonom, der Amerikaner Paul Samuelson, wurde 1961 noch konkreter: Schon 1984 könne die UdSSR die USA überholt haben. Die Dinge entwickelten sich bekanntlich anders, aber das schmälerte Samuelsons Zutrauen in den Kommunismus nicht. Noch 1980 schrieb er, die Sowjetunion werde womöglich zur weltgrößten Wirtschaftsmacht aufsteigen – vielleicht schon im Jahr 2002.[5]

Abschreckend wirken solche Blamagen offenbar nur bedingt. Vor allem Grenzgänger aus anderen Sozialwissenschaften trauten sich immer wieder kühne ökonomische Vorhersagen zu. 1979 betrachtete Ezra Vogel, ein Professor der amerikanischen Eliteuniversität Harvard, in einem gleichnamigen Bestseller »Japan as Number One«. 1993 dann machte Lester Thurow Furore. Der frühere Dekan der MIT Sloan School of Management, einer der Kaderschmieden für amerikanische Führungskräfte, sah in seinem Buch »Kopf an Kopf« drei Wirtschaftsblöcke um eine globale Vormachtstellung ringen: die USA, Europa und Japan. Thurow glaubte, dass Europa sich durchsetzen werde – ähnlich wie Jeremy Rifkin, der 2004 in »Der europäische Traum« Europa als »the new land of opportunity« propagierte und die Europäer, in einer Anspielung auf die Bergpredigt, als das auserwählte Volk. Zehn Jahre später dürfte Rifkins Traum für die vielen Millionen Arbeitslosen vor allem in Südeuropa wie Hohn klingen.

Wir glauben gerne, dass alles so bleibt, wie wir es gewohnt sind. Und so ist es ja auch meistens: Abends wird es dunkel, auf den Winter folgt der Frühling, auf den Blitz der Donner. Muster wiederholen sich, Trends setzen sich fort: Die Orientierung daran ist allzu menschlich.

Wir schreiben die Gegenwart fort in die Zukunft, wir »extrapolieren«, wie es im Deutsch der Wissenschaftler heißt. Extrapolation: darauf basierte Paul Samuelsons berühmte Prognose; er glaubte, das – scheinbar – starke Wachstum der Sowjetwirtschaft werde dauerhaft anhalten. Ganz ähnlich geartet waren die Prognosen aus den 70er- und 80er-Jahren, die Japan die USA überholen sahen. Und die heutigen Prognosen, die glauben machen, China werde bald schon zur größten Wirtschaftsnation der Welt aufsteigen, beruhen ebenfalls auf: Extrapolationen.

Dieses Buch ist auf den ersten Blick noch unbescheidener. Es behauptet nicht, dass sich ein Trend fortsetzen wird. Sondern dass ein Trend – die viel gepriesene wirtschaftliche Erholung Deutschlands nach Jahren der Stagnation nämlich – abbrechen wird, und zwar dauerhaft.

Aber die Prognosen, die dieses Buch enthält, sind nicht einfach nur plausibel in der Art, wie es simple Fortschreibungen der Vergangenheit sind. Es wohnt ihnen vielmehr eine Unausweichlichkeit inne. Denn erstens ist die dramatische Alterung der Bevölkerung, die uns bevorsteht, längst nicht mehr aufzuhalten. Um das Jahr 2035 herum werden unsere letzten geburtenstarken Jahrgänge in den Ruhestand gehen – und alle Menschen, die dann die Renten finanzieren müssen, sind bereits geboren. Es sind zu wenige.

Zweitens ist die wirtschaftliche Entwicklung Deutschlands in den vergangenen Jahren durch eine Reihe von Faktoren begünstigt worden, die uns in den Schoß gefallen sind und die – das ist entscheidend – nicht von Dauer sein können. Man denke etwa an die künstlich niedrigen Zinsen, die wie ein Dauerdoping auf die deutsche Wirtschaft wirken. Zudem hat die deutsche Wirtschaft in den Jahren seit 2005 enorm von der exzessiven Lohnentwicklung in Südeuropa profitiert. Damit haben sich Länder wie Spanien als Konkurrenten auf den Weltmärkten weitgehend selbst aus dem Spiel genommen – während die Nachfrage nach deutschen Exportprodukten bis zum Ausbruch von Finanz- und Euro-Krise hoch blieb. Wenn die Währungsunion nicht auseinanderfallen soll, werden die heutigen Krisenländer auf dem einen oder anderen Weg Wettbewerbsfähigkeit zurückgewinnen müssen – was zwangsläufig bedeutet, dass Deutschland Wettbewerbsfähigkeit verlieren wird.

»Blasen«, wie Wirtschaftswissenschaftler und Volksmund erhebliche, über längere Zeit andauernde Fehlbewertungen bezeichnen, können sich bei allen möglichen Vermögenswerten bilden. In den Niederlanden ging es in den 1630ern um Tulpenzwiebeln, beim »Südseeschwindel« von 1720 um die Anteilscheine eines einzigen Unternehmens; in den 1990er-Jahren richtete sich das Interesse beiderseits des Atlantiks auf ein ganzes Unternehmenssegment, nämlich Neugründungen (»Dot-coms«), deren Geschäftsmodell auf irgendeine Weise mit dem Internet zusammenhing. In den Nullerjahren schließlich bildeten sich in vielen Ländern der Welt mehr oder weniger große Blasen auf den Immobilienmärkten.

Den Begriff »Blase« auf ein ganzes Land anzuwenden, wie ich es mit diesem Buch tue, ist ungewöhnlich. Schließlich sind Volkswirtschaften keine Vermögenswerte, die sich kaufen und verkaufen lassen, an denen man sich beteiligen könnte, gegen die man mit sogenannten Leerverkäufen spekulieren könnte – einerseits. Andererseits hat die wirtschaftliche Situation in Deutschland aktuell viele Parallelen zu klassischen Spekulationsblasen – beängstigend viele. Auch Deutschland ist fehlbewertet, oder genauer: überbewertet.

Genau darum geht es in diesem Buch. Deutschland wird dem unterzogen, was in Amerika *duck test* genannt wird, ein Ententest – frei nach James Whitcomb Riley (1849–1916). »Wenn ich einen Vogel sehe«, erklärte der Dichter, »der wie eine Ente geht und wie eine Ente schwimmt und wie eine Ente quakt, dann nenne ich ihn eine Ente.«[6]

# 1
## Der neue deutsche Hochmut
### Wie uns die wirtschaftliche Erholung zu Kopf gestiegen ist

Davos, 23. Januar 2014. Wolfgang Schäuble, der deutsche Finanzminister, wirbt beim Weltwirtschaftsforum in den Schweizer Alpen für sein Land. Das muss der CDU-Politiker machen, das ist sein Job.

Die Frage ist, wie man das tut. Wenn man etwa die Briten in Davos reden hört, Premierminister David Cameron oder Londons Bürgermeister Boris Johnson, könnte man glauben, man sei an die Marketingschefs ihres Landes geraten: Sie bemühen sich um ausländische Investoren, die in Großbritannien Jobs schaffen sollen. Cameron berichtet beispielsweise von seinen Plänen, Großbritannien zur neuen Heimat all jener Unternehmen zu machen, die Standorte aus China und anderen Schwellenländern zurück nach Europa verlagern wollen. »Bevor Sie in einem Land investieren, sollten Sie sich fragen, wie oft seine Regierung vor Gericht verliert«, sagt der Regierungschef und grinst verschmitzt. »In Großbritannien tut sie das ständig.« Die versammelte globale Wirtschaftselite in der großen Halle des Davoser Kongresszentrums lacht herzlich.

Wolfgang Schäuble dagegen, der kurz nach Cameron in einem deutlich kleineren Saal auftritt, wirbt nicht um Unterstützung. Er verlangt Anerkennung. Frankreich, Griechenland,

Italien – die Euro-Partner werden alle ein wenig gelobt. Sehr viel gelobt wird dagegen vom deutschen Finanzminister: Deutschland. Eine »Wachstumslokomotive« sei das Land, für Europa, für die Welt, sagt Schäuble. Das größte Problem Deutschlands sei das Ausmaß seiner Fortüne, denn: »Erfolg macht auch müde.«

Man kann Wolfgang Schäuble nicht vorwerfen, dass er vor internationalem Publikum extra dick aufträgt. Den gleichen Ton schlägt die deutsche Politik aber auch daheim an. »Deutschland ist stark«, plakatierte die CDU im Bundestagswahlkampf 2013, Kanzlerin Angela Merkel nannte Deutschland einen »Wachstumsmotor«. Die Botschaft wurde offenbar gern gehört. Der Union jedenfalls gelang, was Politikwissenschaftler und Wahlforscher keiner deutschen Volkspartei mehr zugetraut hatten: einen Stimmenanteil von mehr als 40 Prozent zu erreichen.

Dafür, dass die Union die Stimmung im Land getroffen hatte, sprechen auch Umfrageergebnisse. Das Institut für Demoskopie Allensbach ermittelt seit 1949 immer im Dezember in einer repräsentativen Erhebung, mit welchem Gefühl die Bürger dem Jahreswechsel entgegensehen. »Mit Hoffnungen« blickten sie ins neue Jahr, sagten im Dezember 2013 nicht weniger als 57 Prozent der Befragten – der höchste Wert seit 1994. »Mit Befürchtungen«, das gaben nur zwölf Prozent an – der niedrigste Wert seit dem Mauerfalljahr 1989.[1]

Wir sind zuversichtlich und selbstbewusst wie lange nicht – das, für sich genommen, ist natürlich ein Grund zur Freude. Aber man muss kein Miesepeter sein, um zu Vorsicht zu mahnen – und zwar gleich aus einer ganzen Reihe von Gründen.

Es war 1999, vor gerade einmal anderthalb Jahrzehnten, als das einflussreiche britische Wirtschaftsmagazin »The Economist« Deutschland zum »kranken Mann des Euro« stempelte. Das traf damals, mitten in der Dot-com-Euphorie, nicht unbedingt die Stimmung im Land. Doch ein paar Jahre später hatte das Krisenbewusstsein auch uns erreicht. Ende 2002 erklärten in der besagten Allensbach-Umfrage nur 31 Prozent der Deutschen, sie blickten »mit Hoffnungen« ins neue Jahr – so wenige wie seit 1950 nicht.

Eine kollektive Depression – die dann binnen weniger Jahre in kollektive Euphorie umschlägt: Wenn das alte Lebensgefühl so kurzlebig war, warum sind wir so sicher, dass das neue von Dauer sein wird? Zumal es anderen Nationen umgekehrt ergeht. Spanien etwa. Noch 2008 sagten in einer Umfrage des amerikanischen Pew Research Center 51 Prozent der Spanier, ihr Land bewege sich »in die richtige Richtung« – unter den 21 Ländern, in denen die Befragung damals durchgeführt wurde, war das der vierthöchste Wert. 2013 waren nur fünf Prozent der Spanier dieser Ansicht, der zweitniedrigste Wert, dahinter lagen einzig die Griechen.[2]

Wirtschaftlicher Niedergang und Wiederaufstieg einer Nation – beides kann sich offenkundig ziemlich rasch vollziehen, und es spricht einiges dafür, dass die Zyklen eher kürzer als länger werden. Denn in gewisser Weise hat die Globalisierung die Politik potenter, effektiver gemacht: Der Wegfall von bürokratischen und technischen Hemmnissen hat Kapital, ganze Unternehmen und – in geringerem Maße – Arbeitnehmer immer mobiler werden lassen. Daher können richtige politische Entscheidungen rasch Wunder wirken und Fehler sich schnell rächen.

Jeder Vierte ohne Job, Hunderttausende Häuser zwangsversteigert, explodierende Staatsschulden: Die schlechte Stimmung in Spanien ist leicht zu erklären. Was aus heutiger Sicht eher verwundert, ist die Zufriedenheit, die die Spanier noch im Jahr 2008 an den Tag legten. War nicht offensichtlich, dass der jahrelange

Immobilienboom ein böses Ende nehmen würde? Hätte nicht ein Blick in die spanische Leistungsbilanz genügt, um zu sehen, dass die Spanier ihre laufenden Ausgaben zu einem erheblichen Teil durch fortwährende Kreditaufnahme im Ausland finanzierten? Ja, natürlich – aus heutiger Sicht.

Ähnlich verwundert kann man sein über die Amerikaner, aus ähnlichen Gründen: Auch sie erlebten einen jahrelangen Immobilienboom, und auch der war, wie in Spanien, angeheizt worden durch eine Politik, die Hypotheken an Geringverdiener kräftig subventionierte, und durch Banken, die Kreditkonditionen immer weiter lockerten und schließlich sogar Leute, die es sich eigentlich beim besten Willen nicht leisten konnten, zum Hauskauf animierten.

Und über Jahre fanden sich Experten, die Rechtfertigungen dafür lieferten. »Bubble Trouble? Not Likely«, Blasenprobleme unwahrscheinlich, überschrieben Professoren zweier angesehener amerikanischer Managementhochschulen einen Artikel im September 2005. »Es gibt keine Blase«, wurde der Chef einer Investmentgesellschaft noch im April 2006 im »Wall Street Journal« zitiert: »Die zugrundeliegenden Fundamentaldaten sind weiterhin sehr positiv.«[3]

Nur ein Jahr später, am 2. April 2007, brach der erste große amerikanische Finanzdienstleister zusammen: New Century, ein Spezialist für Hypotheken an Kunden mit schlechter Kreditwürdigkeit (»Subprime«), musste Konkurs anmelden, nachdem viele seiner Kunden in Zahlungsschwierigkeit geraten waren. In den folgenden Monaten nahm der Immobiliencrash seinen Lauf, im August 2007 sah sich die amerikanische Zentralbank erstmals gezwungen, die Kapitalmärkte mit Liquiditätsspritzen zu stabilisieren.

Es dauerte aber eine ganze Weile, ehe die Cheerleader des Booms verstummten. Noch am 13. Februar 2008 verkündete Alex

Tabarrok, ein Ökonomieprofessor von der George Mason University nahe Washington, lapidar: »Es gab keine Häuserblase.«[4] Zu jener Zeit befand sich Amerika bereits in einer Rezession – und das Schlimmste, die Ausweitung der amerikanischen Immobilienkrise zu einer globalen Finanzkrise, stand erst noch bevor.

Es ist fast immer so: Im Nachhinein erscheinen Blasen als irrational. Was ist da nur in die Menschen gefahren?, fragt man sich rückblickend. Übersehen wird dabei leicht, dass ganz zu Beginn eine gute Story steht. Ein Narrativ, an das eine kritische Masse der Beteiligten zu glauben beginnt. Das ist die erste – von insgesamt fünf – Phasen, die der amerikanische Wirtschaftswissenschaftler Hyman Minsky als charakteristisch für jede Spekulationsblase einstufte.[5]

Das Narrativ kann darin bestehen, dass eine technische Neuheit reif wird für den Massenmarkt – wie das Automobil im Amerika der 20er-Jahre oder das Internet in den 90er-Jahren – und neue Job- und Wachstumschancen verheißt. Es kann auch darin bestehen, dass sich neue Märkte eröffnen, wie Anfang des 18. Jahrhunderts die Südsee, und so der internationale Handel zusätzlichen Schwung gewinnt. Oder das Narrativ besteht darin, dass eine Kombination von konjunkturellen und strukturellen Faktoren die Häuserpreise immer weiter steigen lassen wird – so wie in den USA und im Spanien der Nullerjahre, als man hier wie dort glaubte, niedrige Zinsen und Landflucht, sinkende Arbeitslosigkeit und Masseneinwanderung würden für anhaltend günstige Bedingungen in attraktiven Küsten- und Metropolregionen sorgen. All diese Narrative haben eines gemeinsam: Zumindest für einen bedeutenden Teil einer Wirtschaft hellen sich die Aussichten auf die Zukunft auf.

Unser Pendant dazu ist die gefühlte wirtschaftliche Renaissance Deutschlands. Und es ist ja auch völlig unstrittig, dass einige beachtliche und erfreuliche Erfolge erzielt worden sind, die vor einem Jahrzehnt noch als nahezu utopisch galten. Die Erwerbstätigkeit in Deutschland erreicht immer neue Rekordmarken, die Zahl der offiziell registrierten Arbeitslosen ist um rund 40 Prozent gefallen. Erstmals seit Jahrzehnten sinken Langzeit- und Sockelarbeitslosigkeit.

Die Storys, die Narrative, von denen hier die Rede ist, machen eine Neubewertung möglich, ja nötig. Die wird auch regelmäßig vorgenommen, was ablesbar ist an steigenden Preisen und Kursen, die ihrerseits für zunehmenden Optimismus sorgen. Das ist, für Hyman Minsky, die Phase zwei einer Blasenbildung. Die Neubewertung vollzieht sich typischerweise zunächst verhalten. Doch je mehr die Erwartungen sich bestätigen, desto höher steigen sie – bis sie irgendwann zu hoch sind, um noch wahr werden zu können.

Einmal entstanden, entwickeln Blasen daher ein Eigenleben. Zuversicht und Vertrauen, das kommt noch hinzu, wirken ansteckend. Ein Beispiel dafür ist Bernard Madoff. Der amerikanische Finanzjongleur, 2009 zu 150 Jahren Gefängnis verurteilt, baute mit den Jahren ein sogenanntes Schnellballsystem auf: Investoren versprach er außergewöhnlich hohe Renditen, die er zunächst auch zahlen konnte – aber nur mit den Einlagen immer neuer Kunden. Das System funktionierte über Jahre, weil so viele Menschen ihm vertrauten. Und je mehr Menschen ihm vertrauten, umso einfacher wurde es für ihn, das Vertrauen von noch mehr Menschen zu gewinnen.

Auf ganz ähnliche Weise schwollen die Immobilienblasen in den USA oder Spanien an: Die Leute glaubten bereitwillig jenen, die prophezeiten, die Immobilienpreise würden immer weiter steigen. Je größer die Blase wurde – je mehr die Preise tatsächlich stiegen –, umso mehr sahen sie sich in ihrer Zuversicht bestätigt.[6] Und das wollten sie ja auch: bestätigt werden. Zunächst ist eine Blase schließlich eine angenehme Angelegenheit; eine positive Entwicklung (das Narrativ) hat Folgen (eine Höherbewertung von Häusern, Aktien etc.), mit denen die Entwicklung weiter angetrieben wird. Viele – Unternehmer, Investoren, Politiker – haben ein vitales Interesse daran, dass die Preise hoch bleiben, oder besser noch: dass sie immer höher steigen, dass der Prozess der Neubewertung anhält. Man will, dass die Party weitergeht.

Und dass sie nicht gestört wird. So werden denn Skeptiker ignoriert und notfalls diffamiert. Wer zum Beispiel nicht an die Nachhaltigkeit des amerikanischen Immobilienbooms glaubte, musste damit rechnen, als Linker bezeichnet zu werden, der nur nach Gründen für ein Eingreifen des Staates suche.[7] Außerdem werden immer neue Erklärungen dafür hervorgekramt, warum sich die Entwicklung fortsetzen wird. Ein führender amerikanischer Maklerverbandsvertreter argumentierte, der Anteil der Eigenheimbesitzer steige mit dem Alter, und weil nun die geburtenstarken Jahrgänge, die *baby boomer*, alt würden, werde die Nachfrage nach Häusern »für weitere 40 Jahre steigen«.[8] Das war im Juni 2005. Keine zwei Jahre später platzte die Blase – und die Nachfrage brach ein.

Probleme schließlich, die sich nicht länger leugnen lassen, werden heruntergespielt. Anfeuerer des amerikanischen Immobilienbooms wie Frank Nothaft, Chefökonom des halbstaatlichen Hypothekengiganten Freddie Mac, wurden nicht müde zu betonen, dass es gar keinen nationalen Häusermarkt gebe, sondern nur isolierte, lokale – und dass es folglich auch nur isolierte, lokale Probleme geben könne.[9] Die Finanzkrise, in die der Immobilienboom schließlich mündete, war dann aber alles andere als lokal.

Deutschland, vor 15 Jahren noch der »kranke Mann« in Europa, muss natürlich neu bewertet werden. Doch wir sind darüber längst in einen Zustand geraten, den der frühere amerikanische Zentralbankchef Alan Greenspan einmal als »irrationalen Überschwang« bezeichnet hat.

Fast alle Phänomene, die für die Euphorie bei der Entstehung herkömmlicher Spekulationsblasen kennzeichnend sind, lassen sich auch in Deutschland beobachten. Wir sind zuversichtlich wie lange nicht ob des vermeintlichen Wirtschaftswunders, das über das Land gekommen ist, und können uns schon nicht mehr vorstellen, dass es in absehbarer Zeit enden wird. Die Zuversicht ist so ansteckend, dass vor der Bundestagswahl 2013 nicht einmal die Opposition die Existenz des Wirtschaftswunders ernsthaft in Frage stellte – es ging ihr eher um die Verteilung seiner Früchte. Selbst Peer Steinbrück, damals ein führender Kopf der noch oppositionellen SPD, bezeichnete Deutschland als »Kraftwerk«.[10]

Auch Cheerleader haben sich längst gefunden. Bert Rürup zum Beispiel, Koautor des Buches »Fette Jahre«. Der frühere Vorsitzende des Sachverständigenrats zur Begutachtung der gesamtwirtschaftlichen Entwicklung – der sogenannten Fünf Weisen – geht »so weit zu sagen, dass Deutschland beim Pro-Kopf-Einkommen in den nächsten 20 Jahren (…) auch die USA (…) abhängen wird«.[11] Eine wahrhaft tollkühne Behauptung, die nur Realität werden kann, wenn Amerika in eine Phase permanenter Stagnation gerät. Oder wenn die Wachstumsraten pro Kopf in Deutschland zwei Jahrzehnte lang ein Vielfaches des amerikanischen Wertes erreichen.[12] Das allerdings wäre dann wirklich im Wortsinne: ein Wirtschaftswunder.

Dass Skeptiker diffamiert werden, ist ebenfalls bereits zu beobachten. Am deutlichsten wird das in der Diskussion um die hohen deutschen Exportüberschüsse. Kritiker – unter anderem aus Frankreich und den USA – monieren, damit bereichere Deutschland sich auf Kosten Dritter. Der Vorwurf wird sehr zu Recht erhoben (siehe Kapitel 10) – und löst bei unseren Politikern und Wirtschaftsvertretern vielleicht gerade deshalb wütende Reaktionen aus.

Probleme, die eigentlich offenkundig sind, die aber die Party stören könnten, werden heruntergespielt: Auch das gibt es bereits. So ist kaum zu bestreiten, dass die dramatisch schwache Entwicklung bei den öffentlichen und vor allem den privaten Investitionen das Wachstum unserer Wirtschaft gebremst hat und die Aussichten eintrübt (siehe Kapitel 9). Umso größer ist das Bemühen, das Phänomen kurzerhand wegzurechnen. Offizieller Standpunkt des Bundeswirtschaftsministeriums in dieser Frage ist, dass die »Investitionsquote in Deutschland (…) dem Entwicklungsstand unserer Volkswirtschaft ungefähr angemessen« sei. Für »alarmistische Meldungen« bestehe »somit kein Anlass«.[13]

Es gibt noch drei weitere Phänomene, die nicht unbedingt typisch sind für die euphorische Phase von Blasen, die sich aber dem irrationalen Überschwang, der uns ereilt hat, zuordnen lassen. Alle drei hängen miteinander eng zusammen: Da ist, erstens, unser Hochmut gegenüber Dritten, die mangelnde Bereitschaft, unvoreingenommen und ohne Überheblichkeit über den Tellerrand zu schauen. Da ist, zweitens, unsere Neigung, alle möglichen Sonderwege, die wir gehen, vorbehaltlos als Stärken zu deuten. Und da ist, drittens, das Bestreben, uns selbst zum Musterknaben für die Welt zu erklären.

Wir sprachen vom »Modell Holland«, und wir suchten und fanden noch andere Vorbilder, die Schweiz etwa oder Schweden. Mitte der 90er-Jahre war das, als uns angesichts schwacher Wachstumszahlen und steigender Arbeitslosenquoten zunehmend unwohl wurde. Erstmals diskutierten wir ernsthaft über den internationalen »Standortwettbewerb«, dem Deutschland ausgesetzt ist. Damals kam »Benchmarking« in Mode. Dutzendweise wurden Studien angefertigt, die zeigen sollten, wie Deutschland im internationalen Vergleich dasteht. Bereitwillig schauten wir nach, wer besser abschneidet – und warum er es tut.

Ihren Höhepunkt erreichte die Benchmarking-Mode mit dem »Pisa-Schock« des Jahres 2001. Damals veröffentlichte die offizielle Denkfabrik der Industrieländer, die Organisation für wirtschaftliche Zusammenarbeit und Entwicklung (OECD) in Paris, zum ersten Mal Auswertungen aus ihrem »Programme for International Student Assessment« (Pisa). Das unerwartet schlechte Abschneiden deutscher Schüler bei diesem internationalen Leistungsvergleich löste eine heftige, lang anhaltende Debatte aus.

Mittlerweile sind wir nur noch schwer zu schocken. Anfang Oktober 2013 zum Beispiel legte die OECD zum ersten Mal die Ergebnisse des PIAAC, des »Programme for the International Assessment of Adult Competencies« vor, einer Art Pisa für Erwachsene. Für Deutschland fielen die Resultate verheerend aus (siehe Kapitel 12). Wer einen Aufschrei der Öffentlichkeit erwartet hätte, Brandreden des Bundespräsidenten, leidenschaftliche Diskussionen in Plenarsitzungen und Talkshows, lag daneben. Bundesbildungsministerin Johanna Wanka (CDU) tat damals etwas, was sie sonst eher selten tut: Sie schickte eine Staatssekretärin vor. Die bedachte das Thema in einer Pressemitteilung mit genau drei Sätzen.[14] Nach wenigen Tagen versiegte die Berichterstattung darüber.

Ein großes Hallo gab es dafür zwei Monate später, als erstmals nach drei Jahren neue Pisa-Ergebnisse veröffentlicht wurden. Da war Wanka wieder da. Deutschlands Schüler »sind auf dem Weg in die Spitzengruppe«, erklärte sie im Dezember 2013 gemeinsam mit dem Präsidenten der Kultusministerkonferenz. »Besonders erfreulich ist, dass der Zusammenhang von sozialer Herkunft und Bildung abnimmt und die Schülerinnen und Schüler mit Zuwanderungshintergrund bessere Leistungen zeigen. Die vielfältigen Anstrengungen von Bund und Ländern zahlen sich aus.« In der dazugehörenden Pressemitteilung hatten Wankas Ministerialbeamte so ziemlich alles aus der Pisa-Studie zusammengekratzt, was sich als Erfolg für Deutschland deuten lässt.[15]

Dagegen blieb außen vor, in der Presseerklärung wie in der anschließenden kurzen Debatte über die Ergebnisse in der Öffentlichkeit, dass sich »vielfältige Anstrengungen« auch in einigen anderen Ländern gelohnt haben – darunter Italien, Polen, Portugal, Südkorea und die Türkei.[16] Polen etwa, dessen Schüler beim ersten großen Pisa-Mathetest 2003 noch unter dem OECD-Durchschnitt und auch unter dem deutschen Niveau lagen, hat Deutschland inzwischen überholt. Konkret zeigt die jüngste Pisa-Studie,

- dass polnische Schüler im Durchschnitt eine höhere »mathematische Kompetenz« an den Tag legen als die deutschen;
- dass dabei sowohl die leistungsschwächsten zehn Prozent als auch die leistungsstärksten fünf Prozent in Polen besser abschneiden als in Deutschland; und
- dass auch bei den naturwissenschaftlichen und den Lesetests polnische Schüler im Durchschnitt bessere Leistungen erbringen als deutsche.[17]

Wenn es richtig ist, dass zumindest auf längere Sicht das Bildungsniveau einen sehr starken Einfluss auf das Wohlstandsniveau hat: Sollten wir uns dann nicht anschauen, was die Polen besser machen? Oder sollten wir uns lieber von einer Bildungsministerin weismachen lassen, wir seien »auf dem Weg in die Spitzengruppe«, nur weil die Ergebnisse ein bisschen weniger betrüblich sind als zuvor?

Wir schmoren im eigenen Saft, meiden den Vergleich mit anderen Nationen oder picken uns das heraus, was zu unserem Selbstbild passt. Ein schönes Beispiel ist auch die sogenannte Exzellenzinitiative: 39 deutsche Universitäten bekommen derzeit, auf fünf Jahre verteilt, insgesamt 2,7 Milliarden Euro zusätzlich. Damit wollen Bund und Länder, wie es heißt, »den Wissenschaftsstandort Deutschland nachhaltig stärken, seine internationale Wettbewerbsfähigkeit verbessern und Spitzenforschung an deutschen Hochschulen sichtbar machen«.[18] Ganz offiziell wird in diesem Zusammenhang von »Eliteuniversitäten« gesprochen.[19]

39 Hochschulen, fünf Jahre, 2,7 Milliarden Euro. Das macht im Durchschnitt knapp 14 Millionen Euro pro Uni und Jahr. Zum Vergleich: Die privat betriebene amerikanische Harvard University kassiert nicht nur Studiengebühren in Höhe von mehr als 40 000 Dollar pro Student und Jahr. Sie hat auch eine eigene Vermögensverwaltung im Rücken: die Harvard Management Company. Deren einziges Ziel besteht darin, Forschung und Lehre an der berühmten Uni zu unterstützen. Am Ende des Geschäftsjahrs 2012/13 hatte die HMC rund 32,7 Milliarden Dollar auf dem Konto. Allein in jenem Jahr erwirtschaftete sie rund 3,7 Milliarden Dollar.[20] Das ist ungefähr das 200-Fache dessen, was in Deutschland eine gleichsam per Dekret ernannte »Eliteuni« im Durchschnitt ein paar Jahre lang obendrauf bekommt.

Nun ist Geld nicht alles, vermutlich auch im Hochschulwesen nicht. Allerdings deuten einschlägige internationale Universitätsrankings nicht darauf hin, dass deutsche Hochschulen in der Lage wären, die schlechtere finanzielle Ausstattung auf einem anderen Wege auszugleichen. Die international vielbeachteten »QS World University Rankings« führen für 2013 unter den 100 besten Universitäten weltweit gerade einmal drei deutsche auf. Die kleine Schweiz dagegen ist mit vier Hochschulen vertreten, Japan mit sechs. Großbritannien ist sogar 18-mal in den Top 100 zu finden – und viermal in den Top 10.[21]

Auch in vielen anderen wirtschaftlich relevanten Bereichen steht Deutschland im internationalen Vergleich viel schlechter da als oftmals angenommen. Hier nur ein paar weitere, mehr oder wenige wahllos herausgegriffene Beispiele:

- In Deutschland haben nur 20 Prozent der jungen Erwachsenen einen höheren Bildungsabschluss als ihre Eltern (Industrieländer-Durchschnitt: 37 Prozent). Demgegenüber erreichen 22 Prozent lediglich einen niedrigeren Abschluss (Industrieländer-Schnitt: 13 Prozent).[22]
- In nicht weniger als 110 Ländern auf der Welt ist es leichter als in Deutschland, ein Unternehmen zu gründen.[23]
- Die Informations- und Kommunikationstechnologien (IKT) bilden einen Boomsektor – in dem Deutschland unterrepräsentiert ist, gelinde gesagt. Unter den laut OECD 250 weltweit führenden IKT-Unternehmen finden sich gerade einmal sechs deutsche. Neben, zum Beispiel, Frankreich (10), Taiwan (18) und Japan (49) ist auch Brasilien (7) im Top-250-Ranking häufiger vertreten.[24]
- Der Anteil der Haushalte, die Zugang haben zu sehr schnellen Internetverbindungen, ist so niedrig wie in nur wenigen anderen Industrieländern.[25]
- Von den 15 Nobelpreisträgern, die Deutschland zwischen 1980 und 1998 in den Kategorien Chemie, Medizin und Physik hervorgebracht hat, forschten zwölf zum Zeitpunkt der Ehrung an heimischen Forschungseinrichtungen. Von den acht, die zwischen 1999 und 2013 geehrt wurden, taten das nur vier. Der Anteil ist also von 80 auf 50 Prozent gefallen.
- Schon unter der schwarz-gelben Bundesregierung hatte kein anderes großes Industrieland die Reformempfehlungen der OECD so konsequent ignoriert wie Deutschland.[26] Mit der

> schwarz-roten Koalition dürfte es, wenn man den Koalitionsvertrag zum Maßstab nimmt, nicht besser werden. Die Kritik von OECD-Generalsekretär Angel Gurría, mit den Rentenbeschlüssen der Großen Koalition seien die Zeiten vorbei, »in denen Deutschland international als gutes Beispiel für die Gestaltung der Rentensysteme galt«,[27] konterte Kanzlerin Merkel im Februar 2014 kühl: Die Beschlüsse seien »im Augenblick vertretbar«. Manchmal sei die Politik halt verpflichtet, »auf bestimmte Befindlichkeiten Rücksicht zu nehmen«.[28]

Was andere besser machen und wie sie das anstellen: Wir hätten wahrlich Gründe, uns das eingehend anzuschauen. Tatsächlich passiert das Gegenteil.

Unsere Wirtschaft hat eine ganze Reihe von Eigenarten, die es fast nirgendwo sonst gibt. Die duale Ausbildung gehört dazu, die Mitbestimmung, das Sparkassenwesen, die Tarifautonomie. Deutsche Besonderheiten sind außerdem der vergleichsweise hohe Anteil der Industrie an der Wertschöpfung und die große Rolle, die mittelständische Familienunternehmen spielen.

Wir sind kollektiv stolz auf alle diese sechs Eigenarten. So loben Union und SPD in ihrem Ende 2013 abgeschlossenen Koalitionsvertrag Tarifautonomie und Mitbestimmung gleich in der Präambel als »ein hohes Gut«. Ebenfalls bereits in der vierseitigen Einleitung wird betont, »das besondere deutsche Modell mit Sparkassen, Genossenschaftsbanken und Privatbanken« habe »in der Finanzkrise zur Stabilität beigetragen«. Der dualen Ausbildung wiederum solle »zukünftig eine zentrale Bedeutung zukommen«. Der »Kern« der deutschen Wirtschaft werde derweil »auch weiterhin eine moderne, dynamische Industrie« sein. Und der Mittelstand schließlich sei »der innovationsstarke Beschäftigungsmotor für Deutschland«.[29]

Dass alle diese sechs Besonderheiten zumindest potenziell Stärken sein können, soll gar nicht in Abrede gestellt werden. Aber es gab sie eben auch schon, als wir Anfang der 80er-Jahre wirtschaftlich ins Schlingern gerieten; als in den 90er-Jahren das Wirtschaftswachstum stark nachließ; und als zu Beginn des Jahrtausends die Wirtschaftsleistung kaum mehr vom Fleck kam und schließlich die Arbeitslosenzahl die Fünf-Millionen-Marke überstieg.

Krisen verhindern können die Eigenarten also nicht, weder allein noch in ihrer Kombination. Da wäre es naheliegend, ja geboten, zu erforschen, ob es nicht andere Faktoren gibt, die für das Wohl und Wehe einer modernen Volkswirtschaft viel entscheidender – oder zumindest noch entscheidender – sind. Die Suche: Im Rausch des großen neuen Wir-sind-wieder-wer bleibt sie aus.

Der Welt deutsche Autos zu verkaufen und deutsche Maschinen – das reicht uns inzwischen nicht mehr. Unsere ganzen Eigentümlichkeiten kommen gleich mit auf die Verkaufstheke. So erklärt Arbeitsministerin Nahles die Tarifautonomie zum »Exportschlager«.[30] Das Sparkassenwesen haben wir ebenfalls für den Export vorgesehen. Als »Erfolgsmodell für Europa«, das die griechische Wirtschaft retten soll und neuerdings sogar dem Regime in Kuba angedient wird.[31] Außerdem will die Bundesregierung dafür sorgen, dass die Mitbestimmung in ganz Europa »weiter gestärkt« wird – so sieht es der Koalitionsvertrag vor.[32] Und mit Blick auf die duale Ausbildung hat die Kanzlerin dem Rest Europas schon in Aussicht gestellt, man werde »alles daransetzen, dass (…) andere Länder dem Beispiel folgen«.[33]

Es ist keine Übertreibung: Wir versuchen im Jahr 2014, der Welt unser Geschäftsmodell von anno 1964 aufzudrängen. Fehlt eigentlich nur, dass wir die Menschheit mit Hauptschulen und Steinkohlesubventionen zwangsbeglücken wollen.

Zu unserem Leidweisen tut sich die Welt aber schwer mit dem Lernen. Das duale Ausbildungssystem versuchen Politik und Wirtschaft anderen Ländern schon seit Jahrzehnten anzudrehen. Flächendeckend übernommen hat es außerhalb des deutschsprachigen Raums bis heute: niemand. Das könnte uns zu denken geben. Vielleicht, ganz vielleicht ist es ja gar nicht der Rest der Welt, der ignorant und verblendet ist – sondern wir selbst. Wenn alle anderen in eine andere Richtung fahren: Vielleicht sind dann ja doch nicht sie es, die als Geisterfahrer unterwegs sind. Doch statt unsere Sonderwege auch nur einen Moment zu hinterfragen, schlagen wir noch neue ein.

Keine Nation der Welt hat nach der Reaktorkatastrophe im japanischen Fukushima im März 2011 beschlossen, vollständig und endgültig aus der Atomenergie auszusteigen. Keine – außer uns. Wir sind, glauben wir, allerdings auch die Einzigen, die den daraus resultierenden Herausforderungen gewachsen sind. Daher schaut die ganze Menschheit nun auf Deutschland, ehrfürchtig, bewundernd. So hätten wir es gern, so reden wir es uns sein. Vorneweg: die Kanzlerin. »Die Welt ist der Überzeugung: Wenn es einer schaffen kann, dann können's die Deutschen schaffen«, sagte Merkel mit Blick auf die Energiewende im September 2013 in einer Fernsehdebatte mit ihrem damaligen Kontrahenten Peer Steinbrück. Woher sie weiß, was die Welt glaubt, behielt sie für sich.

Das ist vielleicht auch besser so, denn nicht wenige unabhängige ausländische Experten halten den jähen Atomausstieg wegen seiner Rückwirkungen auf die Energiemärkte in den Nachbarländern für einen »ziemlich rücksichtslosen« Akt des Unilateralismus.[34] Für eine »schlecht geplante« Politik, die

Deutschlands »tiefen Unwillen« illustriere, »strategisch über internationale Herausforderungen nachzudenken«.[35]

Wir selbst sehen das natürlich ganz anders. Auch den jüngsten deutschen Sonderweg wollen wir der Welt andrehen. Wenn die Energiewende »uns gelingt«, so drückte es die Kanzlerin in einer Regierungserklärung im Januar 2014 aus, »dann wird sie – davon bin ich überzeugt – zu einem weiteren deutschen Exportschlager«.[36]

Manchmal hilft ein Blick in einschlägige Statistiken. In die Statistiken für 2013 etwa, jenes Jahr, da Deutschland angeblich ein »Wachstumsmotor«, eine »Wachstumslokomotive« war. In Wirklichkeit wuchs die deutsche Wirtschaftsleistung um magere 0,4 Prozent. Die Einfuhr von Waren und Dienstleistungen ging zurück: Das Minus im Handel mit den Euro-Zonen-Partnern betrug 0,2 Prozent, insgesamt war sogar ein Rückgang von 1,1 Prozent zu verzeichnen.[37]

Dass die Importe des einen oder anderen Landes noch stärker rückläufig gewesen sind, ändert nichts daran: Ein Land, das im Ausland weniger einkauft als zuvor, ist kein Motor und erst recht keine Lokomotive. Sondern ein Bremsklotz.

Nun ist natürlich ein einziges Jahr kaum mehr als eine Momentaufnahme, wenn es darum gehen soll zu erfassen, wie dynamisch Deutschland sich wirklich entwickelt. Dazu muss man längere Zeiträume in den Blick nehmen.

# 2
## Das Japan des Westens
### Wie sehr wir im internationalen Vergleich schon abgerutscht sind

Japan: Niemand unter 30 kann sich heute vorstellen, welche Ehrfurcht, ja, welchen Schrecken allein der Name des Landes noch in den 80er-Jahren im Westen auslöste. Honda und Toyota waren zu Weltkonzernen aufgestiegen, und Sony war das Apple jener Tage, erst mit dem Walkman, dann mit dem CD-Player. Amerika fürchtete einen Ausverkauf, nachdem Mitsubishi das New Yorker Rockefeller Center erworben hatte, Sony das Hollywood-Studio Columbia und Matsushita dessen Konkurrenten Universal. Japans Wirtschaftssystem mit seinem staatlich gesteuerten Wirtschaftswachstum und seinen Firmenverbünden (»Keiretsu«) war der freien Marktwirtschaft, so glaubten viele, offensichtlich überlegen.[1]

Was folgte, war erst ein Immobiliencrash und dann, mit den 90ern, das sogenannte verlorene Jahrzehnt. Japan hat nie wieder zu dynamischem Wirtschaftswachstum zurückgefunden. Heute ist das Land immer noch eine große Wirtschaftsnation, gemessen am Bruttoinlandsprodukt hinter den USA und China sogar die drittgrößte der Welt. Doch statt Ehrfurcht und Schrecken weckt es in Europa und Amerika eher Mitleid.

Das Japan des Westens heißt: Deutschland. Eine lachhafte Übertreibung? Keineswegs, leider. Das zeigt sich zum Beispiel, wenn man sich das jährliche Wirtschaftswachstum anschaut für die zwei Jahrzehnte zwischen 1993 und 2013. Im Durchschnitt betrug die Zuwachsrate für Deutschland in diesem Zeitraum 1,3 Prozent. Unter den 166 Nationen, für die durchgängige Zahlen vorliegen, kommt Deutschland damit auf Rang 156. Nur zehn Nationen weltweit schnitten noch schlechter ab als wir.

**Die 12 wachstumsschwächsten Länder der Welt, 1993 bis 2013***

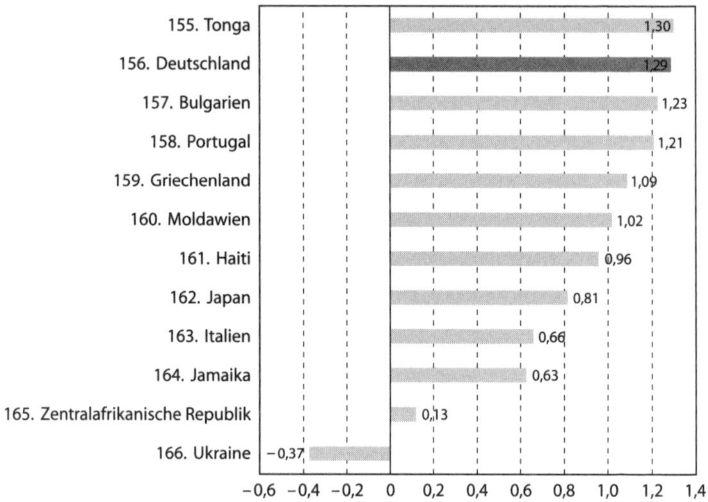


* gemessen an der durchschnittlichen Zunahme der Wirtschaftsleistung pro Jahr in Prozent

*Quelle: IWF World Economic Outlook Database, April 2014, und eigene Berechnungen*

Die meisten dieser zehn Länder hatten in den zwei Jahrzehnten mit außerordentlichen Problemen zu kämpfen: mit einer zumindest zeitweise fehlgesteuerten Transformation nach dem Zusammenbruch des Sowjetkommunismus, wie Bulgarien und die Ukraine. Oder mit Bürgerkriegen, wie Haiti und die Zentralafrikanische Republik. Hinter Deutschland liegen außerdem noch mit Griechenland, Italien und Portugal drei Länder, die besonders stark von der Euro-Krise betroffen waren.[2]

Und Deutschland?

Man könnte vielleicht auf die deutsche Einheit verweisen. Natürlich war die Wiedervereinigung zunächst eine teure Angelegenheit. Aber eigentlich hätten sich die Ausgaben, die staatlichen wie die privaten, als überaus lohnende Investitionen erweisen müssen. Schließlich hatte die Ex-DDR einerseits Potenzial – in Form von gut ausgebildeten Arbeitskräften –, und andererseits gab es natürlich Aufholbedarf. In dem Vierteljahrhundert nach der Wiedervereinigung hätte Deutschland unter dem Strich stark profitieren müssen. Es gab prinzipiell keinen Grund, warum Ostdeutschland sich nicht zu einem ähnlich dynamischen Wirtschaftsraum hätte entwickeln können, wie es etwa Polen seit Mitte der 90er-Jahre ist. Es gab prinzipiell keinen Grund, warum die Wiedervereinigung der gesamtdeutschen Wirtschaft nicht zumindest auf längere Sicht Schub hätte verleihen sollen.

Eine bessere Erklärung für unsere schlechte Wachstumsperformance ist nicht die deutsche Einheit als solche – sondern deren Missmanagement. Bei entscheidenden Weichenstellungen gaben politische Erwägungen den Ausschlag. So wurde, um die Ersparnisse der DDR-Bürger zu schonen, im Zuge der deutsch-deutschen Währungsunion 1990 der Wechselkurs der Ost-Mark sehr hoch angesetzt. Auch stand bei der Lohnfindung erst einmal der verständliche Wunsch im Vordergrund, die Lebensverhältnisse anzugleichen. Erreicht wurde jedoch das Gegenteil: Die ostdeutsche Industrie verlor den Rest ihrer ohnehin geringen Wettbewerbsfähigkeit, ganze Regionen wurden rasch weitgehend deindustrialisiert. Und daran änderte im Kern auch der dritte große Fehler nichts: Es wurde ein Subventionsregime geschaffen, das Investitionen unabhängig davon förderte, ob sie überhaupt Arbeitsplätze schaffen oder auch nur rentabel sind.[3]

Letztlich wurde Deutschlands wirtschaftliche Dynamik so dauerhaft gebremst. Aber kann das ein Grund dafür sein, dass Deutschland in der Weltrangliste des Wachstums irgendwo am Ende, kurz hinter Tonga und Burundi, rangiert? Und entspricht die Platzierung unserem Selbstverständnis? Eher nicht.

Es geht hier nicht um Kinkerlitzchen. Schon mittelfristig machen für das Wohlergehen einer Gesellschaft selbst kleinere Steigerungen oder Einbußen beim Wirtschaftswachstum enorm viel aus. Während die deutsche Wirtschaft zwischen 1993 und 2013 im Jahresdurchschnitt um 1,3 Prozent zulegte, schafften Österreich und die Niederlande 1,9 Prozent.[4] Im internationalen wie im historischen Vergleich sind das zwar auch keine großartigen Leistungen. Und doch liegen in dieser Differenz von 0,6 Prozentpunkten Welten: Nach zehn Jahren mit 1,9 Prozent Wachstum läge die Wirtschaftsleistung in Deutschland um rund 190 Milliarden Euro höher bei einer Wachstumsrate von 1,3 Prozent; rund 120 dieser 190 Milliarden Euro würden als verfügbare Einkommen in den Kassen der privaten Haushalte landen – Jahr für Jahr, Tendenz: weiter steigend.[5]

Noch viel größer wäre der Unterschied, wenn man Deutschlands Wachstum mit den von Finnland oder Großbritannien erreichten 2,4 Prozent vergleicht. Dann kommt der Zinseszinseffekt noch stärker zum Tragen: Nach zehn Jahren macht der Unterschied zwischen 1,3 und 2,4 Prozent Wachstum fast 350 Milliarden Euro aus.[6] Wenn Deutschland in den vergangenen zwei Jahrzehnten so rasch gewachsen wäre wie Finnland und Großbritannien oder auch nur wie Österreich und die Niederlande: Wie viele Probleme ließen sich lösen, wie viele Bedürfnisse könnten zusätzlich befriedigt werden mit so viel

Geld! Dringende Probleme gibt es schließlich genug und völlig legitime Bedürfnisse auch (siehe Kapitel 8).

Dass annähernd zwei Prozent Wirtschaftswachstum nicht nur in Ländern wie Österreich, sondern auch bei uns noch über einen längeren Zeitraum durchaus erreichbar sind, zeigt das zweitgrößte Bundesland, nämlich Bayern. Die Wirtschaftsleistung im Freistaat ist seit 1993 im Jahresdurchschnitt um gut 1,8 Prozent gewachsen – und damit doppelt so stark wie in Nordrhein-Westfalen. Das liegt natürlich auch daran, dass Bayern, anders als NRW, in den zwei Jahrzehnten seit 1993 viele Auswärtige angezogen hat. Aber das ist nur ein Teil der Geschichte. Richtig ist auch: 1993 lag die Wirtschaftsleistung pro Kopf in Bayern um fünf Prozent über dem nordrhein-westfälischen Niveau. 2013 betrug der Abstand schon 14 Prozent, er hat sich also fast verdreifacht.[7]

Bayern hier und Nordrhein-Westfalen dort. 1,8 Prozent hier, 0,9 Prozent dort. Der scheinbar so kleine Unterschied hat bedeutende Folgen. Bayern gilt als Boomregion. In der Wahrnehmung von außen. Und wohl noch mehr bei den Alt- und Neubajuwaren selbst. Wirtschaftliche Dynamik ist in Bayern ein Quell von Wohl- und Selbstwertgefühl. Wie lange ist es her, dass das jemand von Nordrhein-Westfalen behauptet hat?

Die Cheerleader des angeblichen Wirtschaftswunders werden darauf verweisen, dass eine so langfristige Betrachtung Deutschland nicht gerecht wird, weil unsere Wirtschaft sich zwischenzeitlich runderneuert habe – und für die Zukunft bestens aufgestellt sei. Doch auch wenn man nur die Zeit seit 2005 betrachtet, jenem Jahr, in dem die deutsche Volkswirtschaft sich aus einer jahrelangen Stagnation befreite, zeigt sich ein ähnliches Bild: Das durchschnittliche jährliche Wachstum zwischen 2005 und 2013 betrug 1,4 Prozent und lag damit nur leicht über dem langjährigen Mittel. Prognosen des Internationalen Währungsfonds (IWF) zufolge wird das durchschnittliche Wirtschaftswachstum auch in den kommenden fünf Jahren 1,4 Prozent betragen – mit im Zeitverlauf stetig fallenden Werten. Und wieder schneiden nur wenige Länder schlechter ab, darunter Äquatorial-Guinea, Mikronesien und Samoa. Ebenfalls noch hinter Deutschland rangieren die Euro-Krisenländer Italien, Spanien und Zypern. Die anderen Euro-Krisenländer dagegen – Griechenland, Irland, Portugal – sowie Frankreich kommen besser weg. Insgesamt reicht es für Deutschland für Platz 174 unter den 187 Ländern, für die Prognosen erstellt wurden.

Nun mag man einwenden, dass in Deutschland – wie auch in Italien und Japan – die demografische Alterung besonders früh eingesetzt hat und die Erwerbsbevölkerung schon nicht mehr wächst. Und dass es, zweitens, auf Pro-Kopf-Werte ankommt. Beides ist richtig. Nur macht es die Sache nicht viel besser: Deutschland muss eigentlich bei der Wirtschaftsleistung pro Kopf besonders stark zulegen – damit es in Zukunft seine vielen Rentner finanzieren kann (siehe Kapitel 8). Das tut es aber nicht. Schaut man sich das kaufkraftbereinigte Pro-Kopf-Einkommen an, dann lag Deutschland 1993 noch zehn Prozent vor Schweden. Mittlerweile haben die Schweden uns überholt, 2013 betrug der Rückstand drei Prozent.

Ebenfalls in dieser Zeit überrundet wurden wir von anderen Ländern, die gefühlt bis heute nicht in unserer Liga spielen: Australien etwa und Island. Beinahe eingeholt wurden wir von Irland und Taiwan. Irland, lange das Armenhaus Westeuropas, kam noch 1980 auf gerade einmal zwei Drittel des westdeutschen Pro-Kopf-Einkommens. 1999 hatten uns die Iren überholt. Und obwohl das Land zehn Jahre später in eine massive Wirtschaftskrise stürzte und milliardenschwere Kredite der Euro-Partner brauchte, um sein Bankensystem vor dem Kollaps zu bewahren, erwirtschaften die Iren pro Kopf nach wie vor fast so hohe laufende Einkommen wie wir.

Und Japan? Japans Volkswirtschaft ist seit 1993 extrem langsam gewachsen, nämlich mit 0,8 Prozent im Jahresdurchschnitt. Doch nur in 11 der 21 Jahre bis 2013 war das deutsche Wachstum stärker. Und: Unser Vorsprung gegenüber Japan (0,5 Prozentpunkte) beträgt nicht einmal die Hälfte des Vorsprungs (1,1 bis 1,2 Prozentpunkte), den sich Briten, Finnen oder Schweden in dieser Zeit uns gegenüber erarbeitet haben. Was die wirtschaftliche Dynamik angeht, sind wir also den Japanern näher als den meisten anderen Nordeuropäern. Viel näher jedenfalls, als uns lieb sein kann.

Wie man unsere Volkswirtschaft zu einer »Wachstumslokomotive« für andere Länder erklären kann, lässt sich ökonomisch kaum begründen. Eher schon psychologisch. Einer, der etwas davon versteht, ist ein herausragender junger deutscher Professor aus Köln: Axel Ockenfels, ein Experimentalökonom. »In der Verhaltensforschung beobachten wir immer wieder den sogenannten Status-quo-Effekt«, sagt Ockenfels. »Ob Menschen zufrieden sind, bemisst sich nicht danach, was sie schon erreicht haben – sondern danach, wie sich der Ist-Zustand verändert.« Die Folge, so Ockenfels weiter: »Ob eine Wachstumsprognose für das kommende Jahr als hoch empfunden wird, richtet sich wesentlich danach, wie hoch das Wirtschaftswachstum heute ist – und weniger danach, wie das prognostizierte Wirtschaftswachstum etwa im historischen Vergleich eigentlich objektiv einzuordnen ist.« Früher oder später, mit anderen Worten, gewöhnt man sich an alles.

Und Ockenfels nennt noch ein zweites psychologisches Phänomen, das vermutlich im Spiel ist: den sogenannten *self-service bias*. Der besteht in »der Neigung des Menschen, einen Maßstab so zu wählen, dass bei einem Vergleich ein erfreuliches Ergebnis herauskommt«. So lässt sich wohl auch erklären, warum zum Jahreswechsel 2013/14 schon Wachstumsprognosen von im Durchschnitt rund 1,5 Prozent reichten, um Politiker wie Ökonomen von einem bevorstehenden »kräftigen« Aufschwung schwärmen zu lassen.

Wir haben uns die Latte niedrig gelegt – sehr niedrig. Offenkundig befinden wir uns in Deutschland dort, wo der spätere Nobelpreisträger Paul Krugman Amerika 1990 in einem gleichnamigen Buch wähnte: in »The Age of Diminished Expectations« – dem Zeitalter der geschwundenen Erwartungen.

# 3

## Vier Millionen Vergessene

Wie wir uns mit Massenarbeitslosigkeit arrangiert haben

Der »Bild«-Zeitung ist es einen Bericht auf Seite 1 wert: »Die Regierung Kohl ist drei Tage im Amt – schon jagt der Kanzler von Krisengipfel zu Krisengipfel.« Es ist der 7. Oktober 1982, in Westdeutschland ist gerade die sozialliberale Koalition nach 13 Jahren zerbrochen, der Christdemokrat Helmut Kohl hat den Sozialdemokraten Helmut Schmidt abgelöst. Kohl, heißt es in »Bild«, trifft in rascher Folge Spitzenvertreter von Wirtschaft und Gewerkschaften. »Hauptthema«, so die Zeitung: Wie die vielen »Arbeitslosen von der Straße« kommen können.

Kohl war Kanzler geworden, nachdem die FDP die Koalition mit der SPD aufgekündigt hatte. Den Fehdehandschuh hatte Otto Graf Lambsdorff hingeworfen. Am 9. September jenes Jahres legte der Wirtschaftsminister von der FDP ein Positionspapier vor, in dem er weitreichende wirtschaftspolitische Reformen fordert: »Wichtig ist (…), dass die Bekämpfung der Arbeitslosigkeit als die politische Aufgabe Nummer eins in den nächsten Jahren allgemein anerkannt wird (…).« Als Lambsdorff diesen Satz schreibt, sind in der Bundesrepublik 1,8 Millionen Menschen arbeitslos.

Im Durchschnitt des Jahres 2013 waren im Westen Deutschlands 2,1 Millionen Menschen arbeitslos – und im Osten weitere 900 000. Dass, wie 1982, eine Regierung darüber zerbricht, steht nicht zu erwarten. Es gibt auch niemanden, der wegen der Arbeitslosigkeit »von Krisengipfel zu Krisengipfel« jagen würde. Wie sich die Zeiten ändern.

Die Zeiten hatten sich bereits geändert, als Lambsdorff sein Papier verfasste. In seinem Jahresgutachten 1977/78 zeigte sich der Sachverständigenrat zur Begutachtung der gesamtwirtschaftlichen Entwicklung besorgt über eine »unverändert hohe Arbeitslosigkeit« in Westdeutschland. Schließlich habe die Zahl der Arbeitslosen im Durchschnitt des Jahres 1977 die Schwelle von einer Million nicht unterschritten. Die Arbeitslosenquote lag bei gut vier Prozent. Damit sei, klagten die sogenannten Fünf Weisen, »Vollbeschäftigung immer noch ein fernes Ziel«.[1] Auch die Zeitschrift »Der Spiegel« war in Alarmstimmung. In einer Titelgeschichte sah sie damals schon »bedrohliche Krisensymptome« am Arbeitsmarkt heraufziehen.[2]

Über lange Strecken in den 60er- und Anfang der 70er-Jahre hatte die registrierte Arbeitslosigkeit bei unter einem Prozent gelegen. 1970 etwa gab es im Jahresdurchschnitt in Westdeutschland gerade einmal 149 000 Arbeitslose – was einer Quote von 0,7 Prozent entsprach. Wenn man im Jahr 1977 zurückblickte, hatte sich die Arbeitslosenzahl also binnen weniger Jahre vervielfacht.[3]

Mehr noch, verwundert registrierten die Westdeutschen und ihre führenden Wirtschaftsprofessoren damals eine ganze Reihe von neuen, beunruhigenden Phänomenen auf dem Arbeitsmarkt:

- Selbst bei guter Konjunktur verschwand die Arbeitslosigkeit nicht mehr. Es hätten sich, notierte der Sachverständigenrat, »die Anzeichen dafür verdichtet, dass ein großer Teil der Unterbeschäftigung nicht schon durch eine bessere Auslastung des Produktionspotentials im Lauf eines konjunkturellen Aufschwungs zu beseitigen ist«.[4]

- Vor allem Geringqualifizierte, auch das war durchaus ein Novum, waren betroffen. Die Arbeitslosigkeit habe sich in den zurückliegenden Jahren »in ihrer Struktur gewandelt«, schrieben die Fünf Weisen: »Die Konzentration des Arbeitsplatzrisikos auf besonders benachteiligte Gruppen ist zum Hauptproblem der Arbeitsmarktpolitik geworden.«[5]
- Jobsucher taten sich zusehends schwer, neue Arbeit zu finden. 1977 waren Arbeitslose »im Durchschnitt rund 15 Wochen lang arbeitslos, das war mehr als doppelt so lange wie im Rezessionsjahr 1967«, stellte der Sachverständigenrat fest. Und der Anteil der Arbeitslosen, die länger als ein volles Jahr ohne Beschäftigung blieben, war »deutlich gestiegen«.[6] Von einem neuen »Subproletariat, das am Ende fast zwangläufig der Sozialhilfe anheimfällt«, schrieb der »Spiegel«.[7]
- Viele Fabrikjobs verschwanden, neue entstanden kaum noch. »Die Industrie hat seit 1970 nahezu kontinuierlich die Beschäftigung abgebaut«, vermerkten die Fünf Weisen. Und »anders als in früheren Aufschwungjahren ist die Industriebeschäftigung seit 1975 nicht mehr gestiegen«.[8]

»Etwas, was in seiner Art, durch sein Maß an Vollkommenheit das Gewohnte, Übliche so weit übertrifft, dass es große Bewunderung, großes Staunen erregt«; ein »außergewöhnliches, den Naturgesetzen oder aller Erfahrung widersprechendes und deshalb der unmittelbaren Einwirkung einer göttlichen Macht oder übernatürlichen Kräften zugeschriebenes Geschehen (…).« So definiert der Duden ein Wunder.

Deutschland erlebt seit Jahren schon ein Wunder – am Arbeitsmarkt nämlich. Das jedenfalls erzählen uns unsere Politiker. Ursula von der Leyen (CDU) sprach in ihrer Zeit als Bundesarbeitsministerin gerne und oft von einem »Jobwunder«, und Bundespräsident Joachim Gauck wusste im November 2013 zu berichten, »dass andere Länder uns fragen, wie das deutsche Jobwunder trotz europäischer Finanzkrise gelingen konnte«. Ganz besonders häufig wunderte sich Rainer Brüderle, als er noch Bundeswirtschaftsminister war. Man könne »schon von einem kleinen Jobwunder sprechen«, sagte der FDP-Politiker zum Beispiel im April 2010 im Bundestag. Ein Dreivierteljahr später, im Januar 2011, hatte sich für den Minister das »kleine« in »ein gar nicht so kleines Jobwunder« verwandelt: »Das Jobwunder ist inzwischen erwachsen geworden.«[9]

Man muss, natürlich, die Zitate im Kontext sehen. In den Nullerjahren war der Trend zu immer höherer Arbeitslosigkeit nach mehr als drei Jahrzehnten abgebrochen – eine erfreuliche Entwicklung, auf die man fast schon nicht mehr zu hoffen gewagt hatte. Hatte die Sockelarbeitslosigkeit, also der Tiefststand, den die Arbeitslosigkeit im Laufe eines Konjunkturzyklus erreicht, im Durchschnitt des Jahres 2001 noch 3,85 Millionen betragen, so war sie 2008 auf 3,26 Millionen zurückgegangen.[10]

Die große Finanzkrise ließ die Weltwirtschaft dann im Herbst 2008 in ihre schwerste Rezession seit Anfang der 30er-Jahre rutschen. Deutschlands Wirtschaftsleistung brach 2009 um rund fünf Prozent ein. Entsprechend düster waren die Prognosen für den Arbeitsmarkt. Trotz der eingeführten Kurzarbeit-Regelungen, trotz diverser Maßnahmen zur Stabilisierung von Konjunktur und Bankensektor rechneten Experten mit einem deutlichen Anstieg der Arbeitslosigkeit. Die führenden deutschen Wirtschaftsinstitute gingen in ihrer sogenannten Gemeinschaftsdiagnose vom April 2009 davon aus, dass im folgenden Jahr durchschnittlich 4,7 Millionen arbeitslos sein würden.[11] Die zwischenzeitlich erreichten Geländegewinne auf dem Arbeitsmarkt, so sah es aus, drohten größtenteils wieder verloren zu gehen.

Es kam anders. Die deutsche Wirtschaft erholte sich unerwartet rasch. Und während die Arbeitslosenzahlen in vielen anderen Ländern nach oben schnellten, stiegen sie in Deutschland moderat – im Durchschnitt des Jahres 2009 auf 3,4 Millionen –, um schon 2010, früher als erwartet, wieder zu fallen.

Da muss man es den Gaucks, Brüderles und von der Leyens nachsehen, wenn sie vor lauter Erleichterung von einem »Jobwunder« sprechen – einerseits. Andererseits: Dass, wie es bei einem ordentlichen Wunder laut Duden der Fall ist, das »Maß an Vollkommenheit das Gewohnte« bei Weitem überträfe; dass sich die Entwicklung nur durch »eine göttliche Macht oder übernatürliche Kräfte« erklären ließe – davon kann beim besten Willen keine Rede sein.

Arbeit für alle. Oder genauer: Jeder arbeitet so viel er oder sie will, und niemand kann und muss für mehr als kurze Zeit hinweg Anspruch auf Lohnersatzleistungen erheben. Das nennt man »Vollbeschäftigung«.

In Deutschland wird längst wieder davon gesprochen. »Vollbeschäftigung ist möglich, wenn jetzt die Weichen richtig gestellt werden«, sagte zum Beispiel Ingo Kramer, der Präsident der Bundesvereinigung der Deutschen Arbeitgeberverbände (BDA), kurz nach Amtsantritt im Dezember 2013.[12] Und in führenden deutschen Medien liest man zuweilen, Vollbeschäftigung sei nur eine Frage der Zeit[13] – oder sogar, dass dieses Ziel schon erreicht ist.[14]

Auch deutsche Ökonomen scheuen den Begriff nicht. So legte das Hamburgische Weltwirtschaftsinstitut (HWWI) im Mai 2011 eine Untersuchung mit dem Titel »Wege zur Vollbeschäftigung« vor. »Das für die meisten schon zur Utopie gewordene Ziel der Vollbeschäftigung könnte bereits in wenigen Jahren Wirklichkeit werden«, schrieben die Hamburger Forscher damals.[15]

In der Studie legten sie einen »Vollbeschäftigungskorridor« fest. Der sei bei einer Arbeitslosenquote zwischen zwei und fünf Prozent erreicht. Begründung der HWWI-Experten: Unter zwei Prozent könne die Arbeitslosigkeit gar nicht sinken. Und alles, was unter fünf Prozent liege, könne als »eine gesellschaftlich akzeptierte Arbeitslosigkeit« betrachtet werden.[16]

Man kann es aber auch so sehen: Wir haben unsere Erwartungen nach unten angepasst. Wir haben uns die Latte, wie beim Wirtschaftswachstum, niedrig gehängt. Viel niedriger, als es in der Vergangenheit für irgendjemanden in diesem Land hinnehmbar gewesen wäre.

Im Übrigen hat sich der Optimismus der Hamburger Forscher als übergroß erwiesen. Zwar ist die Zahl der Arbeitslosen in Deutschland seit 2005 zurückgegangen, unterbrochen nur durch einen kleinen Anstieg im Finanzkrisenjahr 2009. Aber die HWWI-Experten waren bei ihrer Vorhersage, dass ihr »Vollbeschäftigungskorridor« bereits 2015 erreicht werden kann, davon ausgegangen, dass sich der Rückgang in praktisch ungebremstem Tempo fortsetzt. Zwischen 2010 und 2013 hätte die Zahl der Arbeitslosen demnach um 800 000 sinken müssen.[17] Tatsächlich fiel er nicht einmal halb so hoch aus. 2013 stieg die Zahl der Arbeitslosen sogar wieder – um zwei Prozent auf 2,95 Millionen.

Die Probleme, die der Sachverständigenrat in seinem Jahresgutachten von 1977 beklagte: Es gibt sie alle noch. So ist das »Jobwunder« seit der Finanzkrise an den Problemgruppen weitgehend vorbeigegangen. Die Zahl der Arbeitslosen ohne abgeschlossene Berufsausbildung lag 2013 bei 1,28 Millionen, das waren nur 50 000 weniger als 2010. Ähnliches ist bei den Langzeitarbeitslosen zu beobachten, ihre Zahl ging zwischen 2010 und 2013 nur noch um knapp 80 000 zurück, auf 1,05 Millionen.

Offenkundig ist so etwas wie das Ende der Fahnenstange erreicht. Die Rückführung der Arbeitslosigkeit von fast fünf auf rund drei Millionen Jobsucher in Deutschland ist ein Riesenerfolg – und doch einer, der nicht einmal annäherungsweise wiederholbar ist. Anders formuliert: Von fünf auf drei Millionen, das ist gelungen, immerhin. Aber dass wir es schaffen könnten, von drei Millionen auf eine Million zu kommen oder doch wenigstens auf zwei, das erscheint weiterhin als ferner Traum. Wir sind auf halbem Weg steckengeblieben. Gelegentlich sagt der eine oder andere Politiker das auch recht offen.

Andrea Nahles wird dem linken Flügel ihrer Partei, der SPD, zugerechnet. Das ist ein politischer Ort, an dem Zweifel an der wohltuenden Kraft staatlicher Interventionen in die Wirtschaft nicht sehr verbreitet sind. Aber Nahles, früher Generalsekretärin der SPD und seit Neuauflage der Großen Koalition im Dezember 2013 Bundesministerin für Arbeit und Soziales, verschließt sich der Realität zumindest nicht komplett. »Wir haben alles Mögliche versucht, auch mit viel Geld«, sagte Nahles im Februar 2014 über die Langzeitarbeitslosigkeit in Deutschland. »Aber wir haben immer wieder erleben müssen, wir kommen nicht richtig ran.«[18]

Heinrich Alt, Vorstandsmitglied der Bundesagentur für Arbeit, drückte es fast zur gleichen Zeit so aus: »Beschäftigung und Arbeitslosigkeit sind keine kommunizierenden Röhren mehr.«[19] Nahezu ein Drittel des Beschäftigungsgewinns habe sich zuletzt aus der Zuwanderung von ausländischen Arbeitskräften ergeben. Ein Großteil derer hingegen, die noch immer arbeitslos sind, bilden einen monolithischen Block, von dem kaum mehr etwas abschmilzt.

Und dieser Block ist eigentlich noch viel größer, als er in der Öffentlichkeit meist dargestellt wird. Denn rund eine Million Menschen sind in den Meldungen, die die Bundesagentur für Arbeit monatlich in die Welt versendet, sozusagen in den Fußnoten versteckt. Da gibt es die »Teilnehmer in Maßnahmen zur Aktivierung und beruflichen Eingliederung«, die »Teilnehmer in Eignungsfeststellungs- und Trainingsmaßnahmen einschließlich Reha« sowie Vorruheständler – allein das waren 2013 zusammengenommen gut 300 000 Menschen. Rechnet man die rund 540 000 hinzu, die als »Teilnehmer in Beruflicher Weiterbildung«, Menschen in der »Beschäftigungsphase Bürgerarbeit« und Ähnliches geführt werden, sprechen die Statistiker von »Unterbeschäftigung im engeren Sinne«. Bei der Unterbeschäftigung im eigentlichen Sinne sind noch einmal gut 100 000 Menschen dazuzuzählen, die eine »Förderung der Selbständigkeit« bekommen oder Altersteilzeitregelungen nutzen.

Selbst wenn man Kurzarbeiter außen vor lässt, kommt man so für das Jahr 2013 auf eine Unterbeschäftigung von 3,9 Millionen Menschen. Das – und nicht allein die auch offiziell gemeldeten Arbeitslosen – sind die Menschen, um die es geht.[20] Manche von ihnen, etwa viele in Altersteilzeit Beschäftigte oder angehende Selbständige, mögen für die Arbeitsmarktpolitik nicht zu den Problemgruppen zählen. Doch klar ist auch, dass das Problem noch größer ist, als es die ohnehin schon hohe Zahl von gut einer Million Langzeitarbeitslosen andeutet.

Und diesem Problem werden wir einfach nicht Herr – wie es Andrea Nahles und Heinrich Alt ja auch offen zugeben. Den leichten Teil der Herausforderung haben wir bewältigt, und das feiern wir ausgiebig als »Jobwunder«. Bei dem schweren, dem aus sozialer Perspektive wirklich problematischen Teil der Herausforderung dagegen haben wir schon aufgesteckt.

Nicht offiziell natürlich. Offiziell wird weitergekämpft. Die Bundesregierung will den »Mitteleinsatz für die Eingliederung Arbeitssuchender« um 1,4 Milliarden Euro anheben, so steht es im Koalitionsvertrag.[21]

Siesta machen die anderen. Wir mögen keine Vollbeschäftigung haben. Und wenn jemand darunter verstünde, dass jeder Vollzeit arbeiten sollte, dann würden wir sie auch gar nicht wollen. Aber wir sehen uns doch als fleißiges Völkchen, als eines, das jedenfalls fleißiger ist als andere. Ein korrektes Selbstbild – früher einmal.

Schaut man sich die von der europäischen Statistikbehörde Eurostat ausgewiesenen Arbeitslosenquoten an, so schneidet Deutschland auf den ersten Blick gut ab. 2013 lag demnach die Arbeitslosigkeit in Deutschland bei 5,3 Prozent – während der Durchschnitt in den 28 EU-Staaten 10,8 Prozent betrug.[22] Auch ist ein höherer Anteil der Bevölkerung erwerbstätig. Im EU-Durchschnitt waren es 2013 unter den 20- bis 64-Jährigen 68,3 Prozent, in Deutschland dagegen 77,1 Prozent. Das heißt aber auch: In Deutschland sind 22,9 Prozent, also fast jeder Vierte, nicht erwerbstätig. Dass diese Zahl auch deutlich niedriger liegen kann, zeigt die Schweiz – wo der Anteil 17,9 Prozent beträgt. Ob junge Leute, alte Leute oder solche im *prime age* (25 bis 54 Jahre), ob Männer oder Frauen: In allen Kategorien ist der Anteil derer, die erwerbstätig sind, in der Schweiz höher als in Deutschland.[23]

Und dann ist da noch die tatsächliche Arbeitszeit, die pro Jahr geleistet wird. Anfang der 60er-Jahre war Teilzeitarbeit eine große Ausnahme, und die, die einen Vollzeitjob hatten, arbeiteten 44, 45 Stunden die Woche, Überstunden nicht mitgerechnet. Es gab auch viel weniger Urlaub, in der Metallindustrie waren es drei Wochen im Jahr.[24] Dementsprechend hoch war die geleistete Jahresarbeitszeit, 1960 arbeitete jeder Erwerbstätige im Durchschnitt 2162 Stunden.[25]

Seither ist dieser Wert fast ohne Unterbrechung gesunken. Mitte der 90er-Jahre lag er im internationalen Vergleich schon sehr niedrig – und in der Zwischenzeit ist er noch einmal stark zurückgegangen. Arbeitszeitverkürzungen spielen hier ebenso eine Rolle wie der Boom der Teilzeitarbeit. Jedenfalls betrug jener Wert im Jahr 2012 in Deutschland 1397 Stunden. Unter allen Industrieländern kommen nur die Niederlande (1381 Stunden) auf einen noch niedrigeren Wert. In Ländern wie Großbritannien (1654 Stunden), Spanien (1686), Österreich (1699) und den USA (1790) war er wesentlich höher. In unserem Nachbarland Polen liegt der Durchschnitt sogar bei 1929 Stunden. Je Kalendertag arbeiten unsere östlichen Nachbarn demnach im Durchschnitt 5 Stunden und 17 Minuten – während wir uns mit 3 Stunden und 50 Minuten begnügen.

Aber das noch immer ungleich ärmere Polen ist nicht der richtige Maßstab – mag man meinen. Man könnte stattdessen abermals die Schweizer als Benchmark nehmen, die auf 1636 Stunden kommen.

Die Beschäftigungsquote ist höher in der Schweiz, und die, die arbeiten, arbeiten mehr, als wir es tun. Zusammengenommen summieren sich diese beiden Faktoren: Pro Kopf der Bevölkerung wurden im Jahr 2012 in Deutschland 720 Stunden gearbeitet, in der Schweiz dagegen 963 Stunden. Ein Unterschied von 34 Prozent. Wir müssten also ein volles Drittel mehr arbeiten, um relativ zur Größe der Bevölkerung dasselbe Beschäftigungsniveau zu erreichen.[26]

Wenn uns die Schweiz als reiches, ja sehr reiches Land vorkommt, dann liegt das nicht daran, dass die Schweizer produktiver wären, als wir es hierzulande sind – das sind sie keineswegs.[27] Es liegt vielmehr einzig und allein an einem: Die Schweizer arbeiten mehr als wir. Viel mehr.

In Deutschland wird aber eher darüber diskutiert, wie wir noch weniger arbeiten können. Anfang 2014 schlug Manuela Schwesig, damals gerade als Familienministerin vereidigt, gleich als Erstes eine 32-Stunden-Woche für Eltern vor – bezahlen sollte das der Steuerzahler. Die IG Metall ließ sich nicht lumpen und kündigte an, die 30-Stunden-Woche für Eltern zum neuen Vollzeitstandard machen zu wollen.[28]

Zwischen 1960 und 1990 sank die Zahl der Arbeitsstunden in Westdeutschland von 56 Milliarden auf 48 Milliarden. 2005 dann war ein historischer Tiefstand erreicht: Damals wurde im wiedervereinigten Deutschland weniger gearbeitet als allein in Westdeutschland im Jahr 1960.[29] Bis 2013 stieg der Wert wieder um vier Prozent – immerhin. Die 1991 verzeichnete 60-Milliarden-Marke ist aber noch immer nicht wieder erreicht worden.

**Geleistete Arbeitsstunden in Deutschland, in Milliarden**
bis 1990 West-, ab 1991 Gesamtdeutschland

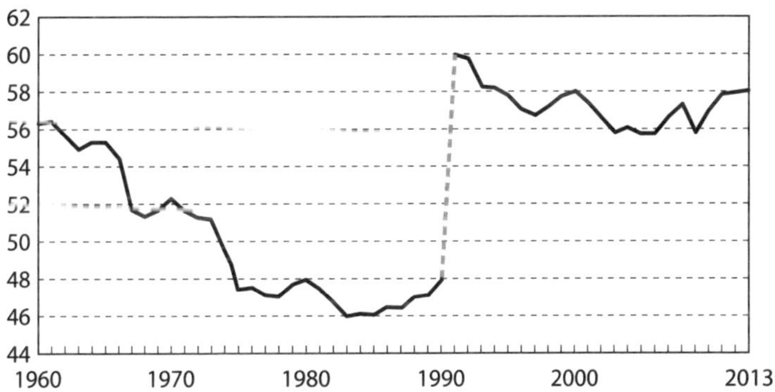


*Quelle: IAB, Statistisches Bundesamt*

Wenn also aktuell, im Grunde zum ersten Mal seit Anfang der 70er-Jahre, keine Alarmstimmung mehr herrscht darüber, dass uns als Gesellschaft die Arbeit ausgehe, dann liegt das nicht daran, dass wir mehr arbeiten würden als früher. Das tun wir keineswegs. Es ist nur so, dass die Arbeit anders verteilt ist.[30] Genauer gesagt: Sie ist, ablesbar an der hohen Beschäftigtenzahl, auf mehr Köpfe verteilt worden. Die Zahl derer, die unfreiwillig nicht arbeiten, ist zurückgegangen; dafür arbeiten jene, die schon bisher arbeiteten, weniger als früher. Das kann man durchaus als gerecht empfinden und als Fortschritt. Es sollte nur nicht mit Vollbeschäftigung verwechselt werden.

Die gibt es nicht in Deutschland, und derzeit deutet auch wenig darauf hin, dass sie in absehbarer Zeit erreicht werden könnte. Vier Millionen Menschen könnten arbeiten, finden aber, aus welchen Gründen auch immer, keinen regulären Job. Wirklich kümmern tut das niemanden, in politischen Debatten taucht das Thema kaum noch auf. Massenarbeitslosigkeit ist ein Skandal. Und dass sie nicht mehr als solcher behandelt wird, ist auch einer.

# 4
## Schunkeln mit Trunkenen
### Wie Deutschlands »Wirtschaftswunder 2.0« wirklich zustande kam

Die Nachspielzeit läuft schon im Viertelfinale der Champions League am 9. April 2013. Das Hinspiel gegen den FC Málaga war 0:0 ausgegangen, jetzt spielen die Fußballer von Borussia Dortmund zu Hause. Aber sie bekommen nicht viel zustande, sie liegen mit 1:2 hinten. Nach den Regeln des europäischen Fußballverbands Uefa braucht der BVB jetzt nicht etwa nur ein Tor, um nicht aus dem Wettbewerb auszuscheiden, sondern gleich zwei. Es schien »Gewissheit zu sein, dass der Traum der Gelb-Schwarzen aus war«, heißt es hinterher in einem Spielbericht auf der Uefa-Website.

Doch dann geschieht, was in Fanforen als »Wunder von Dortmund« bezeichnet wird: In der 91. Minute gelingt Marco Reus das 2:2, in der 93. stolpert der Borusse Felipe Santana den Ball ins Tor des Gegners. Dortmund gewinnt – und ist eine Runde weiter. Es folgen grandiose Halbfinalspiele, die Borussen setzen sich gegen Real Madrid durch, der FC Bayern München demontiert Barcelona.

»Europa steht vor einer Wachablösung«, jubelte der Chefredakteur des »Kicker«.[1] Nicht mehr die spanischen Fußballklubs würden die europäischen Vereinswettbewerbe fortan dominieren, sondern die deutschen, ließen auch viele andere tatsächliche und selbsternannte Fachleute wissen. Ottmar Hitzfeld etwa, ein früherer Trainer von BVB wie FC Bayern, wählte ähnliche Worte wie der »Kicker«, ging aber noch einen Schritt weiter: Das deutsch-deutsche Finale sei »der letzte Schritt im Hinblick auf eine Wachablösung. Sie ist nun vollzogen. Der deutsche Fußball hat den spanischen überholt.«[2] Franz Beckenbauer mochte da offenbar nicht nachstehen: »Bei den Clubs ist die Wachablösung da.«[3]

Selbst wenn man den Dortmunder Sieg im Rückspiel gegen Malaga allein den Borussen zuschreibt, ihrer Spielstärke, ihrer Kondition, ihrem Siegeswillen; selbst wenn man verdrängt, dass auch Glück dabei war und Patzer des Gegners; selbst wenn man beiseiteschiebt, dass auch der FC Bayern bereits eine Runde zuvor, im Achtelfinale gegen den FC Arsenal London, dem Turnier-Aus nur sehr knapp entgangen war – selbst dann bleibt erstaunlich, mit welcher Selbstverständlichkeit Fußball-Deutschland das deutsch-deutsche Finale in Wembley als absehbar, folgerichtig, ja zwangsläufig betrachtete. Und vor allem: mit welcher Selbstverständlichkeit die angebliche Überlegenheit im Vereinsfußball zur dauerhaften Angelegenheit erklärt wurde.

Von einem »fundamentalen Attributionsfehler« sprechen Verhaltensforscher in solchen Fällen. »Wenn dem anderen ein Misserfolg widerfährt, schreiben wir ihm den tendenziell persönlich zu, selbst wenn er nichts dafür kann«, sagt der Kölner Experimentalökonom Axel Ockenfels. »Der eigene Misserfolg wird demgegenüber ignoriert. Und wenn das nicht möglich ist, wird die Verantwortung bei Dritten gesucht oder bei äußeren Umständen, für die man nicht verantwortlich ist.« Umgekehrt werde der eigene Erfolg natürlich im Zweifel zur persönlichen Leistung verklärt.

Bekanntlich währte die »Wachablösung« der spanischen durch die deutschen Klubs nicht lange. Im Jahr nach dem »Wunder von Dortmund« warf Real Madrid nacheinander Schalke 04, Borussia Dortmund und den FC Bayern aus dem Wettbewerb. Die Tordifferenz nach insgesamt sechs Hin- und Rückspielen betrug 17:4 zugunsten der »Königlichen«. Im Champions-League-Finale trafen dann mit Real und Atletico Madrid zwei Mannschaften aus jenem Land aufeinander, dessen Vereine wir gerade erst »abgelöst« hatten.

Der Aufschwung, den Deutschland in den Jahren 2005 bis 2007 erlebt hat, war denn auch: unser Werk. Kaum hatte die Konjunktur angezogen, da waren schon Erklärungen zur Hand: Weitsichtige Manager hätten im Verein mit vernunftbegabten Arbeitnehmervertretern die deutschen Unternehmen »gut aufgestellt«, wie es heutzutage auf Managerdeutsch heißt. Und vor allem: Die Agenda 2010 mit ihren Hartz-Reformen zahle sich nun aus.

Ex ante, vorher also, war das keineswegs so klar. »Nicht alle Lösungen, über die wir heute diskutieren, können schon morgen wirken«, hatte Gerhard Schröder, der damalige Bundeskanzler, selbst gesagt, als er am 14. März 2003 im Bundestag die Agenda 2010 vorstellte.[4] Erste Kommentare über die berühmt gewordene Rede fielen ungnädig aus. Der Kanzler habe »die Erwartungen nicht erfüllt«, notierte die »Süddeutsche Zeitung«: »Die Schröder-Rede war eine gute Rede für den Tag. Aber sie war kein furioser Zukunftsentwurf, keine Ansprache von der Art, die die Nation zum Beben bringt und von der man noch in Jahren reden wird.«[5] Und die »taz« ätzte: »Länge: 90 Minuten. Historisch? Eher nein. Innovationsschub: gering (...). Bester Satz: ›Ich danke Ihnen für Ihre Aufmerksamkeit.‹«[6]

Jedenfalls wäre jeder, der damals behauptet hätte, die Agenda 2010 werde binnen weniger Jahre dazu beitragen, die Arbeitslosigkeit auf drei Millionen Menschen zu drücken, als Spinner verlacht worden. Eine derart durchschlagende Wirkung, die sie der herrschenden Meinung zufolge hatten, hätte den Reformen niemand zugetraut. Und das durchaus zu Recht.

Man muss die Maßnahmen der Agenda 2010 gar nicht falsch finden, um zu dem Schluss zu kommen: Sie waren nur die halbe Miete. Eine der wenigen einschlägigen Untersuchungen zu dem Thema hat ergeben, dass die Hartz-Reformen die Arbeitslosigkeit dauerhaft um rund 1,4 Prozentpunkte gesenkt haben dürften.[7] Das ist sicher nicht wenig. Aber das Beschäftigungswachstum seit 2005 lässt sich damit nicht erklären. Die andere Hälfte der Miete bestand denn auch in etwas anderem: günstigen Umständen. Extrem günstigen sogar.

Die Weltbevölkerung wächst und wächst – Deutschlands Exporteure sehen sich also, direkt oder indirekt, einer ständig zunehmenden Zahl potenzieller Kunden gegenüber. Dafür, dass aus vielen potenziellen auch tatsächliche Kunden werden konnten, sorgte der große Boom der Schwellenländer.

Seit den Nullerjahren gehört – erstmals in der Geschichte – mehr als die Hälfte der Menschheit der Mittelschicht an. Binnen kurzer Zeit sind viele Hundert Millionen Menschen bitterer Armut entkommen, die Mittelschicht in den Schwellen- und Entwicklungsländern ist nach Berechnungen des Ökonomen Martin Ravallion allein zwischen 1990 und 2005 von 1,4 auf 2,6 Milliarden Menschen gewachsen.[8]

Den Ausschlag gab, dass es vor allem vier der bevölkerungsstärksten Länder waren, die eine besondere Dynamik entwickelten: Brasilien, Russland, Indien und China – eine Ländergruppe, für die kurz nach der Jahrtausendwende Jim O'Neill, damals Ökonom bei der amerikanischen Investmentbank Goldman Sachs, die Abkürzung »Bric« erfand.

Die G7, die Gruppe der größten Wirtschaftsmächte, deren Staats- und Regierungschefs sich seit den 70er-Jahren regelmäßig zu Beratungen treffen, war noch 1991 mit den USA, Japan, Deutschland, Frankreich, Großbritannien, Italien und Kanada angemessen besetzt. 1998 kam Russland dazu, aus G7 wurde G8. Aber wenn es wirklich nach Wirtschaftskraft gehen würde, hätte schon damals Kanada durch China ersetzt werden müssen und in den Nullerjahren dann Italien durch Brasilien.[9]

Wie von Jim O'Neill vorhersagt, starteten die Bric-Staaten nach der Jahrtausendwende richtig durch. Vorneweg: China. Um wegzukommen von der bäuerlichen Subsistenzwirtschaft, um die Industrialisierung möglichst schnell voranzutreiben, steckte die Volksrepublik unvorstellbare Summen in Gebäude und Straßen, Maschinen und Fabriken und steigerte ihr ohnehin schon hohes Investitionsniveau von 35 Prozent der Wirtschaftsleistung im Jahr 2000 auf 48 Prozent im Jahr 2010.[10]

Mitte der Nullerjahre, zwischen 2004 und 2007, erreichte das Wirtschaftswachstum in China Höchstmarken, mit Werten zwischen 10 und 14 Prozent. Und die deutsche Exportwirtschaft mit ihren Schwerpunkten in der Automobil- und Maschinenherstellung war goldrichtig positioniert, um dem Land zu helfen, zur vielbeschworenen »Fabrik der Welt« zu werden. Die deutschen Unternehmen hätten sich geradezu verweigern müssen, um nicht von dieser Dynamik mitgezogen zu werden, zumal ihre Produkte preislich immer wettbewerbsfähiger wurden (siehe Kapital 10).

Noch etwas kam hinzu, was den deutschen Exporten zu einer Sonderkonjunktur verhalf: Immer größere Teile der Welt lebten über ihre Verhältnisse. Ablesen lässt sich das an Leistungsbilanzen, in denen die internationalen Transaktionen eines Landes gegenübergestellt werden. Gibt ein Land mehr Geld aus, als es selbst erwirtschaftet, kippt eine Leistungsbilanz ins Minus. Sowohl absolut (in Euro oder Dollar) als auch relativ (in Prozent der Wirtschaftsleistung) erreichten die weltweit aufgehäuften

Leistungsbilanzdefizite in den Jahren 2005 bis 2007 bis dato ungekannte Dimensionen.

Und es waren vor allem die guten Kunden deutscher Exporteure, die in die Vollen gingen. Großbritannien, Mitte der Nullerjahre unter den wichtigsten Abnehmern deutscher Waren und Dienstleistungen die Nummer vier, lag mit der Leistungsbilanz im Minus, ebenso Italien, die Nummer drei. In den Leistungsbilanzen der USA (der Nummer zwei) und Spaniens (der Nummer acht) klafften ebenfalls immer größere Defizite. Und von 2005 an lag, erstmals seit 1991, auch der allerbeste Kunde deutscher Exporteure wieder im Minus: Frankreich.[11]

Darüber hinaus gab es noch einen dritten Faktor, der zumindest indirekt die deutsche Exportwirtschaft begünstigte: billiges Geld. Drei Effekte griffen hier ineinander. Eine lockere Geldpolitik in den USA. Massive Ersparnisbildung in den Schwellen- und Entwicklungsländern. Und die europäische Währungsunion:

- Nach Dot-com-Crash und 9/11-Schock hielt insbesondere die amerikanische Zentralbank die Leitzinsen aus Furcht vor deflationären Tendenzen lange Zeit sehr niedrig – zu lange und zu niedrig, wie viele Kritiker im Nachhinein monierten.[12]
- Leistungsbilanzdefizite bei vielen wichtigen Handelspartnern Deutschlands – das war die eine Seite der Medaille. Den Defiziten müssen aber Überschüsse an anderer Stelle gegenüberstehen. Und das war auch so – unter anderem, weil China und diverse ölproduzierende Länder begannen, ihre hohen Exporterlöse nicht gleich wieder auszugeben. Der frühere amerikanische Zentralbankchef Alan Greenspan und sein Nachfolger Ben Bernanke sprachen gar von einer »globalen Ersparnisschwemme«. Dadurch, so argumentiert vor allem Greenspan bis heute, und nicht etwa durch die Geldpolitik sei es zu einem Verfall der langfristigen Zinsen gekommen.[13]

- Zu Zeiten flexibler Wechselkurse hatten Länder wie Spanien und vor allem Italien weit höhere Inflationsraten als Deutschland. Das führte dazu, dass Währungen wie Pesete und Lira immer wieder gegenüber der D-Mark abgewertet wurden. Ausländische Gläubiger ließen sich das daraus resultierende sogenannte Wechselkursrisiko vergüten – indem sie höhere Zinsen verlangten. Mit der Währungsunion verschwand dieses Risiko. Denn es gab ja nun keine nationalen Währungen mehr, die innerhalb des Euro-Raums hätten abgewertet werden können.
- Früher, das kam noch hinzu, musste etwa der italienische Staat Prämien für das sogenannte Bonitätsrisiko zahlen. Schließlich argwöhnten Investoren angesichts der bereits hohen Schuldenstände, eine Regierung könne irgendwann auf die Idee kommen, den Schuldendienst einzustellen. Zwar sah der Maastrichter Vertrag einen Haftungsausschluss *(no bailout)* vor: Die Mitglieder der Euro-Zone sollten also nicht füreinander einstehen dürfen, geschweige denn müssen. Abgenommen hat dieses Versprechen den Vätern der Währungsunion nur die zunächst euroskeptische deutsche Wählerschaft. Die internationalen Kapitalmärkte haben nie daran geglaubt (sehr zu Recht übrigens, wie sich bei den diversen Rettungsaktionen im Zuge der Euro-Krise seit 2010 zeigte). Folglich schmolz die Zinsdifferenz zwischen deutschen und italienischen Staatsanleihen zusammen, sobald klar wurde, dass die Währungsunion wirklich kommen und Italien Mitglied werden würde. Allein zwischen Frühjahr 1995 und Sommer 1997 fiel dieser sogenannte Spread bei zehnjährigen Staatsanleihen von mehr als sechs auf unter ein Prozent. Mitte 2003 war die Differenz sogar auf unter 0,1 Prozent gefallen. Ähnlich war die Situation in Griechenland, Portugal und Spanien. Das heißt: Bei der Beurteilung

der Bonität machten die Investoren praktisch keinen Unterschied mehr zwischen Deutschland und den späteren Krisenländern. Die Peripheriestaaten hatten sich gleichsam Kreditwürdigkeit geliehen.

Viele Staaten, nicht nur in der Euro-Zone, konnten sich also auf einmal billig mit Geld versorgen. Und auch für Unternehmen wurde es günstiger, Kredite aufzunehmen oder Anleihen zu platzieren. Das alles wirkte natürlich zunächst einmal stimulierend auf die Konjunktur. Und so nahmen nach 2001 nicht nur die Bric-Staaten, sondern die Weltwirtschaft insgesamt wieder richtig Fahrt auf. Die globale Wirtschaftsleistung legte zwischen 2004 und 2007 vier Jahre lang mit jeweils nahezu vier Prozent zu – so etwas hatte es seit den späten 80er-Jahren nicht mehr gegeben.[14]

Schwellenländerboom, steigende Leistungsbilanzdefizite bei vielen wichtigen Handelspartnern und billiges Geld: Vor diesem Hintergrund war es nicht überraschend, dass auch die deutsche Konjunktur 2005 anzog. Eine Überraschung wäre es gewesen, wenn sie das nicht getan hätte.

Dies deutsche »Wirtschaftswunder 2.0« (»Der Spiegel«)[15] dauerte ziemlich genau drei Jahre. Der Aufschwung setzte ein im zweiten Quartal 2005, und er endete mit dem ersten Quartal 2008. Im historischen Vergleich war der Aufschwung ein sehr kurzer. Einer, durch den zwar relativ viele Jobs entstanden, der aber mit aufsummiert rund zehn Prozent nicht besonders viel Wirtschaftswachstum brachte. Am Ende war es wie beim Fußball: Für den Aufschwung ab 2005 wollten wir selbst verantwortlich gewesen sein. Die Schuld für den jähen Abschwung ab 2008 gaben wir anderen. Vor allem den Amerikanern, zuvörderst der Pleitebank Lehman Brothers sowie Alan Greenspan.

Eigentlich aber war von vornherein klar: Das rauschende Fest, in das sich die Weltwirtschaft spätestens 2004 stürzte, konnte nicht von Dauer sein. Keine Wirtschaft, auch die chinesische nicht, schafft über längere Zeit Wachstumsraten von zwölf und mehr Prozent. Wer wollte, konnte zudem sehen, dass an anderer Stelle Wechsel auf die Zukunft ausgestellt wurden. Man konnte beispielsweise die Risiken erkennen, die den konjunkturbefeuernden Immobilienbooms drohten, sobald die Zinsen wieder steigen würden. Jahre vor dem Crash war absehbar, dass hier ein Risiko für die Weltkonjunktur lauerte. Der spätere Ökonomienobelpreisträger Robert Shiller etwa warnte schon 2004 vor einer »ziemlich großen Blase«, die in einer »Weltrezession« münden könne.[16]

Und schließlich hätte ein Blick in die einschlägigen Statistiken gereicht, um Europas Politikern klarzumachen, wozu das neue Niedrigzinsparadies in den Peripherieländern der Euro-Zone vorrangig genutzt wurde: zu gefährlich hoher privater Verschuldung (Irland, Spanien); zu gefährlich hoher öffentlicher Verschuldung (Italien); oder zu beidem (Griechenland, Portugal).

Doch die Entscheider in Brüssel (EU-Kommission) und Frankfurt (EZB) ließen alles laufen – und Berlin (Bundesregierung) fiel als Tugendwächter aus, nachdem es Kanzler Gerhard Schröder höchstselbst war, der 2003 gemeinsam mit dem französischen Präsidenten Jacques Chirac Hand an den für sakrosankt erklärten Maastrichter Vertrag gelegt und die einschlägigen Schuldenregeln aufgeweicht hatte. So schwollen denn die Leistungsbilanzdefizite in der Peripherie immer weiter an. 2007 beliefen sie sich in Griechenland, Portugal und Spanien auf zehn Prozent der jeweiligen Wirtschaftsleistung. Das konnte unter den Rahmenbedingungen einer Währungsunion nicht lange gutgehen.

Fehlte es an Problembewusstsein? Oder wollte keiner die Party stören, als sie gerade am schönsten war? Es war wohl beides. Jedenfalls zog niemand den Stecker aus der Hifi-Anlage. Stattdessen rief man noch um vier Uhr morgens weitere Gäste herbei, die bereits torkelnd zur Tür reinkamen: Am 1. Januar 2008 durfte Zypern der Währungsunion beitreten und brachte als Gastgeschenk ein Leistungsbilanzdefizit von zwölf Prozent mit. Verwunderlich am weiteren Verlauf der Geschichte ist eigentlich nur, dass es fünf Jahre dauern sollte, ehe das Land den Offenbarungseid leisten mussten.

Nein, wir Deutsche waren es nicht, die über die Stränge geschlagen haben, damals. Aber wir haben ein wenig mitgeschunkelt, wir hatten unseren Spaß. Den anderen schenkten wir Tequila nach, während wir uns mit Apfelschorle begnügten.

Und es war nicht das erste Mal, dass uns etwas zugefallen ist. Wir hatten schon eine lange Glückssträhne hinter uns.

# 5
## Sechs Richtige mit Superzahl
### Wie eine lange Glückssträhne an ihr Ende kommt

»Paris, Texas« kommt in die Kinos, ebenso die ersten Folgen von »Beverly Hills Cop«, »Ghostbusters« und »Terminator«. Man hört »Big in Japan« von Alphaville, »Love is a Battlefield« von Pat Benatar und »Männer« von Herbert Grönemeyer. In der Bundesrepublik beginnt, mit einem Pilotprojekt in Ludwigshafen, die Ära des Kabelfernsehens. Der Frankfurter Flughafen nimmt die lange umkämpfte Startbahn West in Betrieb. An den Ostermärschen in Westdeutschland beteiligen sich 600 000 Menschen. Autofahrern, die keinen Sicherheitsgurt anlegen, droht erstmals ein Bußgeld. In Verdun bekennen sich Helmut Kohl und François Mitterrand Hände haltend zur deutsch-französischen Freundschaft. Und der amerikanische Präsident kündigt scherzhaft an, »in fünf Minuten« beginne die Bombardierung Russlands.

Vor drei Jahrzehnten war das, im Jahr 1984. Ein Jahr, in dem die Musik eher seicht war und Ronald Reagan zu Scherzen aufgelegt. Die schwere Konjunkturkrise, in die die westlichen Industrieländer Anfang der 80er-Jahre geraten waren, flaute allmählich ab. Es war die längste seit der Großen Depression gewesen, und »natürlicherweise«, schrieb die Weltbank 1984, seien Regierungen und Unternehmen in den zurückliegenden Jahren mit der Frage beschäftigt gewesen, wie sie sich überwinden ließe. Nun aber, so die internationale Entwicklungsorganisation aus

Washington, sei es an der Zeit, wieder langfristiger zu denken – und sich die Zukunft auszumalen.[1]

Die Westdeutschen mochten das damals lieber gar nicht erst. Die wirtschaftlichen Aussichten erschienen düster. Und die Angst vor Atomkrieg und Aids, vor Waldsterben und Klimawandel war allgegenwärtig.

Köln ist Teil der Nordsee geworden, nur Dach und Türme des Doms ragen noch aus den Wassermassen hervor: Das berühmte Titelbild des »Spiegel« vom August 1986 sollte Szenarien für das Jahr 2040 illustrieren. Die, so hieß es, seien »Punkt für Punkt« das »Ergebnis wissenschaftlicher Spekulationen«.[2] Nun, nachdem ziemlich genau die Hälfte der Zeitspanne zwischen 1986 und 2040 verstrichen ist, müsste das Wasser eigentlich so langsam kommen, wenn bis 2040, wie vom »Spiegel« dargestellt, »ganze Länder verschlungen« sein sollen, darunter Belgien, Dänemark und die Niederlande.[3] Allein, das Wasser lässt auf sich warten.

Womöglich steht der Menschheit wirklich eine Klimakatastrophe bevor. Die möglichen negativen Folgen aber halten sich zumindest für Deutschland bisher in Grenzen. Überhaupt gab es seit Mitte der 80er-Jahre viele Katastrophen, menschen- wie naturgemachte. Es gab Terror und Krieg, die Reaktorhavarien von Tschernobyl und Fukushima, Hurrikan Katrina, den großen Tsunami von 2004, das verheerende Erdbeben in Haiti 2010. Aber die ganz, ganz große Katastrophe blieb, jedenfalls für die Deutschen, aus. Köln und Hamburg sind nicht versunken. Und die SS-20-Raketen der Roten Armee sind in ihren Silos geblieben.

Dass nach dem Tod des KPdSU-Generalsekretärs Konstantin Tschernenko 1985 nicht schon wieder ein greiser Hardliner den Kampf um die Nachfolge gewinnen würde; dass mit Michail

Gorbatschow sogar ein entschlossener Reformer an die Macht kommen würde; dass die eingeleitete Politik der Offenheit (»Glasnost«) und des Umbaus (»Perestroika«) schließlich binnen weniger Jahre zu einer weitgehend friedlichen und einigermaßen unblutig verlaufenden Implosion des Ostblocks führen würde: Das hatte in der ersten Hälfte der 80er-Jahre niemand vorhergesehen und kaum jemand zu hoffen gewagt.

Vor allem in den USA wurde im Nachhinein die Erklärung populär, der Zusammenbruch des Kommunismus in Osteuropa sei zwangsläufig gewesen, weil die Reagan'sche Rüstungspolitik eine ohnedies morsche Sowjetunion finanziell an den Rand des Ruins getrieben habe. Nur war das für die damaligen Zeitgenossen keineswegs klar: Sie trauten der Sowjetunion und ihren Satelliten einiges zu, auch in wirtschaftlicher Hinsicht. Noch 1980 prognostizierte Paul Samuelson, wie erwähnt, in absehbarer Zeit werde die UdSSR an den USA vorbeiziehen.

In der Bundesrepublik hatten sich derweil selbst hartgesottene Antikommunisten mit dem Status quo arrgangiert, die deutsche Teilung eingeschlossen. 1983 gewährte Bonn Ostberlin eine Kreditbürgschaft über rund eine Milliarde D-Mark. Eingefädelt hatte den Deal nach eigenem Bekunden Franz Josef Strauß. Wenige Wochen später wurde der CSU-Vorsitzende und bayerische Ministerpräsident belohnt: SED-Generalsekretär Erich Honecker empfing den stolzen Strauß im DDR-Regierungsgästehaus Hubertusstock am Werbellinsee zum Vieraugengespräch.[4]

Für Politiker ist der Abbau fremder Handelsbarrieren ein Erfolg, der Abbau eigener Hürden aber ein Zugeständnis. Wenn dagegen ein Handelspartner neue Zölle erfindet, dann wird der Politiker es ihm gleichtun wollen. Nach dieser Logik war die Weltwirtschaft Anfang der 30er-Jahre, beginnend mit dem berühmt-berüchtigten amerikanischen Tarif Act of 1930

(»Smoot-Hawley«), in eine Spirale des Protektionismus geraten, die die Große Depression nur noch verschlimmert hat.

Ökonomen haben einen sehr anderen Blick auf die Dinge: Protektionismus anderer mit eigener Abschottung zu beantworten sei, so lästerte der Franzose Frédéric Bastiat schon im 19. Jahrhundert, als würde man den eigenen Hafen zuschütten, nur weil ein anderes Land mit Felsküsten geschlagen sei. Der Sinn des internationalen Handels nämlich liegt im Import, nicht im Export: So wie wir wirtschaften und produzieren nicht um des Wirtschaftens und Produzierens willen, sondern um konsumieren zu können, ist auch der Export kein Selbstzweck. Der einzige logische Grund, warum wir als Land geneigt sein könnten, Waren und Dienstleistungen ins Ausland zu liefern, ist es, im Gegenzug jetzt oder später Produkte aus dem Ausland zu erwerben. Denn wer dauerhaft auf eine Gegenleistung verzichtet, verschenkt das, was er selbst unter Entbehrungen gefertigt hat.

Dementsprechend betrachten Ökonomen den Abbau eigener Handelsbarrieren nicht etwa als Zugeständnis – sondern als Akt der Vernunft. Im Zweifel, postuliert etwa Jagdish Bhagwati, der wohl wichtigste zeitgenössische Handelstheoretiker, sei es ratsam, selbst voranzuschreiten: »Wenn andere nicht mit dir gehen, geh allein.«[5] Unter dem Strich ist es, so sehen es die Ökonomen, allemal günstiger, jenen auszuhelfen, die unter dem Druck ausländischer Konkurrenz ihr Geschäft oder ihren Arbeitsplatz verlieren, als die in Preis oder Qualität überlegenen Waren aus dem Ausland fernzuhalten.

Der größte Erfolg der internationalen Wirtschaftspolitik nach 1945 war es, zwischen dem Ideal der Ökonomen und den merkantilistischen Neigungen der Politik einen Kompromiss zu finden. Einen Kompromiss, der sich Allgemeines Zoll- und Handelsabkommen nannte, kurz Gatt.

Das Gatt wurde 1947 abgeschlossen mit dem Ziel, eine Liberalisierung des Welthandels auf multilateralem Weg zu erreichen. Die Vertragspartner sollten Zölle und Handelsbarrieren abbauen, dabei im Grundsatz niemanden benachteiligen und ausländische Waren, wenn sie einmal im Land sind, gegenüber inländischen auf keine Weise diskriminieren. Die Liberalisierung vollzog sich schrittweise, in sogenannten Runden. Sie konnten nur einstimmig abgeschlossen werden, anders als bei bilateralen Verhandlungen galt nicht das Recht des Stärkeren, sondern die Stärke des Rechts: Amerika war zumindest formal nicht mächtiger als andere, denn jeder, ob Japan oder Haiti, hatte ein Vetorecht.

Sechs solcher Runden waren Anfang der 80er-Jahre schon abgeschlossen worden, zuletzt 1979 die Tokio-Runde. Empirische Arbeiten deuten darauf hin, dass das Gatt für einen Großteil des Wachstums verantwortlich war, das der Welthandel in den ersten Nachkriegsjahrzehnten verzeichnen konnte.[6] Der Erfolg war so durchschlagend, dass selbst eine Reihe von kommunistischen Staaten nicht im Abseits stehen mochte: Polen trat dem Gatt 1967 bei, Rumänien 1971, Ungarn 1973. Und Gründungsmitglied Kuba verließ das Abkommen auch dann nicht, als Fidel Castro die Macht in Havanna übernommen hatte.

Doch Anfang der 80er-Jahre sorgten die Rezessionen in vielen Ländern, darunter auch Westdeutschland und die USA, dafür, dass die Politik die Lust auf weitere Handelsliberalisierungen verlor. Stattdessen wurden, um nicht offen gegen Gatt-Regeln zu verstoßen, innovative Formen des Protektionismus gefunden, etwa »freiwillige« Exportbeschränkungen.[7] Beispielsweise wollten nicht nur Franzosen und Italiener, sondern auch die Politiker in Bonn dem Aufstieg von Honda, Toyota und anderen japanischen Autoherstellern nicht länger tatenlos zusehen. Selbst der urliberale Wirtschaftsminister Otto Graf Lambsdorff spielte das Spiel mit. Er habe »die Japaner nachdrücklich darauf hingewiesen, dass weise Selbstbeschränkung auch in ihrem eigenen Interesse liegt«, sagte der FDP-Politiker im Juli 1980 nach einer Visite in Tokio.[8]

Aber dann gelang doch noch, was zunächst keineswegs ausgemacht oder auch nur absehbar war: ein Befreiungsschlag. Der Versuch, bei einer Konferenz der zuständigen Minister 1982 in Genf eine neue, siebte Verhandlungsrunde aufs Gleis zu heben, scheiterte. Dafür gab es den Durchbruch 1986, bei einer erneuten Ministerkonferenz, dieses Mal in Punta del Este in Uruguay.

Die Uruguay-Runde sollte sich als langwierig erweisen, erst 1994 konnte sie abgeschlossen werden, vier Jahre später als geplant.[9] Dafür war sie am Ende weitreichender und wichtiger als alle ihre Vorgänger. Die Handelsschranken wurden drastisch reduziert, die reichen Nationen senkten ihre Zölle auf industrielle Produkte noch einmal um 40 Prozent, und das Gatt wurde um ein »Gats« genanntes Abkommen für Dienstleistungen ergänzt. Mit dem 1. Januar 2005 schließlich wurde das bis dahin nur von einem sogenannten Sekretariat überwachte Gatt in die neu geschaffene Welthandelsorganisation (WTO) überführt, eine Institution mit neuartiger Macht: Unter ihrem Dach wurde ein Streitschlichtungsverfahren eingerichtet mit Richtern, die auf Antrag Sanktionen genehmigen können gegen Staaten, die die vereinbarten Regeln brechen.[10]

23 Mitglieder hatte das Gatt, als es 1948 in Kraft trat. Ein knappes halbes Jahrhundert später waren daraus 128 WTO-Mitgliedsstaaten geworden. Bis Mitte 2014 sind noch einmal 32 Länder hinzugekommen, darunter China.

Die Uruguay-Runde sollte forcieren, wofür es vor 30 Jahren bezeichnenderweise noch gar keinen gebräuchlichen Namen gab: die Globalisierung. Der deutsche Sachverständigenrat beispielsweise verwendete den Begriff erstmals in seinem Jahresgutachten von 1986.

Mit der Globalisierung wurde die Welt gewissermaßen kleiner. Länder, die zuvor nur zu hohen Kosten oder gar nicht erreichbar waren, wurden zu Absatzmärkten – und zu Wettbewerbern. Die Telekommunikation wurde billiger und, unter anderem dank des Einsatzes standardisierter Container, auch der Transport. Hinzu kam noch der Abbau künstlicher Hürden, die bis dato die Mobilität von Gütern, Kapital und Arbeitskräften behindert hatten.

Fast drei Jahrzehnte lang hat ein boomender Welthandel das Wirtschaftswachstum nun befeuert. Zwischen 1984 und 2011 legte die globale Wirtschaftsleistung im Jahresdurchschnitt um 3,6 Prozent zu, der grenzüberschreitende Handel mit Gütern und Dienstleistungen wuchs um 6,3 Prozent pro Jahr.[11] Dazu trugen wesentlich die bereits erwähnten Bric-Staaten bei – deren Aufstieg 1984 ebenfalls nicht abzusehen war. Russland war damals Teil der kommunistischen Sowjetunion. Indien sollte noch bis Anfang der 90er Jahre brauchen, ehe es endgültig Abschied nahm von den kläglich gescheiterten Versuchen, Demokratie und Sozialismus miteinander zu vereinbaren. Und Brasilien steckte, wie andere Staaten Lateinamerikas, in einer Schuldenkrise – die 80er-Jahre gelten bis heute als »verlorenes Jahrzehnt« für den Kontinent. Nur in China hatte damals bereits eine Entwicklung eingesetzt, die später den Aufstieg Chinas zur Wirtschaftsgroßmacht beschleunigen sollte. Seit 1978 war die Landwirtschaft bereits liberalisiert und damit die Voraussetzung dafür geschaffen worden, dass nicht länger ein Großteil der Bevölkerung auf Äckern und in Ställen arbeiten musste, um das Land – mehr schlecht als recht – zu ernähren. Die kommunistische Führung hatte zudem Sonderwirtschaftszonen eingerichtet, um ausländische Investoren ins Land zu holen. Just in jenem Jahr, 1984, hob der Nationale Volkskongress die Zahl dieser Zonen von 2 auf 14 an.

Und dann ist da noch die wirtschaftliche Integration Europas. Einen gemeinsamen Markt zu schaffen, diese Idee hatte schon hinter den Römischen Verträgen von 1957 gestanden. Doch die Umsetzung erwies sich als schwierig. Anfang der 80er-Jahre war sie zum Stillstand gekommen. Erst 1985 sollte die Europäische Kommission einen Vorstoß wagen und einen Plan vorlegen, der die Schaffung eines echten Binnenmarkts vorsah. Fast 280 Rechtsvorschriften beschlossen die zwölf Mitgliedsstaaten in den folgenden sieben Jahren, um die bis dahin noch immer abgeschotteten nationalen Märkte zu einem einzigen zu verschmelzen. Mit dem 1. Januar 1993 wurde der Europäische Binnenmarkt verwirklicht.[12] Heute ist er für uns eine Selbstverständlichkeit. 1984 muss er wie ein ferner Traum erschienen sein.

Erstens blieb die eine, die ganz große Katastrophe aus, zweitens fiel die Mauer, drittens wurde der Welthandel weiter liberalisiert, viertens begann eine Ära der Globalisierung, fünftens fingen die großen Schwellenländer an zu boomen, und sechstens rückte Europa mit dem Binnenmarkt auch wirtschaftlich zusammen: Was die ökonomischen Rahmenbedingungen angeht, hat die Bundesrepublik – und haben mit ihr die meisten anderen westlichen Industrienationen – in den vergangenen 30 Jahren eine geradezu sagenhafte Glückssträhne erlebt. Lottofreunde würden sagen: Wir hatten sechs Richtige.

Alle sechs Entwicklungen waren vor 30 Jahren noch nicht absehbar. Alle haben uns die Chance eröffnet, uns auf das zu konzentrieren, was wir besonders gut können. Und die Chance, günstig das zu erwerben, was andere besser produzieren können. Sie haben den Welthandel befördert und Märkte vergrößert. Arbeitsteilung, das hatte schon der Vater der modernen

Volkswirtschaftslehre, Adam Smith, gelehrt, ist ein effektives Mittel zur Steigerung des materiellen Wohlstands. Wie viel Arbeitsteilung aber überhaupt möglich ist – auch das erkannte der schottische Moralphilosoph bereits Ende des 18. Jahrhunderts –, hängt davon ab, wie groß der Markt ist, in dem sich die Akteure bewegen.

Mauerfall, Liberalisierung, Globalisierung, Binnenmarkt, Aufstieg der Schwellenländer: Die Rahmenbedingungen für eine dynamische wirtschaftliche Entwicklung in Deutschland waren glänzend. Umso enttäuschender ist, dass zwar die Exporte stark zulegten, das Wachstum der Gesamtwirtschaft aber schwach blieb. Zumal es da ja auch noch die Superzahl gab: den technischen Fortschritt.

Den Glauben an ihn hatten die Menschen auch vor 30 Jahren bei aller Zukunftsangst nicht verloren. Die Vision vom fliegenden Auto war gerade wieder populär, eine Variante davon war 1982 in dem Hollywoodfilm »Blade Runner« vorgekommen. Dass aber der technische Fortschritt in den Informations- und Kommunikationstechnologien (IKT) unser aller Alltag wie Arbeitsleben binnen weniger Jahrzehnte gründlich und ein für alle Mal umkrempeln würde, das hätten damals wohl nur Utopisten erwartet. 1984 stand die elektronische Datenverarbeitung, vom heutigen Standpunkt aus betrachtet, noch sehr am Anfang. Apple immerhin brachte damals gerade seinen Macintosh (»Mac«) auf den Markt, ein Jahr zuvor hatte Microsoft eine erste Version von Windows eingeführt, wenngleich zunächst ohne großen Erfolg. Das Internet gab es zwar schon, aber es sollte noch ein Jahrzehnt dauern, bis es für die Allgemeinheit zugänglich wurde.

Unsere lange Glückssträhne geht zu Ende. Nicht sicher, nicht unausweichlich. Aber mit erheblicher Wahrscheinlichkeit. Das fängt gleich mit der IT-Revolution an. Die ist eigentlich eine Riesenchance für uns – droht aber auch zu einem Riesenproblem zu werden, weil wir nicht willens sind, die Herausforderungen anzunehmen, die sie aufwirft (siehe Kapitel 12).

Die Globalisierung wiederum könnte, von der Öffentlichkeit bisher weitgehend unbemerkt, ihren Zenit bereits überschritten haben. Die Zeiten, da der Welthandel fast doppelt so schnell wuchs wie die globale Wirtschaftsleistung, sind womöglich erst einmal vorbei. Im Zweijahreszeitraum 2012/13 blieb der Handel hinter der Wirtschaftsleistung zurück – das hat es vor genau drei Jahrzehnten, 1982/83 nämlich, zum letzten Mal gegeben.[13]

Während die grenzüberschreitenden Güterströme noch wachsen, ist bei den Kapitalströmen schon Ebbe. Das gilt vor allem für die sogenannten Direktinvestitionen, die in den zurückliegenden Jahrzehnten zugleich Ausdruck und Motor der Globalisierung waren. Zur Jahrtausendwende war noch jeder fünfte Dollar, der irgendwo auf der Welt investiert wurde, eine grenzüberschreitende Direktinvestition. 2012 galt das nur noch für jeden zehnten Dollar.[14]

Experten sind verwirrt – und besorgt:[15] Könnte es sein, dass die Chancen, die uns die Handelsliberalisierung der Vergangenheit und die Verbilligung von Transport und Kommunikation geboten haben, weitgehend ausgereizt sind? Wenn der Welthandel wieder Motor des globalen Wachstums werden soll, wird er womöglich erst neue Impulse brauchen, etwa durch einen weiteren Abbau der Handelsschranken. Nur geht leider der politische Trend in eine ganz andere Richtung.

Es waren die dunkelsten Wochen für die Weltwirtschaft seit acht Jahrzehnten. Unter Bankern und Politikern ging im Herbst 2008 die Angst um, Sparer könnten ihre Konten leerräumen und so das Finanzsystem komplett kollabieren lassen. Selbst die Rückkehr zu primitiven Tauschwirtschaften war keine völlig abstruse Vorstellung mehr.

Das Signal, das die Wende zum Besseren einläuten sollte, kam aus der Politik. Bei einem eilig einberufenen Gipfeltreffen gelobten die Staats- und Regierungschefs der 20 wichtigsten Wirtschaftsmächte (G20) im November jenes Jahres in Washington, man werde alles Nötige tun, um die Krise einzudämmen. Es war ein Signal der Einigkeit und Entschlossenheit, kraftvoll genug, um Verbrauchern und Entscheidern in Unternehmen in aller Welt jenes Mindestmaß an Vertrauen zurückzugeben, das eine marktwirtschaftliche Wirtschaftsordnung braucht, um funktionieren zu können.

Die G20-Chefs sendeten damals aber noch ein zweites Signal aus: Kein neues Smoot-Hawley sollte es geben, keine Wiederholung der protektionistischen Spirale, die in den 30er-Jahren den Welthandel zusammenbrechen ließ. »Wir werden es unterlassen, neue Hürden für Investitionen oder den Handel mit Gütern und Dienstleistungen zu errichten«, gelobten die Staats- und Regierungschefs.[16]

Zwar sollten offene Handelskriege in der Folgezeit die Ausnahme bleiben, doch niemand hielt sich an das feierliche Versprechen. Allein zwischen 2009 und 2012 setzten die G20-Staaten mehr als 1100 neue protektionistische Maßnahmen in Kraft, hat Simon Evenett, ein Wirtschaftswissenschaftler von der Universität St. Gallen, ermittelt. Von 623 der bis September 2013 umgesetzten Maßnahmen waren »nahezu sicher« auch deutsche wirtschaftliche Interessen negativ betroffen, über hundert weitere, die Deutschland betreffen würden, waren damals in Vorbereitung.[17]

Uns Deutschen wiederum legt Evenett 107 Maßnahmen zur Last, die insgesamt 160 Länder schaden.[18] Darunter viele Maßnahmen, die die Bundesregierung im Rahmen der gemeinsamen

EU-Handelspolitik durchgewinkt hat: Höhere Zölle für Bananen aus Kolumbien und Peru zum Beispiel, höhere Zölle für Reis aus Indien oder Thailand, höhere Zölle für Wein aus Serbien. Daneben wurden sogenannte Anti-Dumping-Verfahren angestrengt gegen Solarmodule aus China oder Biodiesel aus Argentinien und Indonesien. Ebenfalls auf der langen Liste sind viele Sündenfälle, für die wir Deutschen allein die Verantwortung tragen. So wurden alle möglichen neuen Subventionen geschaffen, die ausländische Wettbewerber benachteiligen und daher protektionistisch wirken können: Gelder für Unternehmensgründer zum Beispiel, für diverse Banken und Regionalflughäfen, für Hapag-Lloyd, P+S Werften und Volkswagen.[19]

Der Protektionismus kehrt durch die Hintertür zurück, und für einen erneuten Befreiungsschlag fehlen offenkundig der Wille und die Kraft. Fast anderthalb Jahrzehnte ist es her, dass die Handelsminister der WTO-Mitgliedsstaaten in Doha, der Hauptstadt von Katar, den Beginn einer neuen, achten Verhandlungsrunde einläuteten. Doch ein Ende ist noch immer nicht in Sicht. Erstmals in der Geschichte von Gatt und WTO droht eine Verhandlungsrunde zu scheitern. Das Einzige, was die Doha-Runde bisher hervorgebracht hat, ist das sogenannte Bali-Paket. Es wurde im Dezember 2013 auf einer Ministerkonferenz geschnürt und ist in Wirklichkeit eher ein Päckchen, mit dem die bürokratische Abwicklung von Handelsgeschäften erleichtert werden soll. Der Abbau der verbliebenen Industriezölle und die umfassende Liberalisierung des Handels mit Agrarprodukten dagegen, beides Ziele der Doha-Runde, lassen weiter auf sich warten.

Und so haben sich denn Politik und Wirtschaft auf eine Notlösung verlegt, die früher – gerade in Deutschland – verpönt war: auf bilaterale Freihandelsabkommen. Solche Abkommen höhlen das multilaterale Handelssystem aus, sie diskriminieren Dritte und benachteiligen die Schwachen. Doch ungeachtet der Kritik unabhängiger Experten[20] wurde Mitte 2013 ein europäisch-amerikanisches Freihandelsabkommen angeschoben: die Transatlantic Trade and Investment Partnership (TTIP). Nur einige Monate dauerte es, ehe die Begeisterung für dieses Projekt selbst bei seinen Unterstützern abflaute. Am Ende könnte es zum Bumerang werden – weil es der schon weggedämmerten Antiglobalisierungsbewegung neues Leben einhaucht.[21]

Neoprotektionismus und nicht einmal genug politische Entschlossenheit, um auch nur bilaterale Handelsabkommen durchzusetzen: Lange Zeit wäre das fast egal gewesen. Der Handel selbst wuchs ja weiter, vor allem dank des Booms in den großen Schwellenländern. Doch auch der hat seinen Zenit inzwischen überschritten.

Für seine Arbeiten bekam er 1993 den Nobelpreis: Robert Fogel, verstorben im Juni 2013, war einer der ganz großen Wirtschaftshistoriker. Zu seinen Hinterlassenschaften zählt eine kühne Vorhersage: China, schrieb Fogel drei Jahre vor seinem Tod, werde im Jahr 2040 mit riesigem Abstand die größte Wirtschaftsmacht der Welt sein. Das Pro-Kopf-Einkommen werde dort doppelt so hoch liegen wie in der EU. Doppelt so hoch![22]

Für Deutschlands Exporteure wird das nicht nach Bedrohung geklungen haben – sondern wie eine Verheißung: Immerwährendes Wachstum in China! Immerwährend steigende Nachfrage nach Waren made in Germany!

Bereits drei, vier Jahre später ist Ernüchterung eingekehrt, mit Blick auf China, mit Blick auf die anderen Schwellenländer. Ernüchterung – und sogar Angst. Es hat eine Trendwende gegeben, ja eine Zeitenwende. »Das bemerkenswert schnelle Wachstum (der Schwellenländer), das die Welt in den vergangenen beiden Jahrzehnten erlebt hat, markiert die größte wirtschaftliche Transformation in der modernen Geschichte«, urteilte der britische »Economist« im Juli 2013. »Dergleichen wird es wahrscheinlich nie wieder geben.«[23]

Tatsächlich ist das Wachstum in allen Bric-Staaten seit 2011 deutlich zurückgegangen. Zum Teil liegt das einfach daran, dass auch die Schwellenländer auf die Finanzkrise von 2008/09 mit Konjunkturprogrammen reagiert hatten – und dass deren Effekte inzwischen auslaufen. Die Verlangsamung ist daher zum Teil vorübergehender Natur. Aber eben nur zum Teil.[24]

Außerdem geht die Ära des billigen Geldes in den USA langsam zu Ende. Und nicht zuletzt die Schwellenländer sind davon besonders hart betroffen. Als der damalige amerikanische Zentralbankchef Ben Bernanke im Mai 2013 den Einstieg in den Ausstieg aus der ultralockeren Geldpolitik verkündete, verloren langfristige US-Staatsanleihen umgehend an Wert – was ihre effektive Verzinsung steigen ließ. Das hatte Folgen auch für die Schwellenländer, weil höhere Zinsen in Amerika bedeuten, dass die Attraktivität ihrer eigenen Staatsanleihen abnimmt. Diverse Zentralbanken waren in den folgenden Monaten gezwungen, ihre Leitzinsen zum Teil drastisch anzuheben, um plötzliche Kapitalabflüsse zu verhindern.[25]

Eine Reihe großer Schwellenländer ist nämlich abhängig geworden vom steten Zustrom ausländischen Kapitals, ihre Leistungsbilanzen und ihre Staatshaushalte sind tief im Minus. Die Volkswirte der amerikanischen Investmentbank Morgan Stanley sprechen daher vom »Double Deficit Club«. Mit Brasilien und Indien gehören zwei der vier Bric-Länder dazu. Hinzu kommen Indonesien, Südafrika und die Türkei – während sich Russland und Thailand, so die Morgan-Stanley-Experten, »gerade um die Aufnahme bewerben«.[26] In China wiederum ist es vor allem die hohe interne Verschuldung von Unternehmen und Kommunen, die Fachleuten und Investoren Sorge bereitet.

Als Ende der 90er-Jahre erst Südostasien in eine Krise rutschte und bald danach auch Brasilien und Russland, kamen Deutschland und andere westliche Industrieländer ungeschoren davon. Der hiesige Aufschwung, getragen vom Dot-com-Boom, setzte sich fast ungebremst fort. Das wäre diesmal anders. Die Konjunktur in den Industrieländern selbst ist deutlich fragiler als damals – und die reichen Nationen sind wirtschaftlich weitaus abhängiger von den aufstrebenden Ländern als vor 15 Jahren.[27]

Es braucht noch nicht einmal eine ausgewachsene Krise in den Schwellenländern, um die deutsche Wirtschaft in Schwierigkeiten zu bringen. Eine deutliche Verlangsamung würde schon genügen. Eine Reihe von deutschen Topkonzernen erwirtschaftet inzwischen mehr als 30 Prozent des Umsatzes in Schwellenländern, darunter BMW, Daimler und Porsche, Adidas und Infineon, Bayer und BASF.[28]

Vor allem die Abhängigkeit von China ist groß. So haben die Ökonomen des japanischen Finanzdienstleisters Nomura versucht abzuschätzen, was passiert, wenn das Wirtschaftswachstum in der Volksrepublik auch nur um einen Prozentpunkt fällt. Deutschlands Wirtschaftswachstum, so das Ergebnis, würde um 0,3 Prozentpunkte sinken. Das hört sich nicht nach viel an – für eine Wirtschaft wie die deutsche aber, die im längerfristigen Durchschnitt kaum mehr als ein Prozent Wachstum im Jahr zustande bringt, ist es das durchaus.[29]

2009, als fast alle deutschen Konjunkturindikatoren nach unten wiesen, wuchs der Warenexport in die Volksrepublik weiter, um immerhin neun Prozent. 2010 lag dann das Plus bei berauschenden 44 Prozent, und 2011 immerhin bei 21 Prozent. 2012 dagegen waren es nicht einmal drei Prozent. Und 2013 stand gar eine Null vor dem Komma: Die Ausfuhren in die Volksrepublik legten nur um 0,4 Prozent zu.[30] »Die guten alten Zeiten«, sagt Kurt Bock, der Vorstandschef des Chemiekonzerns BASF, »in denen einem aus den Händen gerissen wurde, was immer man in China anbot, liegen hinter uns.«[31]

Und sie kommen mit hoher Wahrscheinlichkeit nicht wieder. Für den Fünfjahreszeitraum zwischen 2014 und 2018 rechnet der Internationale Währungsfonds mit dem schwächsten Wirtschaftswachstum in China seit Beginn des Reformkurses 1979.[32] Diese Schwäche ist keine vorübergehende Phase, sie ist struktureller Art. Die Experten des IWF attestieren den Chinesen bereits, dass »die Zeit für ihr gegenwärtiges Wachstumsmodell vorüber« ist.[33]

China hat sich auf sogenanntes extensives Wachstum verlassen, auf ein Wirtschaftswachstum, das auf Masse, auf schierem Mitteleinsatz beruht: auf der Akkumulation von Kapital und riesigen Wanderungsströmen von abgelegenen Landstrichen in die Städte mit ihren Fabriken. Der Arbeitskräftepool aber ist auch in China endlich. Die Folgen der Ein-Kind-Politik werden bald spürbar sein, schon ab 2015 wird die Zahl der Menschen im erwerbsfähigen Alter schrumpfen. Ungefähr im Jahr 2020 dann wird das Arbeitskräftereservoir, das aus der agrarischen Subsistenzwirtschaft und in die industrielle Produktion geholt werden kann, versiegen.[34] Steigende Löhne sind schon jetzt die Folge einer beginnenden Arbeitskräfteknappheit – und da sie nicht durch entsprechende Produktivitätssteigerungen ausgeglichen werden, steigen die Lohnstückkosten.

Unschlagbar günstig, das war einmal. Chinas Status als Billigwerkbank der Welt bröckelt. Die Unternehmensberatung Boston Consulting Group hat Entscheider großer amerikanischer Industriekonzerne befragt, ob sie planen oder zumindest erwägen, Produktion aus China zurück in die USA zu holen. Im

Februar 2012 bejahten 37 Prozent der Manager die Frage. Im August 2013, also nur anderthalb Jahre später, waren es bei einer erneuten Umfrage sogar 54 Prozent.[35] Längst ist bei Politikern und Wirtschaftsführern in Amerika und auch Großbritannien »Reshoring« zum Modewort geworden – als Gegenstück zum »Offshoring« vergangener Jahre.

Investitionen in China müssten daher auf Effizienzsteigerungen abzielen – darauf, zu verhindern, dass höhere Löhne sich automatisch in höheren Lohnstückkosten niederschlagen. Doch das gelingt nicht, jedenfalls nicht in der Breite. Dass sich das chinesische Wirtschaftswachstum seit 2007 ungefähr halbiert hat, während die Investitionen immer noch nahezu 50 Prozent der Wirtschaftsleistung ausmachen, ist ein deutliches Zeichen dafür, dass die Investitionen im Durchschnitt unproduktiver geworden sind. IWF-Ökonomen sehen daher in einer Studie beträchtliche »Überinvestitionen«.[36]

China war die billige Werkbank, so wie früher einmal, in kleinerem Stil, Thailand oder Hongkong. Brasilien prosperierte, weil die Preise für Kohle und Eisenerz stiegen, die zahlreichen strukturellen Probleme Russlands wurden überdeckt durch das hervorragend laufende Geschäft mit Öl und Gas. Diese Wachstumsmodelle funktionieren, funktionieren – und funktionieren dann plötzlich nicht mehr.

Barry Eichengreen, ein prominenter Wirtschaftsprofessor der University of California in Berkeley, hat 2012 gemeinsam mit zwei Kollegen gezeigt, dass dies ein häufig wiederkehrendes Muster ist: Vielen Ländern gelingt es, ihre Bevölkerung mit raschem Wirtschaftswachstum aus der Armut zu befreien. Das fällt sogar relativ leicht: Anders als die Pioniere der Industrialisierung vor 200 Jahren können sich heutige Entwicklungsländer an erprobten Modellen orientieren und Know-how aus dem

Ausland holen. Doch dann tappen sie häufig in das, was Eichengreen *middle-income trap* nennt: Auf halbem Weg zum Reichtum lässt die ursprüngliche wirtschaftliche Dynamik zumeist über längere Zeit deutlich nach. Die Eichengreen-Studie und neuere Untersuchungen ergeben unter anderem:[37]

- In vielen Ländern verlangsamt sich das Wachstum erheblich, wenn das jährliche Pro-Kopf-Einkommen einen Wert zwischen 10 000 und 20 000 Dollar (in Preisen von 2005) erreicht – eine Spanne, auf die China und viele andere aufstrebende Nationen gerade zusteuern.
- Wie hoch genau jener Schwellenwert typischerweise liegt, ist nicht ganz eindeutig. Eichengreen und Kollegen kommen in einer jüngeren Untersuchung sogar zu dem Ergebnis, dass es gleich zwei solcher Einkommensniveaus gibt, bei denen die Wachstumsfalle lauert: bei 11 000 und bei 15 000 Dollar. Manche Länder sind im Laufe ihrer Entwicklung in die erste Falle geraten (etwa Mexiko 1980 und Südkorea 1989), andere hat es bei der zweiten Falle erwischt (wie Israel 1976 und Irland 1978), und wieder andere sind in beide Fallen geraten – Japan zum Beispiel, dessen Wachstum sich Anfang der 70er-Jahre verlangsamte und dann wieder Anfang der 90er.
- Manchen Ländern, wie Singapur und Südkorea, gelingt es, sich aus der Falle zu befreien. Die meisten aber, darunter viele Staaten Lateinamerikas, sitzen lange darin fest.
- Die Wahrscheinlichkeit, in die Wachstumsfalle zu tappen, steigt, wenn die Politik versucht, das Tempo künstlich hoch zu halten – etwa, wie in China, durch eine unterbewertete Währung, die Exporte künstlich billig hält.
- Die Faktoren, die entscheidend dafür sind, ob ein Land wirtschaftlich stark wachsen kann, ändern sich mit der Zeit. Genauer: Es müssen immer mehr Faktoren stimmig sein, damit das Wirtschaftswachstum hoch bleibt. Für ein

sehr armes Land kann allein schon der Übergang von der Tyrannei zur Rechtsstaatlichkeit hinreichend sein, um der Wirtschaft einen Schub zu geben. In einem bereits etwas wohlhabenderen Land wird es wichtig, dass weitere Voraussetzungen gegeben sind, gute Straßen etwa, ein gutes Telefonnetz, generell eine gute Regulierungspolitik – und natürlich gut ausgebildete Arbeitskräfte.

Die Wahrscheinlichkeit, dass China der Falle entkommt, taxieren Eichengreen und Kollegen nur auf etwa ein Viertel. Und es sei keineswegs ausgemacht, dass die Volksrepublik nach einer Übergangsphase wieder schneller wachsen werde. Vieles spricht folglich dafür, dass es für China und die anderen großen Schwellenländer auf die Politik ankommt: Die politischen Entscheider müssen willens und in der Lage sein, die notwendigen Rahmenbedingungen zu schaffen für eine anhaltend hohe wirtschaftliche Dynamik.

Davon ausgehen kann man – leider – nicht: In allen Bric-Staaten wurden die guten Jahre im zurückliegenden Jahrzehnt nicht dafür genutzt, die Grundlagen für anhaltende wirtschaftliche Dynamik zu stärken. In China konzentriert sich die politische Führung weiter darauf, das Wachstum auf künstlichem Wege – durch Investitionsprogramme und eine unterbewertete Währung – noch eine Weile hoch zu halten. Brasilien und Indien sind Hochburgen des Merkantilismus: Die Regierungen beider Länder haben sich zu den Wortführern all jener gemacht, die meinen, Handelsliberalisierungen seien allein Aufgabe der Industrienationen. Und im Falle Russlands schließlich ist spätestens seit dem Konflikt mit der Ukraine offenbar, dass die Führung um Präsident Wladimir Putin völlig andere Prioritäten hat, als den materiellen Wohlstand der eigenen Bevölkerung zu steigern.

Bezeichnend ist auch, wie die Bric-Staaten in den Korruptionsrankings von Transparency International abschneiden. Im

»Corruption Perceptions Index« sind alle vier Länder zwischen 2003 und 2013 von niedrigem Niveau aus weiter zurückgefallen: Brasilien von Platz 54 auf Platz 72, China von 66 auf 80, Indien von 83 auf 94. Und Russland von 86 auf 127, Korruption ist dort demnach inzwischen verbreiteter als in Osttimor oder Sierra Leone.[38]

Anders Åslund vom Peterson Institute for International Economics, einer einflussreichen Denkfabrik in Washington, fasst den ernüchternden Befund für die Schwellenländer so zusammen:[39] »Viel von dem Aufholpotenzial ist bereits verbraucht. Der außergewöhnliche Kredit- und Rohstoffboom ist vorüber, und viele große Schwellenländer sind finanziell fragil. Sie haben große Führungsprobleme. Und so müssen sie umfassende Strukturreformen durchführen, um weiterhin auf ordentliche Wachstumsraten zu kommen. Aber viele Politiker befinden sich noch immer in einem Zustand der Hybris und neigen nicht dazu, sich für Reformen zu entscheiden. Sie sind gefangen in Staats- und Günstlingskapitalismus. (…) Die wirtschaftliche Konvergenz ist nicht an ihr Ende gelangt. Aber sie hat wahrscheinlich eine Auszeit erreicht, die vermutlich viele Jahre andauern wird.«

Eine lange Phase, in der die Voraussetzungen für dynamisches Wirtschaftswachstum hervorragend waren, kommt an ihr Ende. Regierende und Unternehmenslenker müssen sich neu orientieren, sie müssen neue Geschäftsmodelle entwickeln und Wege finden, wie sich vorhandenes ökonomisches Potenzial besser nutzen lässt und neues geschaffen werden kann: Das ist die Herausforderung, vor der die Schwellenländer stehen. Und vor der auch Deutschland steht. Doch sechs Richtige samt Superzahl, auf die werden wir nicht wieder hoffen können. Die hat man nur einmal im Leben. Wenn überhaupt.

# 6

## Dauerdoping für die Konjunktur

### Wie Minizinsen uns einen letzten ordentlichen Aufschwung verschaffen

Deutschland jubelt wieder. Selbst Hans-Werner Sinn, ein Mann, dem blinder Optimismus gewiss nicht vorzuwerfen ist, lässt sich gelegentlich mitreißen. Die deutsche Wirtschaft werde 2014 um 1,9 Prozent wachsen, sagte der Präsident des Münchner ifo-Instituts Ende 2013: »Das ist das Geschenk vom Weihnachtsmann.«[1]

Das Bundeswirtschaftsministerium schrieb in seinem Jahreswirtschaftsbericht vom Februar 2014 gar, die deutsche Wirtschaft sei auf einem »stabilen Erholungskurs«, der von einer »soliden konjunkturellen Grunddynamik« und einer »breit angelegten Aufwärtsbewegung« zeuge.[2]

Richtig ist: Die deutsche Wirtschaft erholte sich rasch von der Finanzkrise, die im Winterhalbjahr 2008/09 Angst vor einer neuen Großen Depression ausgelöst hatte. Während die Wirtschaftsleistung in vielen anderen Ländern auch 2014 noch weit von ihrem Vorkrisenniveau entfernt ist, erreichten wir es nach nur drei Jahren wieder, genauer: im ersten Quartal 2011. Wie schon 2006 und 2007 wuchs Deutschlands Bruttoinlandsprodukt auch 2010 und 2011 um jeweils drei Prozent. Danach schwächelte die deutsche Konjunktur zwei Jahre lang, die heimische Wirtschaft konnte sich den Begleiterscheinungen der Euro-Krise nicht länger entziehen.

Aber jetzt, so die herrschende Meinung, ist alles wieder auf gutem Weg. Nicht nur 2014, sondern auch 2015 und 2016 könnten Wachstumsraten von annähernd zwei Prozent erzielt werden – erwarteten im Sommer 2014 selbst gemeinhin vorsichtige Prognostiker wie die der Bundesbank.[3] Wir sind rasch aus den Krisen der zurückliegenden Jahre herausgekommen und vordergründig sogar gestärkt. Als »Superstar« sehen wir uns selbst,[4] als Land, dem eine »glänzende Zukunft« (Bert Rürup) bevorsteht.

Zu einem gnädigen Urteil über uns selbst kommen wir natürlich auch, weil andere derzeit mit großen Probleme kämpfen: jene, die in den Nullerjahren über die Stränge schlugen und nun den Preis dafür zahlen. Vergleiche mit Griechenland, aber auch Spanien und inzwischen Frankreich fallen günstig für uns aus.

Was dabei aber fast durchweg übersehen wird: Wenn bei uns die Konjunktur einigermaßen rundläuft, hat das auch damit zu tun, dass andere Länder in Krisen stecken. Wir sind Krisengewinnler: Es geht uns gut, gerade *weil* es anderen schlecht geht.

Im Zuge der Euro-Krise sah sich die Europäische Zentralbank (EZB) gezwungen, ihren Leitzins immer weiter nach unten zu treiben. Niedrige Zinsen machen es für Regierungen, Unternehmen und Privatleute attraktiver, Kredite aufzunehmen und so Ausgaben, die sie sonst erst in der Zukunft getätigt hätten, in die Gegenwart vorzuziehen. Auf diese Weise kann die Wirtschaft stimuliert werden. Theoretisch jedenfalls.

In der Praxis gestaltet sich das aber schwierig. Die Zinsen, die Anleger für den Kauf von Anleihen öffentlicher Schuldner verlangen, eskalierten im Zuge der Euro-Krise. Die Zinspolitik der EZB erwies sich als machtlos dagegen. Erst das berühmte Versprechen von EZB-Präsident Mario Draghi vom Juli 2012, im

Notfall werde seine Bank mit frischgedrucktem Geld in großem Stil Staatsanleihen aufkaufen, brachte eine Entlastung.

Aber auch nur ein Stück weit. Denn anders als die Staatshaushalte profitieren private Schuldner in den Krisenländern von Niedrigzinspolitik und Draghi-Garantie nur begrenzt. Es ist, als wäre ein Keilriemen gerissen: Die Antriebskraft, die von der Niedrigzinspolitik ausgeht, kommt nicht in der Wirtschaft an, weil die maladen Banken der Krisenländer das Risiko scheuen und die günstigen Zinskonditionen nicht weitergeben. So hat die EZB den Leitzins zwischen August 2008 und Mai 2013 von 4,25 auf 0,25 Prozent gesenkt – also um vier Prozentpunkte. In Italien und Spanien jedoch lag der effektive Zinssatz für neu vergebene Kredite an Unternehmen im Mai 2014 im Durchschnitt nur um 2,2 Prozentpunkte niedriger als im August 2008.[5]

Die eigentlichen Adressaten, jene, die davon profitieren sollten, werden durch die niedrigen EZB-Zinsen also nur sehr bedingt erreicht. Weil aber ein und derselbe Leitzins in der gesamten Euro-Zone gilt, kommen die niedrigen Zinsen vor allem dort an, wo sie gar nicht hinsollten: bei uns in Deutschland.

Viele Saloons im Wilden Westen Amerikas offerierten im 19. Jahrhundert ein *free lunch:* Wer ein Getränk bestellte, bekam ein kostenloses Mittagessen dazu. Nun konnte dreierlei passieren: Entweder die Barbesucher ritten nach dem Essen und genau einem Drink weiter – dann blieb der Gastwirt auf einem Minus sitzen. Oder der Wirt hatte das Mittagessen gleich im Getränkepreis einkalkuliert. Oder, dritte Möglichkeit, das Saloonessen – der Überlieferung zufolge war es sehr salzhaltig – verleitete die Gäste dazu, mehr zu trinken, als sie eigentlich geplant hatten. So oder so: Das Mittagessen war alles, nur nicht *free*. Ob Wirt oder Gäste, irgendwer musste dafür bezahlen.

»There ain't no such thing as a free lunch«, lautet daher ein bekanntes Ökonomen-Sprichwort: So etwas wie ein kostenloses Mittagessen gibt es nicht. Denn irgendwer trägt irgendwann die Last von Maßnahmen, die auf den ersten Blick umsonst sind. Gelegentlich ist das nur nicht so offensichtlich, und man muss etwas länger suchen.

Bei einer Politik des billigen Geldes ist das nicht anders. Die niedrigen Zinsen sind ein großes Konjunkturprogramm für Deutschland, sie sind wesentlich mitverantwortlich dafür, dass die deutsche Wirtschaft nach der Finanzkrise rasch wieder Fuß fasste. Doch dieses Konjunkturprogramm könnte sich, wenn man alle Risiken und Nebenwirkungen mit berücksichtigt, als sehr, sehr teuer erweisen.

Das fängt beim deutschen Finanzsektor an. Einerseits wirkt die von der Geldpolitik ausgelöste Liquiditätsschwemme stabilisierend. Aber Versicherungsunternehmen zum Beispiel sind zugleich Leidtragende. Sie haben im Geschäft mit Lebensversicherungen eine Garantieverzinsung zugesagt, die inzwischen ein Mehrfaches von dem beträgt, was sich mit dem Kauf von deutschen Staatsanleihen erwirtschaften lässt.[6]

Auch die Banken stehen wegen der niedrigen Zinsen auf Dauer vor großen Problemen. Ihre Solidität leidet, weil es den im Wettbewerb stehenden Instituten nicht gelingt, die Einlagenzinsen in gleichem Umfang wie die Leitzinsen zu senken. Dadurch fällt der sogenannte Zinsüberschuss, die Differenz zwischen im Kreditgeschäft eingenommenen und an Sparer ausgezahlten Zinsen. Für deutsche Institute ist das ein besonders großes Problem. Denn zum einen haben sie ohnehin mit einer »langjährigen strukturellen Schwäche der Ertragsentwicklung« zu kämpfen, wie es Bundesbank-Präsident Jens Weidmann formuliert.[7] Zum anderen ist die Branche in Deutschland geprägt von Kreditinstituten, die wir (siehe Kapitel 1) gern aller Welt als

Hort der Stabilität verkaufen: den Sparkassen und Volksbanken. Sie sind, mangels anderer Geschäftsfelder, auf eine auskömmliche Zinsspanne angewiesen,[8] und wenn die Zinsen wieder steigen, wird sie das besonders stark treffen. Denn da Kredite im Durchschnitt eine Laufzeit haben, die erheblich länger ist als die Kündigungsfrist bei Sparguthaben, belasten höhere Zinsen die Ausgabenseite schneller, als auf der Einnahmenseite für Entlastung gesorgt wird.

Selbst in den Krisenländern können niedrige Zinsen Schaden anrichten. Denn sie nehmen Druck von den Regierungen, die öffentlichen Finanzen grundlegend zu konsolidieren – schon in den Nullerjahren waren ja die im Zuge der Euro-Einführung gesunkenen Zinsen in Griechenland, Italien und Portugal einhergegangen mit ausufernden Staatsschulden.

Auch für die Privatwirtschaft von Ländern wie Griechenland oder Spanien sind niedrige Zinsen, soweit sie denn ankommen, nicht unbedingt das gebotene Mittel. Niedrige Zinsen sind dann der richtige Weg, um eine wirtschaftliche Schwächephase zu überwinden, wenn das Kernproblem in einer Unterauslastung vorhandener Kapazitäten liegt. Die Frage ist jedoch, ob nicht im Aufschwung der Nullerjahre Strukturen – etwa in der spanischen Bauwirtschaft – aufgebaut worden sind, die selbst bei besser ausgelasteten Kapazitäten nicht mehr rentabel werden. In einem solchen Fall wären künstlich gedrückte Zinsen sogar kontraproduktiv. Denn dann, sagt Henning Klodt vom Institut für Weltwirtschaft in Kiel, kommt es bestenfalls zu einem »Strohfeuer«. Die notwendige »Reinigungskrise« bleibt aus, die Rezession droht sich, so Klodt, »zur strukturellen Dauerkrise« auszuwachsen.[9]

Früher oder später könnte Ähnliches auch in Deutschland bevorstehen. Denn bei hiesigen Firmen kommt der Zinsrückgang in nahezu vollem Umfang an: Der durchschnittliche Effektivzins für neu vergebene Unternehmenskredite gab zwischen August 2008 und Mai 2014 um 3,5 Prozentpunkte nach. Während also die Zinsreduktion der EZB bei den Firmen in Italien und Spanien nur zu rund 55 Prozent ankam, betrug der Anteil in Deutschland 89 Prozent.[10]

Und es ist auch nicht so, dass die Zinsen zwar niedrig sind, die Banken aber in der Praxis dennoch zurückhaltend mit der Kreditvergabe. Seit 2011 schon berichtet nur rund jedes fünfte Unternehmen aus der gewerblichen Wirtschaft in Deutschland, die Banken seien restriktiv bei der Kreditvergabe. 2014 sank der Anteil weiter, auf zeitweise unter 18 Prozent. Bis Mitte der Nullerjahre, zum Vergleich, hatten noch mehr als 50 Prozent der Unternehmen Schwierigkeiten, sich bei Banken Geld zu borgen.[11]

Selbst Unternehmen, die ihre Verbindlichkeiten gar nicht erhöhen, kommt der Zinsrückgang zugute: Es reicht schon, wenn auslaufende Kredite und Anleihen durch neue, zinsgünstigere ersetzt werden. Nach Berechnungen der Londoner »Financial Times« dürfte allein dieser Effekt die Vorsteuergewinne deutscher Unternehmen auf fünf Jahre verteilt um 14 Milliarden Euro steigern.[12]

Das ist nicht nur gut. Denn erstens bringt der neu entstandene Zinsvorsprung einen künstlichen Wettbewerbsvorteil deutscher Unternehmen gegenüber den Firmen aus den Peripherieländern mit sich. Die Genesung Südeuropas wird so eher behindert als gefördert. Zweitens birgt das Niedrigzinsumfeld das Risiko, dass auch in Deutschland Strukturen entstehen oder erhalten bleiben, die eigentlich unrentabel und ineffizient sind. »Die günstige Finanzierungssituation führt dazu, dass derzeit auch schwache Unternehmen überleben«, sagt Michael Bretz, Mitglied der Geschäftsleitung bei Creditreform. Die Wirtschaftsauskunftei schätzte im Juni 2014, dass sich nicht weniger als 272 000 Unternehmen in Deutschland in einer finanziell prekären Lage befinden. Viele von ihnen wären unter normalen Umständen längst aufgegeben worden oder in Konkurs gegangen – können aber dank der niedrigen Zinsen weitermachen.

So bedauerlich jede Pleite im Einzelfall für Anteilseigner, Beschäftigte und Lieferanten ist: Wenn massenweise Zombiefirmen am Markt gehalten werden, leiden jene, die wir dringend brauchen, nämlich solide wirtschaftende Unternehmen mit zukunftsträchtigen Geschäftsmodellen.[13]

Früher war es die Bundesbank, die darüber befand, welcher Leitzins jeweils angesichts der aktuellen konjunkturellen Lage angemessen ist. Mit der Währungsunion hat sich das geändert. Nun legt die EZB einen Leitzins für den gesamten Euro-Raum fest – und der ist für kaum ein Land genau passend: Für die einen, weniger dynamischen, wird er zu hoch sein und bremsend wirken, für die anderen zu niedrig – mit der Folge, dass die Wirtschaft dort zu überhitzen droht.

Vor der Euro-Krise, zwischen 1999 und 2009, war der von der EZB gesetzte Leitzins für Deutschland die meiste Zeit über etwas zu hoch, und zwar im Schnitt um rund 0,3 Prozentpunkte. Demgegenüber war er für die meisten späteren Krisenländer deutlich zu niedrig. In Griechenland und Spanien hätte er nach Berechnungen der führenden deutschen Wirtschaftsforschungsinstitute um fast drei Prozentpunkte höher liegen müssen, in Irland sogar um gut sechs Prozentpunkte.[14] Hier wie dort hat der einheitliche Leitzins also die bereits bestehende konjunkturelle Dynamik verstärkt: Die lange Zeit maue deutsche Konjunktur wurde durch die einheitliche Geldpolitik (etwas) gebremst, der Aufschwung in der Peripherie der Euro-Zone dagegen zusätzlich angeheizt.

Aktuell, natürlich, ist es andersherum: Die Krisenländer brauchen niedrigere Zinsen als Deutschland. Während aber die EZB in den Nullerjahren versucht hat, einen Mittelweg zu finden, richtet sie jetzt ihre Geldpolitik einseitig an den schwächsten Mitgliedern der Währungsunion aus. Das mag verständlich sein, weil es nicht zuletzt darum geht, den Fortbestand der Euro-Zone zu sichern. Die Folge ist allerdings, dass die Zinsen in Deutschland sehr viel niedriger sind, als es angemessen wäre. 2013 hätte der Leitzins nach Schätzungen von Experten eher bei vier Prozent liegen müssen als bei nahe null.[15]

In den Nullerjahren hatten sich deutsche Regierungspolitiker beschwert, dass der Leitzins der EZB zu hoch war. Die Währungshüter, klagte etwa im Mai 2005 der damalige Bundeswirtschaftsminister Wolfgang Clement, berücksichtigten die schwere Situation zu wenig, in der Deutschland sich befinde: »Faktisch bringen wir hier in Deutschland ein Stabilitätsopfer.«[16] Heute, da der Leitzins noch viel stärker vom Optimum abweicht, nur halt in die andere Richtung, sind keine Klagen aus der deutschen Politik zu hören. Verwundern kann das nicht. Denn die öffentlichen Haushalte in Deutschland zählen zu den größten Nutznießern der Niedrigzinspolitik. Vorläufig jedenfalls.

An den 12. März 2014 wird sich Wolfgang Schäuble sicher noch lange erinnern. Es war ein Tag der Genugtuung. Vier Jahre zuvor hatte er den bisherigen Rekordhalter Theo Waigel als Finanzminister mit der höchsten Nettoneuverschuldung der bundesdeutschen Geschichte abgelöst. Nun aber, kurz vor Frühlingsbeginn 2014, kann er für das laufende Jahr die »niedrigste Neuverschuldung seit 40 Jahren« versprechen. Mehr noch, auf der Bundespressekonferenz in Berlin darf er verkünden, was das Kabinett der Großen Koalition soeben beschlossen hat: die Eckpunkte für den Bundeshaushalt 2015. Und die sehen unter dem Strich eine schwarze Null vor. Erstmals seit 1969, als der Finanzminister noch Franz Josef Strauß hieß, wird – wenn alles kommt wie geplant – der Bund netto keine neuen Schulden aufnehmen müssen.

Was der Kassenwart verschweigt: Gerade weil es den Kollegen in vielen anderen Euro-Staaten so schlecht geht, geht es dem deutschen Finanzminister – scheinbar – so gut. Der deutsche Staat ist im Zuge von Finanz- und Euro-Krise mehr und mehr zu jenem sprichwörtlichen Einäugigen geworden, der König unter den Blinden ist. Investoren, denen es vor allem um Sicherheit geht und nicht so sehr um Rendite, haben nur noch wenige Alternativen zu Bundesanleihen.[17] Die Folgen kann man durchaus dramatisch nennen:

- Anfang der 90er-Jahre musste der deutsche Staat auf seine Schulden im Durchschnitt acht Prozent Zinsen bezahlen. Bis 2007 sank dieser Wert langsam auf 4,3 Prozent und rutschte dann weiter ab. 2013 betrug der durchschnittliche Zinssatz nur noch 2,6 Prozent. Durch die Zinserosion seit 2007 sparte der deutsche Fiskus allein im Jahr 2013 fast 37 Milliarden Euro.[18]
- Die Ausgaben des deutschen Staates für Zinsen sind 2013 auf 2,2 Prozent der Wirtschaftsleistung gefallen, das war der niedrigste Wert seit 1981 – aber natürlich nicht, weil der Schuldenstand auf das damalige Niveau gesunken wäre. 1981 betrug er, im Verhältnis zum Bruttoinlandsprodukt, 30 Prozent, zehn Jahre später war er auf 40 Prozent angewachsen, um sich dann bis 2013 fast zu verdoppeln, nämlich auf 78 Prozent.[19]
- Mehr noch als Länder und Gemeinden profitierte der Bund von dem Zinsverfall. Zur Jahrtausendwende gab der Bund mehr als jede siebte D-Mark für den Schuldendienst aus. Inzwischen ist es kaum noch jeder zehnte Euro. Im Sommer

2008 (also vor Eskalation der Finanzkrise) rechnete die Bundesregierung damit, dass 2012 rund 46,5 Milliarden Euro für Zinsen fällig sein würden. Tatsächlich mussten nur 30,5 Milliarden Euro gezahlt werden – obwohl die zwischenzeitlichen Rettungsaktionen zugunsten von Banken, Konjunktur und Krisenstaaten den Schuldenstand um rund 100 Milliarden Euro größer haben werden lassen als geplant.[20]

Niedrige Zinsen sind ein süßes Gift. Unsere Kinder und noch unsere Enkel werden die Zeche zahlen, wenn wir uns durch sie verleiten lassen, noch mehr Schulden anzuhäufen – oder zumindest weniger Schulden abzubauen, als es eigentlich möglich wäre (siehe Kapitel 8). Und: Viel weiter sinken können die Zinsen nicht, die wir für unsere Staatsschulden zahlen. Dagegen ist es sehr leicht möglich – und sogar erwartbar –, dass sie auf mittlere Sicht steigen, wenn die Konjunktur in der Euro-Zone endlich wieder anzieht. Was das bedeutet, lässt sich leicht überschlagen: Müsste auf die Gesamtschuld des deutschen Staates von gut 2000 Milliarden Euro auch nur ein Prozentpunkt mehr Zinsen bezahlt werden, betrüge die jährliche Mehrbelastung 20 Milliarden Euro.

Wirklich solide Finanzpolitik würde schon deshalb mit einem großen Sicherheitspuffer arbeiten. Das hatte Wolfgang Schäuble, als er noch Finanzminister der schwarz-gelben Koalition war, auch so vorgesehen: Von 2016 an waren Milliardenüberschüsse eingeplant. Die sollten für den Schuldenabbau eingesetzt werden, sie hätten aber auch einen Zinsschock abfangen können.

Davon ist bei Wolfgang Schäuble, dem Finanzminister der schwarz-roten Koalition, keine Rede mehr. Auch nach 2015 soll es bei der schwarzen Null bleiben – auf dass jene insgesamt 23 Milliarden Euro an neuen Ausgaben getätigt werden können, die der Koalitionsvertrag als vorrangig ausgeflaggt hat.[21]

Das süße Gift: Es wirkt.

Es könnte so einfach sein: Mit 27 Jahren anfangen zu sparen, jedes Jahr 1000 Euro zurücklegen, 40 Jahre lang, bis zum Abschied aus dem Arbeitsleben mit 67. Bei einer jährlichen Rendite von vier Prozent wäre dann ein nettes Zubrot zur umlagefinanzierten staatlichen Rente hinzugekommen. Rund 100 000 Euro insgesamt, genauer gesagt: 98 827 Euro.

Bei einer Verzinsung von zwei Prozent sieht es gar nicht mehr so schön aus. Dann sind am Ende der vier Jahrzehnte bloß 61 610 Euro angespart worden; wer diese Summe auf die 98 827 Euro erhöhen wollte, die es bei vier Prozent gäbe, müsste entweder 14 Jahre länger sparen – oder jedes Jahr gut 1600 statt 1000 Euro zurücklegen.

Sollte gar nur ein Prozent Rendite erwirtschaftet werden, kommen in 40 Jahren magere 49 375 Euro zusammen. Man müsste 28 Jahre länger auf dem Sparkurs bleiben, um den Zinsverfall auszugleichen – oder alternativ dazu die jährlichen Rücklagen auf rund 2000 Euro verdoppeln.

Und dabei ist die Geldentwertung noch gar nicht eingerechnet. Sparbücher zum Beispiel verzinsten sich 2013 im Durchschnitt mit lediglich 0,9 Prozent. Weil aber die Inflationsrate 1,5 Prozent erreichte, erlitten die Sparer einen beträchtlichen Kaufkraftverlust.[22] Selbst Bundesbankpräsident Weidmann, qua Amt ein »Währungshüter«, spricht von einer »schleichenden Enteignung der deutschen Sparer«.[23]

Gleichzeitig werden natürlich Kredite, mit denen Autos, Möbel oder Wohnungen finanziert werden, günstiger. Es gibt also gegenläufige Effekte: Gewinne durch niedrigere Kreditzinsen – und Verluste durch geringere Sparzinsen. Unter dem Strich aber ist die Bilanz eindeutig negativ, haben Ökonomen des Versicherungskonzerns Allianz berechnet: 5,8 Milliarden Euro haben private Haushalte in Deutschland demnach allein im Jahr 2012 per Saldo durch den Zinsverfall verloren.[24]

Die volkswirtschaftliche Theorie lässt erwarten, dass Menschen auf sinkende Sparerträge mit erhöhten Sparbemühungen reagieren,[25] dass also bei sinkenden Zinsen ein höherer Teil des Einkommens zurückgelegt wird, damit weiterhin zumindest ein Großteil der gewünschten Summe angespart werden kann. Wir Deutsche aber stellen gerade die Theorie auf den Kopf: 1991 betrugen unsere Ersparnisse 13,0 Prozent der verfügbaren Einkommen. 2007 waren es 11,5 Prozent, 2013 dann nur noch 10,0 Prozent.[26] »Von erhöhten Sparleistungen, um den scharfen Zinsrückgang zu kompensieren, kann nirgendwo die Rede sein«, schreiben die Allianz-Volkswirte. Dass Sparen so wenig entlohnt wird, versetze die Deutschen offenkundig »in eine Art Sparresignation«.[27]

Für die deutsche Konjunktur ist der Frust der Sparer zunächst einmal erfreulich: Das Exportgeschäft verliert an Schwung, wegen der Euro-Krise und des erlahmenden Schwellenländerbooms. Und just zur gleichen Zeit nimmt die Binnenwirtschaft wieder Fahrt auf. Erstmals seit Langem wird in dem Land, in dem vor nicht allzu langer Zeit Geiz noch »geil« war, das Wirtschaftswachstum wieder vom Konsum getragen. »Die Leute gönnen sich lieber etwas, statt das Geld beiseitezulegen«, sagt Allianz-Chefökonom Michael Heise.[28]

Und sie treten die Flucht nach vorne an: indem sie sich verschulden – und so von Leidtragenden der Niedrigzinspolitik zu Profiteuren werden. Die Zahl der neu abgeschlossenen Ratenkreditverträge ist binnen zwei Jahren um mehr als eine halbe Million gestiegen, auf 7,7 Millionen, und auch die Höhe der durchschnittlichen Restschuld wächst. Insgesamt hatten Deutschlands Verbraucher 2013 durch Ratenkredite Verbindlichkeiten in Höhe von 163 Milliarden Euro angehäuft – gut zehn Prozent mehr als 2011.[29]

Immer mehr Menschen nutzen die niedrigen Zinsen sogar in großem Stil – indem sie sich Wohneigentum zulegen. Der Anreiz ist ja auch beträchtlich: Zu der Zeit, da Lehman Brothers pleiteging, also im September 2008, mussten für neu ausgegebene Wohnungsbaukredite im Durchschnitt noch 5,4 Prozent bezahlt werden.[30] Bis 2013 fiel der effektive Zinssatz auf 2,75 Prozent – er hat sich also nahezu halbiert. Real, also unter Berücksichtigung der Inflationsrate, lag der verlangte Zins gar nur bei 1,25 Prozent.

Die Folge: Nach den Amerikanern, nach Spaniern und Iren sind es jetzt wir, die eine Immobilienparty feiern. Deutschlands Markt für Eigenheime und Eigentumswohnungen ist, seit sich die Finanzkrise beruhigt hat, gehörig in Bewegung geraten. Nachdem sie lange Zeit stagniert hatten und phasenweise sogar rückläufig waren, klettern die Preise wieder kräftig.

Nun sind steigende Preise für Häuser- und Wohnungen ein zweischneidiges Schwert. Schließlich wohnt in Deutschland deutlich mehr als die Hälfte der Bevölkerung zur Miete. Soweit steigende Kaufpreise zu steigenden Mieten führen, erleidet diese Hälfte einen materiellen Verlust. So gesehen verteilt eine Erhöhung der Immobilienpreise Wohlstand nur um.[31]

Für die Konjunktur aber ist eine Immobilienhausse zunächst einmal ein Segen, wie man in den USA, Spanien und Irland Mitte der Nullerjahre beobachten konnte. Das ist auch plausibel, schließlich dauert es eine ganze Zeit, ehe sich höhere Kaufpreise nicht nur auf neu verhandelte, sondern auch auf Bestandsmieten durchgeschlagen haben. Und selbst wenn sie es dann tun, dämpft der resultierende Kaufkraftverlust nicht nur die Binnennachfrage, sondern auch die Nachfrage nach T-Shirts aus Bangladesch und Smartphones aus chinesischer Produktion. Die zusätzliche Nachfrage nach Wohnungen hingegen, die einen Bauboom generiert, kommt naturgemäß vorrangig der Binnenwirtschaft zugute.

Und einen Bauboom gibt es in der Tat. In Berlin und Hamburg etwa wurden 2013 erstmals seit den 90er-Jahren jeweils wieder mehr als 10 000 Baugenehmigungen für Wohnungen erteilt. Gegenüber den im zurückliegenden Jahrzehnt erreichten Tiefstständen konnte Hamburg fast eine Verdreifachung und Berlin fast eine Vervierfachung vermelden.[32]

Der Bauboom in den lukrativen Ballungszentren ist längst stark genug, um auch in den gesamtdeutschen Statistiken für eindrucksvolle Zuwächse zu sorgen. Bundesweit lag die Zahl der Baugenehmigungen 2013 um fast 13 Prozent über dem Niveau von 2012.[33] Und das Bauhauptgewerbe konnte 2013 im Wohnungsbau gut 40 Prozent höhere Aufträge verzeichnen als noch im Aufschwungjahr 2006 – der Hauptgrund dafür, dass die nach dem Einheitsboom lange gebeutelte Branche erstmals mehrere gute Jahre in Folge hinter sich hat.[34]

Ob das lange gut geht? Sehr viele Menschen und Unternehmen verdienen mit, wenn der Immobilienmarkt boomt, und so ist es heute in Deutschland, wie es vor einem Jahrzehnt in Amerika war: Jedes Argument, das der Beruhigung dient, das die Angst nimmt vor einer möglichen Spekulationsblase, kommt gerade recht. Vorgetragen werden vor allem diese Argumente:

- Die Preissteigerungen am deutschen Wohnimmobilienmarkt reichen noch längst nicht an das heran, was in den Nullerjahren in Amerika oder Spanien geschah.
- Es wurde zu lange zu wenig gebaut. Das Angebot ist der Nachfrage hinterhergehinkt. Nun müssen jährlich Hunderttausende neue Häuser und Wohnungen fertigstellt werden.[35] Steigende Preise reflektieren das nur und sorgen dafür, dass der Mangel beseitigt wird.
- Während Banken derzeit an die meisten Unternehmen bereitwillig Geld verleihen, werden Wohnungsbaukredite

nur nach eingehender Bonitätsprüfung vergeben, die Standards sind zuletzt eher noch verschärft worden.[36]

- Das Volumen der neu ausgegebenen Wohnungsbaukredite wächst nur verhalten,[37] viele Käufer bringen also viel Eigenkapital mit – oder kaufen gar, ganz ohne sich zu verschulden.
- Die Zinsen sind in der Regel für zehn und mehr Jahre festgelegt, steigende Zinsen würden die Immobilienkäufer zumindest nicht unmittelbar treffen.
- Der Preisauftrieb ist ein lokales Phänomen, das weitgehend auf besonders attraktive Metropolen beschränkt ist.

Für sich genommen ist jedes dieser Argumente richtig. Akute Gefahr droht der deutschen Wirtschaft von ihrem Immobilienmarkt wohl nicht. Aber das heißt nicht, dass das so bleiben muss, dass nicht aus dem Boom eine klassische spekulative Blase wird. »Alle Zutaten dafür« jedenfalls, »sind vorhanden«, sagte Sabine Lautenschläger, damals Vizepräsidentin der Bundesbank und inzwischen EZB-Direktorin, bereits vor einiger Zeit.[38]

Das war im November 2012, und obwohl inzwischen mehr gebaut wird, steigen die Preise weiter. »Bestehende Überbewertungen in den Ballungsräumen«, mussten die Fachleute der Bundesbank im Februar 2014 feststellen, »haben sich trotz der in Gang gekommenen Angebotsausweitung eher verfestigt, da die Preise für Wohnimmobilien stärker gestiegen sind, als es die ökonomischen und demografischen Fundamentalfaktoren nahelegen.« In Städten generell könnten »gegenwärtig Überbewertungen zwischen 10 und 20 Prozent gemessen werden«. In den Großstädten wichen die Preise für Wohnimmobilien sogar »im Durchschnitt vermutlich um 25 Prozent nach oben ab«.[39] Und inzwischen strahlen die Preissteigerungen von den Metropolen auch ins Umland ab.[40]

Spätestens damit ist der Boom kein Phänomen mehr, das gleichsam nur auf isolierten Inseln auftritt. Immerhin leben in den Metropolregionen, die von dem Boom erfasst sind, rund ein Viertel der Deutschen.[41] Sollte hier tatsächlich eine Blase entstehen, würde ihr Platzen mit ziemlicher Sicherheit keinen Landesteil ungeschoren lassen.

Ein Ende des Booms ist nicht in Sicht – zumal der Anreiz fortbesteht, sich nicht nur zu verschulden, sondern sich auch höher zu verschulden, als man es bei einem anderen Zinsniveau getan hätte. Denn vielfach ist es, der niedrigen Zinsen wegen, trotz der gestiegenen Preise noch immer günstiger, eine Wohnimmobilie zu kaufen, als es vor Ausbruch der Finanzkrise im Sommer 2008 war.[42]

Das heißt aber nicht, dass der Haus- oder Wohnungskauf wirklich ein lohnendes Investment ist. Inzwischen zeigt sich nämlich auch ein Phänomen, das typisch ist für spekulative Blasen am Immobilienmarkt: Statt, wie eigentlich zu erwarten, die Preisentwicklung auf dem Käufermarkt nachzuvollziehen, hinkt der Mietmarkt deutlich hinterher. So meldet das Hamburger Immobilienforschungsinstitut F+B, dass die Kaufpreise für Häuser 2013 um fünf Prozent gestiegen sind und die für Eigentumswohnungen um 5,9 Prozent. Dagegen zogen die Mieten bei Neuverträgen nur um 1,6 Prozent an. Und die Bestandsmieten legten gar nur um 0,8 Prozent zu; inflationsbereinigt wurden sie also sogar günstiger.[43]

Anleger, die die Investition in Immobilien für eine solide, sichere Form der Geldverwendung halten, könnten folglich bitter enttäuscht werden. Das war schon in den USA in den Nullerjahren so. Auch dort trieb den typischen Käufer, anders als vielfach kolportiert, nicht die Gier nach schnellem Gewinn. Der typische Käufer war nicht (wie bei der Tulpenmanie, dem Südseeschwindel oder auch dem Dot-com-Boom) einem Spekulationsfieber verfallen. Der typische Käufer glaubte vielmehr, das zeigt die wissenschaftliche Forschung inzwischen, ganz einfach daran, dass sich die Preise auf längere Sicht langsam und stetig nach oben bewegen würden.[44] Besonnenheit der Käufer hat eine Blase also nicht verhindert – und es ist nicht erkennbar, warum das in Deutschland prinzipiell anders sein sollte.

Noch etwas lehrt die Erfahrung, die die Amerikaner gerade erst gemacht haben: Ein Immobilienboom wird gefährlicher, je länger er andauert – nicht nur wegen der steigenden Preise. Die Standards bei der Kreditvergabe fielen in den USA erst so richtig, als fast alle, die sich ein Haus leisten konnten, bereits mit Wohneigentum versorgt waren und die Hypothekenbanken neue Einnahmequellen suchten. Da erst, beginnend im Jahr 2004, wurden in größerem Stil auch Familien zum Hauskauf animiert, die keine Ersparnisse mitbrachten und wenig Einkommen; da erst begann jenes inzwischen berüchtigte »Subprime«-Segment zu boomen, das dann wenige Jahre später den großen Crash auslösen sollte.[45]

Können deutsche Banken dieser Verlockung wirklich widerstehen? Vielleicht. Vielleicht auch nicht. Bei Gewerbeimmobilien zumindest gehen deutsche Banken inzwischen Risiken an, die sie in den vergangenen Jahren noch gescheut hatten – beispielsweise, indem sie verstärkt Projekte in der Provinz finanzieren helfen.[46]

Und womöglich steht auch im Geschäft mit Käufern von Wohnungen und Wohnhäusern eine Lockerung bevor. Das jedenfalls deutete die Seite-1-Schlagzeile der »Bild«-Zeitung vom 25. November 2013 an: »Mini-Zinsen machen es möglich! Haus kaufen ohne eigenes Geld!« Weiter hinten, auf Seite 10, berichtete das Blatt dann über eine vierköpfige Familie aus Augsburg, die bei einem Monatsgehalt von 3500 Euro brutto ein Eigenheim für 190 000 Euro gekauft hat – ohne eigenes Kapital, komplett vorfinanziert von der Bank.

»Subprime – jetzt auch in Deutschland«: So hätte die Schlagzeile ebenso gut lauten können.

Zentralbanken versuchen in Zeiten akuter Wirtschaftskrisen, mit sinkenden Leitzinsen das Zinsniveau insgesamt zu senken, um so die Konjunktur zu stimulieren. Sobald die Konjunktur wieder anspringt, werden die Zinsen wieder angehoben. Das war immer so in den vergangenen Jahrzehnten, und das ist auch gut und richtig. Derzeit geschieht aber etwas ganz anderes: Weil wir eine Währungsunion haben und sich die Zinspolitik der Zentralbank aus durchaus verständlichen Gründen an den schwächsten Mitgliedern orientiert, bleiben die Zinsen unter dem Niveau, das für Deutschland angemessen wäre, und zwar deutlich und für einen längeren Zeitraum. Schon seit 2009 liegt der Leitzins der EZB unter zwei Prozent; ob er im laufenden Jahrzehnt noch einmal über diese Marke steigen wird, ist fraglich.

Erst einmal überwiegen die positiven Effekte: Für die deutsche Konjunktur ist die extrem lange Phase von extrem niedrigen Zinsen eine Art Dauerdoping. Ein Doping, das zu steigenden Konsum- und Staatsausgaben, zu einer florierender Bau- und Immobilienwirtschaft führt und damit zu scheinbar größerer Leistungskraft.

Doch ein durch Minizinsen stimulierter Aufschwung ist alles – nur nicht, wie im Jahreswirtschaftsbericht behauptet, »stabil« und »solide«. Wie bei jedem Langzeitdoping sind auch hier viele schwerwiegende Begleiterscheinungen zu befürchten: Banken und Versicherungen werden destabilisiert; Zombiefirmen werden zum Schaden aller künstlich am Leben gehalten; Finanzminister lassen die Zügel schleifen; Bürger werden verleitet, die finanzielle Vorsorge fürs Altenteil zu vernachlässigen; und am Ende droht auch noch eine klassische Immobilienblase.

Unabhängig von diesen Begleiterscheinungen, die sich auf mittlere und lange Sicht allesamt bitter rächen könnten, droht noch etwas anderes, Profaneres: eine konjunkturelle Überhitzung. Die deutsche Volkswirtschaft könnte unter Dopingeinfluss auf ein Tempo beschleunigt werden, das sie nur für kurze Zeit durchhalten kann. Um im Bild zu bleiben: Eine Wirtschaft, die eigentlich einen Langstreckenlauf vor sich hat (siehe Kapitel 8), wird fitgespritzt für einen 100-Meter-Sprint.

Jene fast zwei Prozent Wirtschaftswachstum im Jahr, die die Auguren für die Jahre 2014 bis 2016 prognostizieren, würden jedenfalls »das Potenzialwachstum deutlich übertreffen«, schrieben die Fachleute der Bundesbank Mitte des Jahres 2014.[47]

Für eine geraume Zeit ist das möglich, durch eine höhere Auslastung der Produktionskapazitäten – aber eben nur für geraume Zeit. Dann muss sich das Wachstum wieder verlangsamen.

Damit wir über längere Zeit Wachstumsraten von zwei Prozent erzielen können, müsste zunächst das Potenzialwachstum erhöht werden. Doch das, dies zeigt das folgende Kapitel, wird nicht steigen. Es wird aller Voraussicht nach deutlich fallen.

# 7

## Was vom Wachstum übrig bleibt

Warum Stagnation zum neuen Normalzustand werden könnte

Wir haben so wenige Kinder zu betreuen wie nie. Wir verfügen über neue Technologien, die uns das Leben einfacher und bequemer machen. Immer mehr von uns arbeiten nicht mehr auf dem Feld, im Fabrikakkord oder unter Tage, sondern in klimatisierten Büros. Und die Zahl der Stunden, die wir alle zusammen mit Erwerbsarbeit verbringen, ist nicht höher als vor 20 Jahren – dafür aber (siehe Kapitel 3) ist die Arbeit wesentlich gleichmäßiger verteilt auf die Bevölkerung.

Eigentlich, sollte man meinen, müssten wir in einem sehr entspannten Land leben. Tun wir aber nicht. Es gibt in Deutschland »immer mehr Menschen, die sich in ihrem Leben dauerhaft an oder sogar jenseits ihrer Belastungsgrenze fühlen«, berichtet Jens Baas, der Vorstandsvorsitzende der Techniker Krankenkasse (TK): »Stress bestimmt den Alltag immer stärker.« Im September 2013 erklärten bei einer repräsentativen Umfrage, die die TK in Auftrag gegeben hatte, denn auch nicht weniger als 67 Prozent der Deutschen, sie seien häufiger gestresst »als noch vor drei Jahren«.[1] Damit setzt sich offenbar ein längerfristiger Trend fort. In den vergangenen acht Jahren, behauptet der Deutsche Gewerkschaftsbund (DGB), sind die Fehltage durch das Burn-out-Syndrom »um das 18-Fache gestiegen«.[2]

Mehr Arbeit geht nicht, mag man meinen, wir sind schon am Limit. Und vielleicht ist der Leistungsdruck wirklich gestiegen in der Arbeitswelt, vielleicht können wir wirklich nicht mehr aus uns herausholen.

Das Problem ist nur: Mehrarbeit ist eine von nur zwei Alternativen, die zu Wirtschaftswachstum führen. Auf wie viel Nachfrage wir mit unseren Waren und Dienstleistungen stoßen, ob in China, Amerika oder daheim, das ist die eine Frage. Die andere ist, was wir überhaupt anzubieten in der Lage sind. Dieses Angebot wiederum hängt von zwei Faktoren ab: Wie viel wir arbeiten. Und wie effizient wir dabei sind. Etwas technischer ausgedrückt: Unsere Wirtschaftsleistung, also das Bruttoinlandsprodukt (BIP), ergibt sich aus den Stunden, die wir arbeiten, und dem Mehrwert – der Wertschöpfung –, den wir je gearbeiteter Stunde schaffen. Noch anders ausgedrückt: Das BIP ist das Produkt aus Arbeitseinsatz und Arbeitsproduktivität. Wenn wir es steigern, also Wirtschaftswachstum erzeugen wollen, muss der eine Faktor steigen oder der andere – und am besten beide.

Im Prinzip gibt es zwei Möglichkeiten, das Arbeitsvolumen weiter zu erhöhen: Entweder die bisher Erwerbslosen fangen an zu arbeiten. Oder jene, die bereits erwerbstätig sind, arbeiten mehr als bisher.

Theoretisch ist das Potenzial dazu, wie gesagt, beträchtlich. Fast 23 Prozent der 20- bis 64-Jährigen sind nicht erwerbstätig. Und die, die es sind, arbeiten im Durchschnitt keine 1400 Stunden im Jahr, ein volles Drittel weniger als vor einem halben Jahrhundert.

Nun kann es generell kein Ideal, kein gesellschaftliches Ziel sein, dass möglichst alle möglichst viel arbeiten. Der gewaltige Zugewinn an Lebensqualität im Laufe der vergangenen 200 Jahre liegt nicht zuletzt auch darin, dass nicht mehr jeder, der körperlich dazu in der Lage ist, von morgens früh bis abends spät arbeiten muss. Freizeit ist, natürlich, ein hohes Gut, ein zu Recht begehrter Luxus. Aber wenn wir es denn wollen, können wir uns an der Schweiz orientieren, jenem Land, in dem pro Kopf der Bevölkerung, wie bereits vorgerechnet, 34 Prozent mehr gearbeitet wird als bei uns. Doch wie heben wir dieses Potenzial?

Grundsätzlich vielversprechend könnte es sein zu überlegen, wie die Beschäftigung jener, die sich am Arbeitsmarkt besonders leichttun, weiter gesteigert werden kann. Hier ist das Potenzial allerdings weitgehend ausgeschöpft. Unter westdeutschen Männern mit abgeschlossener akademischer Ausbildung zum Beispiel lag die Arbeitslosenquote 2012 bereits bei gerade einmal 1,8 Prozent.[3] Da also ist nicht mehr viel zu holen.

Wenn es darum geht, das insgesamt geleistete Arbeitsvolumen deutlich auszuweiten, führt der Weg dahin unweigerlich über jene Gruppen, die bisher unterrepräsentiert sind am Arbeitsmarkt: Geringqualifizierte. Ältere. Und Frauen.

Elektroingenieure und Informatiker. Kranken- und Altenpfleger. Klimatechniker und Mechatroniker: Es gibt Berufe, die ganz offiziell als »Engpassberufe« gelten, gut 100 sind es an der Zahl.[4] Der Staat blickt auf diese Segmente des Arbeitsmarkts aus der Perspektive der Arbeitgeber. Denn mit »Engpass« ist nicht etwa gemeint, dass es zu wenige Stellen gibt. Sondern, im Gegenteil, zu wenige Menschen, die die reichlich vorhandenen Stellen besetzen könnten.

Eine ganz andere Art von Engpass herrscht in anderen Segmenten. Bundesweit genau 68 197 Menschen, zum Beispiel, waren im April 2014 als sogenannte Helfer im Gartenbau als arbeitssuchend registriert – bei nur 1247 gemeldeten offenen Stellen. 55 Jobsucher für jede Stelle, und das, obwohl der April für Gartenarbeiten sicher nicht der ungünstigste Monat im Jahr ist.[5]

Da passt was nicht zusammen. Auf der einen Seite gibt es zu wenige Arbeitskräfte, auf der anderen zu wenige Jobs – von »Mismatch« sprechen die Forscher. Und es sind ganz überwiegend Geringqualifizierte – Menschen ohne abgeschlossene Berufsausbildung, im Behördendeutsch »Helfer« –, die davon betroffen sind. Sie haben vom Beschäftigungswachstum der vergangenen Jahre am wenigsten profitiert. Während sich die Arbeitslosenquote unter Menschen mit abgeschlossener Berufsausbildung zwischen 2005 und 2012 fast halbiert hat (von zehn auf fünf Prozent), ging sie bei den Personen, die keine abgeschlossene Ausbildung vorweisen können, lediglich um ein Viertel zurück (von 26 auf 19 Prozent).[6] Nicht einmal ein Hundertstel des Beschäftigungszuwachses entfiel auf 25- bis 34-Jährige ohne Berufsabschluss.[7] Unter jenen, die trotz aller Beschäftigungszuwächse noch immer arbeitslos sind, spielen Geringqualifizierte also eine zunehmend dominierende Rolle. Massenhafte Langzeitarbeitslosigkeit droht sich auf einem verringerten Niveau zu verfestigen – zumal wir weiter fleißig Nachschub produzieren: Jeder siebte junge Erwachsene im Alter zwischen 25 und 34 Jahren hatte im Jahr 2011 keinen Berufsabschluss, ein Heer von 1,4 Millionen Menschen.[8]

Der Aufschwung am Arbeitsmarkt hat nicht etwa Aknepickel – sondern graue Schläfen. Zwischen 2003 und 2013 nahm die Zahl der sozialversicherungspflichtigen Beschäftigten um 2,31 Millionen zu. 2,07 Millionen davon, also ungefähr neun von zehn, waren Personen, die älter sind als 55 Jahre.[9] In der Altersgruppe zwischen 55 und 59 Jahren ist der Anteil der Erwerbstätigen zwischen 2005 und 2013 von 63 auf 76 Prozent gestiegen, und in der Gruppe der 60- bis 64-Jährigen von 32 Prozent auf 53 Prozent.[10] Bei den Endfünfzigern ist das Potenzial damit weitgehend ausgereizt – hier liegt der Anteil der Beschäftigten fast schon so hoch wie im *prime age*, den 25- bis 54-Jährigen. Im Bereich

60 plus aber wäre theoretisch noch einiges drin. Würden sich bei den 60- bis 64-Jährigen Arbeitszeiten und Erwerbstätigenquote an den Durchschnitt angleichen, entspräche dies einem Beschäftigungszuwachs von 1,6 Millionen Vollzeitjobs.[11]

**Erwerbstätigenquoten in Prozent**

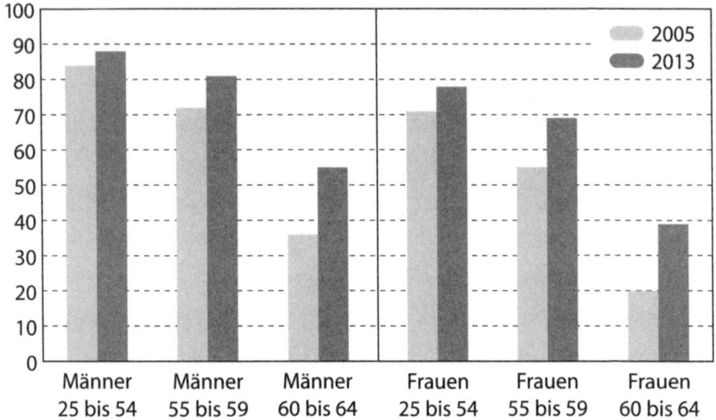


*Quelle: Eurostat*

Büroangestellten mag es leichtfallen, ein, zwei, drei Jahre dranzuhängen. Aber je höher die Beschäftigtenquote im Bereich 60 plus bereits ist, desto mehr wird es darauf ankommen, ob es gelingt, Erwerbstätige in Arbeit zu halten, die zumindest in den ersten Jahrzehnten ihres Berufslebens als Bandarbeiter oder Fernfahrer, Dachdecker oder Maurer tätig waren.

Viele Unternehmen haben das Problem längst erkannt. Firmen wie der Autobauer BMW oder der Fernsehhersteller Loewe haben Fertigungsbänder so umgestaltet, dass sich Mitarbeiter wenig bücken oder sonst wie verrenken müssen; der Chemiekonzern BASF stellt gezielt Teams aus jüngeren und älteren Mitarbeiter zusammen, damit sich die Stärken der beiden Gruppen ergänzen können; die Deutsche Bahn wiederum hat begonnen, ihre vielen körperlich arbeitenden Beschäftigten so weiterzubilden, dass sie im fortgeschrittenen Alter Bürojobs übernehmen können. Auch manche Mittelständler bemühen sich inzwischen intensiv darum, ihre Mitarbeiter fit zu halten.[12]

Dennoch bleibt es eine offene Frage, wie weit sich die Erwerbsbeteiligung der über 60-Jährigen in der Breite steigern lässt. Jahrzehntelang hat die deutsche Politik die frühe Verrentung von Erwerbstätigen gefördert. Es war politisch ein Gewinnerthema: Die Frühverrentung kam den unmittelbar Betroffenen zugute und ließ sich zudem als Mittel im Kampf gegen die Massenarbeitslosigkeit verkaufen. Folglich fehlen heute schlicht die Erfahrungen damit, das Gegenteil erreichen zu wollen.

Graumeliert – das ist das eine, das hervorstechendste Merkmal des Aufschwungs am Arbeitsmarkt. Die neue Dynamik hat aber auch ein Geschlecht: das weibliche. 2013 waren 1,47 Millionen mehr Männer sozialversicherungspflichtig beschäftigt als 2005, aber 1,62 Millionen mehr Frauen als damals.[13] Der Anteil der Frauen zwischen 25 und 64 Jahren, die erwerbstätig sind, ist von 64 auf 73 Prozent gestiegen. Deutschland, in dieser Statistik einstmals im Mittelfeld angesiedelt, belegt hier unter den 28 EU-Staaten inzwischen einen vorderen Rang. Nur in Dänemark (74 Prozent) und Schweden (80 Prozent) liegt der Anteil noch höher.[14]

Würden wir in Deutschland die Frauenerwerbsquote noch einmal um neun Prozentpunkte steigern, wären wir folglich im EU-Vergleich ganz vorn. Aber kann das gelingen? Für das Wirtschaftswachstum und damit unseren materiellen Wohlstand wäre es ein beträchtlicher Vorteil. Würden deutsche Frauen so viel arbeiten wie die Schwedinnen, entspräche das rechnerisch 3,2 Millionen zusätzlichen Vollzeitbeschäftigten in Deutschland, hat das Bundesarbeitsministerium errechnet. Das liegt zum Teil daran, dass in Schweden mehr Frauen erwerbstätig sind. Aber auch daran, dass fast zwei Drittel von ihnen einen Vollzeitjob haben, in Deutschland hingegen nur gut die Hälfte.[15]

Vor allem unter Müttern mit minderjährigen Kindern ist hier die 25-Stunden-Woche deutlich weiter verbreitet als die 38,5-Stunden-Woche. Von ihnen haben 1,5 Millionen einen Vollzeitjob, aber 3,3 Millionen eine Teilzeitstelle.[16] Gelänge es, dieses Verhältnis umzukehren, wäre – ökonomisch betrachtet – viel gewonnen.

Dass das durchaus möglich ist, zeigte sich nach dem Mauerfall in Ostdeutschland. Dort waren 1996 unter den Paaren mit minderjährigen Kindern in fast 75 Prozent der Fälle beide Elternteile vollzeitbeschäftigt. Inzwischen ist dieser Anteil stark zurückgegangen, bis auf 54 Prozent im Jahr 2012. Und auch im Westen Deutschlands ist er, von einem niedrigeren Niveau ausgehend, weiter gesunken, nämlich von 45 auf 25 Prozent.[17]

Vermutlich ist es einfach so: Die günstigere Lage am Arbeitsmarkt und vor allem das steigende Angebot an Teilzeitjobs haben einerseits viele Frauen dazu bewogen, überhaupt erst (wieder) erwerbstätig zu werden. Dem gegenüber stehen aber ebenfalls viele Frauen, die den Teilzeitboom genutzt haben, um beruflich einen Gang zurückzuschalten und von einer Voll- auf eine Teilzeitbeschäftigung zu wechseln.[18]

Das aber heißt: Eine stärkere Nachfrage nach Arbeitskräften führt nicht automatisch dazu, dass die Erwerbstätigkeit von Frauen zunimmt. Offenkundig gibt es viele Frauen, die früher Vollzeit arbeiten mussten, weil sie keine Alternative hatten; und die heute, da wegen der besseren Lage am Arbeitsmarkt ihre Verhandlungsmacht gegenüber Arbeitgebern gestiegen ist, ihren Wunsch nach einer Teilzeitbeschäftigung durchsetzen können.

So erfreulich das zweifellos ist, für Frauen und ihre Familien: Wenn es darum gehen soll, das Wirtschaftswachstum möglichst stark zu erhöhen, dann führt kaum ein Weg daran vorbei, dass mehr Frauen mehr arbeiten. Dazu müssten zum einen mehr

Frauen für Vollzeitjobs gewonnen werden. Zum anderen aber müssten auch jene rund 3,1 Millionen Mütter mit minderjährigen Kindern, die 2010 überhaupt nicht erwerbstätig waren – darunter viele Alleinerziehende, von denen bislang drei Viertel keinen Job haben –, in den Arbeitsmarkt integriert werden.[19] Steigerungen werden sich hier aber vermutlich nicht allein durch attraktive Jobs und eine reizvolle Bezahlung erreichen lassen, sondern vor allem, indem die Rahmenbedingungen wie das Angebot an Kitaplätzen und Ganztagsschulen quantitativ wie qualitativ wesentlich verbessert werden.

Der Aufschwung am Arbeitsmarkt hat die Arbeitslosigkeit unter Akademikern auf ein kaum mehr reduzierbares Niveau gesenkt. Er hat den Anteil der Jobsucher unter den Facharbeitern halbiert. Es gehen inzwischen in Deutschland so viele Frauen arbeiten wie in nur wenigen anderen Ländern in Europa. Und just zu der Zeit, da die ersten *baby boomer* in das Alter kamen, stieg die Erwerbsquote bei den Endfünfzigern beinahe auf Durchschnittsniveau.

Das alles sind beachtliche Erfolge. Und doch sind sie auch, was die Angelsachsen *low-hanging fruits* nennen: niedrig hängende und daher relativ einfach zu pflückende Früchte. Weitere Erfolge werden sehr viel schwerer zu erzielen sein: Geringqualifizierte, die trotz der Belebung seit 2005 noch nicht Fuß gefasst haben auf dem Arbeitsmarkt; Menschen jenseits der 60; und Mütter mit minderjährigen Kindern, vor allem Alleinerziehende – das sind die Hoffnungsträger für den deutschen Arbeitsmarkt, für unser Wirtschaftswachstum in den kommenden paar Jahren.

Über Mehrarbeit weiteres Wachstum zu generieren ist zwar möglich, das Potenzial ist im Prinzip groß. In der Praxis aber wird sich das als große Herausforderung erweisen. Und schon mittelfristig werden die Herausforderungen nur noch größer. Sehr viel größer.

»Wohin bewegt sich Europa?« Diese Frage sei in Peking wie in Washington heutzutage gleichbedeutend mit: »Was wollen die Deutschen?« So schätzt es der »Economist« ein. Deutschland aber sei ein »zurückhaltender Hegemon«, warf uns das britische Magazin im Juni 2013 in einem gleichnamigen, großen Deutschland-Report vor, wir würden unserer internationalen Verantwortung nicht gerecht. Man pflege hierzulande »eine Kleinstaatsmentalität«, sagte Zanny Minton Beddoes, die Autorin des Berichts: »Deutschland benimmt sich wie eine große Schweiz.«[20]

Vielleicht wird auch unseren Kindern und Enkeln noch vorgeworfen werden, dass sie zurückhaltend sind. Auf die Idee, dass

**Bevölkerungsprognose der Vereinten Nationen**
Einwohnerzahl in Millionen, Basisszenario, »mittlere Variante«

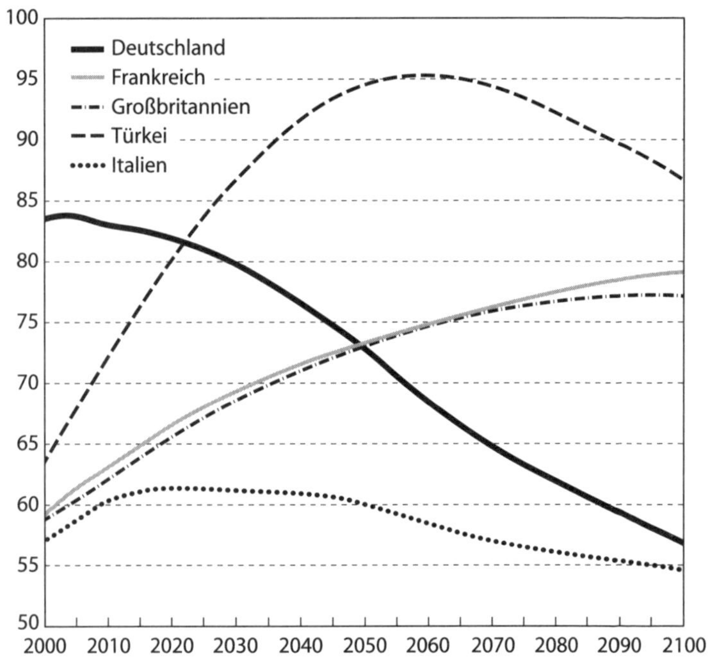


*Quelle: Vereinte Nationen, World Population Prospects: The 2012 Revision*

Deutschland ein Hegemon in Europa wäre, wird aber in einigen Jahrzehnten kaum mehr jemand kommen.

In Frankreich und Großbritannien leben heute jeweils rund ein Drittel weniger Menschen als in Deutschland. Doch in beiden Ländern wächst die Zahl der Einwohner stetig – während sie in Deutschland bald deutlich zurückgehen wird. Die Vereinten Nationen erwarten, dass Frankreich oder Großbritannien Deutschland als bevölkerungsstärkste Nation in der EU irgendwann in den 2040er-Jahren ablösen wird. Ab dann wird Deutschland, gemessen an der Einwohnerzahl, das drittgrößte Land der EU sein – und falls die Türkei bis dahin der EU beigetreten sein sollte, nur noch die Nummer vier.[21]

In gar nicht mal so ferner Zukunft wird es keine internationalen wirtschaftlichen und politischen Krisen mehr geben, in denen alle Welt darauf wartet, wie sich das Bundeskanzleramt positioniert. Dann werden wir nicht mehr die Hauptfinanziers von Euro Rettungsschirmen sein – aber auch nicht diejenigen, die anderen diktieren, wie sie zu sparen und was sie zu reformieren haben. Die Bundesrepublik wird nicht mehr das Sagen haben, aber auch nicht mehr die Verantwortung. Unsere Kinder und Enkel werden es sich gemütlich machen können in der zweiten oder dritten Reihe. Wie eine »große Schweiz« eben. Wir passen sozusagen unsere Größe der Mentalität an, die der »Economist« uns attestiert.

Die demografische Entwicklung wird also gewisse Probleme wie von selbst für uns lösen. Nur wird sie uns an anderer Stelle neue bereiten. Es werden keine kleineren sein.

812 970 Kinder wurden 2012 in Großbritannien lebend geboren, so viele wie seit 1972 nicht, Tendenz: steigend.[22] In Deutschland kamen im selben Jahr 673 544 Kinder zur Welt – ein Viertel weniger als 1972. Und dabei war 1972 schon ein historisch

maues Jahr in Deutschlands Kreißsälen. Damals fiel die Zahl der Geburten in West- und Ostdeutschland zusammengenommen erstmals seit Jahrzehnten unter die Millionengrenze.[23]

In den 50er- und 60er-Jahren waren in den beiden deutschen Staaten jedes Jahr mehr als 1,1 Millionen Menschen geboren worden – jene Jahrgänge, die wir als geburtenstark oder auch als *baby boomer* bezeichnen –, im Rekordjahr 1964 waren es sogar 1 357 304.[24] Diese 20 Jahrgänge, insgesamt rund 25 Millionen Menschen, werden sich, so sie es nicht schon getan haben, in absehbarer Zeit aufs Altenteil zurückziehen.

Bisher herrscht noch die Ruhe vor dem Sturm. Seit der Jahrtausendwende sind eher geburtenschwache Jahrgänge in Rente gegangen. In den Jahren 2010 und 2011, als die besonders kleinen Jahrgänge 1945 und 1946 die traditionelle Altersgrenze erreichten, ist die Zahl der über 65-Jährigen in Deutschland sogar geschrumpft;[25] 2012 registrierte die Deutsche Rentenversicherung so wenige Zugänge zur Altersrente wie seit zwei Jahrzehnten nicht mehr.[26] Zudem sind die seit der Jahrtausendwende geborenen Jahrgänge im historischen Vergleich sehr klein: Die Geburtenrate ist unverändert niedrig, und die zwischen 1970 und 1995 Geborenen – die heutige Elterngeneration – gehören selbst schon zu den geburtenschwachen Jahrgängen.

Aktuell profitiert Deutschland also doppelt von der demografischen Entwicklung, denn der Anteil der Bürger im erwerbsfähigen Alter ist, relativ zur Gesamtbevölkerung, besonders hoch. Private wie öffentliche Haushalte werden dadurch erheblich entlastet, der Sachverständigenrat schreibt in diesem Zusammenhang von einem »demografischen Zwischenhoch«.

Doch es ist es nur eine Frage von wenigen Jahren, bis dieses Zwischenhoch endet. Die Fünf Weisen erwarten den demografischen Wetterumschwung für das Jahr 2020.[27] Er kann aber auch ein paar Jahre früher einsetzen, falls nämlich die ersten *Baby-*

*boomer*-Jahrgänge früher als bislang angenommen aus dem Arbeitsleben scheiden – und die 2014 beschlossene Rente mit 63 macht ebendies wahrscheinlich. Jedenfalls wird spätestens mit Beginn des kommenden Jahrzehnts die Zahl der Rentner und Pensionäre stetig steigen, während die Zahl derer, die sie mitversorgen müssen, stetig abnimmt. Zwei Jahrzehnte lang werden Jahr für Jahr sehr große Jahrgänge aus dem Erwerbsleben treten, keine Rentenbeiträge mehr zahlen – und auf der anderen, der Empfängerseite, wieder auftauchen. Finanziert werden müssen ihre Renten von einer Erwerbsbevölkerung, zu der nur Jahrgänge stoßen, die um mehrere 100 000 Personen kleiner sind als die ausscheidenden.

Am dramatischsten wird die Verschlechterung der Rahmenbedingungen in den 20er- und 30er-Jahren dieses Jahrhunderts zu spüren sein – aber auch darüber hinaus droht sie anzuhalten. In der Variante 1-W2, einem eher günstigen Basisszenario der amtlichen »Bevölkerungsvorausberechnung«, fällt die Zahl der 20- bis 65-Jährigen von 50 Millionen im Jahr 2008 auf 40 Millionen im Jahr 2040 ab und sinkt anschließend, etwas langsamer, auf 36 Millionen im Jahr 2060. Die Zahl der über 65-Jährigen dagegen steigt zwischen 2008 und 2040 von 17 auf 24 Millionen – und geht danach allmählich zurück, auf 23 Millionen im Jahr 2060.[28] Das demografische Zwischenhoch wird also für lange Zeit das letzte seiner Art sein. Was folgt, ist ein Dauertief.

Vollbeschäftigung gab es noch gar nicht in der jungen Bundesrepublik. Und doch setzte sich damals, Mitte der 50er-Jahre, nach und nach die Erkenntnis durch, dass bald Arbeitskräfte fehlen würden, wenn nicht welche aus dem Ausland zuwandern. Zur Begründung wurden auch Argumente angeführt, die heute mindestens als kurios gelten würden. Es gebe zwar noch Arbeitslose in Schleswig-Holstein, schrieb zum Beispiel im

Oktober 1955 der »Industriekurier«. Doch da, wo Arbeitskräfte gebraucht würden, im Ruhrgebiet und in Baden-Württemberg nämlich, existierten keine Wohnungen für sie, so die Zeitung, die später im »Handelsblatt« aufging. Der »Rückgriff auf Italiener« demgegenüber bringe den Vorteil mit sich, dass »die Gestellung von Baracken im allgemeinen ausreichen dürfte«.[29]

Zwei Monate nach Erscheinen des Artikels schloss die Bundesrepublik ein Anwerbeabkommen mit Italien, in den 60er-Jahren folgten weitere, unter anderem mit Griechenland, Spanien und der Türkei. Zogen zwischen 1951 und 1956 noch mehr Menschen aus Westdeutschland fort als zu, sorgten die sogenannten Gastarbeiter bald für einen fast stetig wachsenden Zustrom. In den Jahren 1969 und 1970 lag der Wanderungssaldo – also die Differenz aus Zu- und Fortzügen – sogar bei mehr als einer halben Million Menschen.[30]

Fast ein halbes Jahrhundert später braucht Deutschland wieder Arbeitskräfte. Warum also nicht auf die bewährte Methode zurückgreifen und so lange arbeitsfähige Zuwanderer ins Land holen, bis der Bedarf gedeckt ist? Könnte man damit nicht zumindest das demografische Zwischenhoch verlängern? Ließe sich so das anschließende Dauertief vielleicht sogar vermeiden?

Billigkräfte auf den Bauernhöfen: als solche waren die Italiener gedacht, die als erste Gastarbeiter kamen, in den späten 50er-Jahren. Sie sollten in der Provinz jene deutschen Arbeitskräfte ersetzen, die es in die Städte, in die Fabriken gezogen hatte. Es ging, schreibt der Freiburger Historiker Ulrich Herbert, in der frühen Phase der Anwerbejahre zunächst darum, »am unteren Ende des Arbeitsmarkts der deutschen Landwirtschaft die Zugriffsmöglichkeit auf billige ausländische Arbeiter zu sichern, so dass das Lohngefüge in der Landwirtschaft auf relativ niedrigem Niveau stabilisiert werden konnte«. Später dann, in den

60er-Jahren, so Herbert, wurden die Gastarbeiter als »fungible Reservearmee« betrachtet: Sie sollten da eingesetzt werden, wo gerade neuer Bedarf entstand.[31]

Ist es das, was wir brauchen, um der demografischen Alterung entgegenzuwirken: geringqualizierte Zuwanderer, die Nachfragespitzen abdecken helfen und sich nach einer gewissen Zeit wieder nach Hause schicken lassen? Natürlich nicht. Wir brauchen hochqualifizierte Zuwanderer, die dauerhaft bleiben. Denn die Hochqualifizierten sind es, an denen es schon jetzt mangelt auf dem deutschen Arbeitsmarkt – und an denen es vermutlich auch künftig mangeln wird: Voraussichtlich 3,2 der 6,9 Millionen Akademiker, die 2010 in Deutschland erwerbstätig waren, werden bis zum Jahr 2030 aus dem Erwerbsleben ausgeschieden sein.[32]

Was hinzu kommt: Es sind die Hochqualifizierten, die hohe Gehälter erzielen und die dementsprechend jene hohen Steuer- und Beitragseinnahmen finanzieren helfen können, die nötig sind, um den Sozialstaat trotz der demografischen Alterung über Wasser zu halten. Außerdem brauchen wir keine »Gastarbeiter«, die kurz- und mittelfristige Konjunkturschwankungen abfangen – sondern Mitbürger, die sich langfristig niederlassen wollen. Und die, auch das ist wichtig, hier Kinder bekommen und großziehen. Schließlich erwerben Migranten, die in Deutschland arbeiten, selbst Rentenansprüche, die später einmal befriedigt werden müssen.[33]

Ein bisschen, immerhin, hat sich schon getan. Nicht mehr, wie in den Hochzeiten der Gastarbeiterära, Menschen, die kaum lesen und schreiben können, prägen das Bild – sondern zunehmend Hochschulabsolventen. Anfang der 90er-Jahre lag der Anteil der Akademiker unter den Zuwanderern bei 13 Prozent, in der zweiten Hälfte der Nullerjahre dagegen betrug er 37 Prozent.[34]

Die Integration der Akademiker in den deutschen Arbeitsmarkt ist offenbar mit Schwierigkeiten verbunden. Zumindest eine große Minderheit der Zuwanderer verrichtet Jobs, für die sie ihrer formalen Ausbildung nach überqualifiziert sind.[35] Doch selbst wenn es gelingen sollte, solche Herausforderungen besser zu meistern – etwa durch eine vereinfachte Anerkennung im Ausland erworbener Berufsabschlüsse –, bleibt die Frage: Werden sich in Zukunft Menschen, die aufgrund ihrer Qualifikation im Zweifel auch in anderen, fiskalisch nicht ganz so bedürftigen Ländern willkommen geheißen würden, wirklich in großer Zahl nach Deutschland orientieren? Werden sie das tun, obwohl offensichtlich ist, dass sie die Folgen unserer Kinderlosigkeit über absehbar hohe Steuern und Sozialbeiträge mitfinanzieren sollen?

Immerhin sind wir in Deutschland mittlerweile so weit, dass wir uns gezielt um Akademiker auch aus Ländern außerhalb der Europäischen Union bemühen. Sie sollen mit der im August 2012 eingeführten sogenannten Blue Card – zunächst befristet – in Deutschland leben und arbeiten dürfen, sofern sie einen abgeschlossenen Arbeitsvertrag vorweisen können. Doch die ersten Erfahrungen damit sind, gelinde gesagt, ernüchternd. Bis Ende 2013 hatten nur 7000 ausländische, mit einer Blauen Karte ausgestattete Akademiker eine Stelle angetreten, vermeldete seinerzeit der Chef der Bundesagentur für Arbeit (BA), Frank-Jürgen Weise – und fügte hinzu: »4000 davon waren aber vorher schon hier.«[36]

Aus dem Nicht-EU-Ausland hat Deutschland also binnen 16 Monaten 3000 Hochschulabsolventen anlocken können – keine 200 pro Monat. Damit lässt sich der Fachkräftebedarf des einen oder anderen Mittelständlers befriedigen. Mehr aber auch nicht. Angesichts der Dimensionen der demografischen Alterung – wir werden zwei Jahrzehnte lang jedes Jahr mehr als eine Million Neurentner haben – sind diese Zahlen geradezu lächerlich.

Der BA-Chef plädiert deshalb dafür, die Tür weiter zu öffnen. 2014 müssen Blue-Card-Bewerber einen Arbeitsvertrag vorlegen, in dem ein Jahresgehalt von mindestens 47 600 Euro brutto vereinbart ist; bei erklärten »Mangelberufen« wie Ärzten und Ingenieuren, Informatikern und Mathematikern reichen 37 128 Euro.[37] Weise schlägt nun vor, »die Gehaltsgrenze langsam runterzusetzen«. An die ideale Einstiegshöhe müsse man sich »herantasten«, schließlich gebe es noch viele arbeitslose Akademiker.[38]

Weise ist ein unbestritten kluger Mann, und vielleicht hat er in diesem Fall vorrangig die politische Durchsetzbarkeit im Sinn gehabt. Dennoch offenbart seine Haltung geradezu exemplarisch die Probleme, an denen die Debatte um die deutsche Einwanderungspolitik heute krankt:

- Da ist, erstens und ganz grundsätzlich, der irrige Glaube, in einer Volkswirtschaft stünde zu jeder Zeit ein bestimmtes Kontingent an Arbeitsplätzen zu Verfügung, das sich allenfalls auf längere Sicht ausweiten lasse. Eine Marktwirtschaft ist aber ein dynamisches, kein statisches Gebilde. Auf Arbeits- wie auf Gütermärkten wirkt das, was in der Volkswirtschaftslehre Say'sches Theorem genannt wird: Angebot lockt Nachfrage hervor. Konkret: Ob ein Unternehmen investiert, zum Beispiel in eine neue Fabrik, und damit neue Arbeitsplätze schafft, hängt wesentlich davon ab, ob es realistisch ist, am avisierten Standort genügend geeignete Arbeitskräfte zu finden. Es muss ein Angebot (an Arbeitskräften) zumindest latent vorhanden sein, damit eine Nachfrage (nach Arbeitskräften) entsteht. Ein gutes Beispiel dafür sind die USA. Amerika hat in den vergangenen vier Jahrzehnten eine Zuwanderungswelle erlebt wie seit Anfang des 20. Jahrhunderts nicht mehr. Die Migranten kommen vor allem aus Lateinamerika und Asien. 1970 lebten zusammen gut elf Millionen Latinos und *Asian Americans* im Land, 2012 dagegen waren es mehr als 68 Millionen. Parallel dazu hat sich zwar die Zahl der Arbeitslosen erhöht, von vier Millionen 1970 auf rund zehn Millionen im ersten Halbjahr 2014. Zugleich aber ist die Beschäftigung dramatisch gestiegen, von 70 auf bald 140 Millionen Menschen.[39] Wer bestreitet, dass es einen ursächlichen Zusammenhang zwischen Zuwanderung und Beschäftigung gibt, der muss auch glauben, dass es ohne den Anstieg der Migration heute in den USA Dutzende Millionen von zwar existenten, aber dauerhaft unbesetzt bleibenden Arbeitsplätzen geben würde.[40]

- Zweitens offenbart die Angst vor der plötzlichen Zuwanderung von Akademikerhorden falsche Prioritäten. Es mag ein sozialpolitisches Problem sein, dass 25 von 1000 Akademikern arbeitslos gemeldet sind. Aber ist diese Herausforderung – wenn sie denn eine ist – tatsächlich vorrangig gegenüber den langfristigen Herausforderungen, vor die uns die demografische Alterung stellt? Sollten nicht, gerade weil unsere Gesellschaft auf sehr lange Zeit mit der Alterung zu kämpfen haben wird, längerfristige Überlegungen eine größere Rolle spielen als die aktuellen Jobchancen von nicht einmal 200 000 arbeitslosen Akademikern? Ist die Situation nicht eher so, dass wir zumindest jeden jungen, gut ausgebildeten Menschen, der zu uns kommen will, mit offenen Armen empfangen sollten – und zwar sogar dann, wenn er oder sie nicht umgehend einen Job findet?
- Drittens hält sich die Ansicht hartnäckig, Einwanderung lasse sich steuern wie Gase, deren Zustrom man über Ventile zu jedem Zeitpunkt beliebig regulieren kann. Die Erfahrung in der Praxis aber ist, auch in Deutschland, eine ganz andere. Die Zuwanderung nämlich entwickelt sich ziemlich unabhängig von der Nachfrage nach Arbeitskräften. So hat der Anwerbestopp des Jahres 1973 zwar dazu geführt, dass nur noch wenige neue Gastarbeiter in die damalige Bun-

desrepublik kamen. Dafür holten umso mehr Gastarbeiter ihre Familien nach. Gerade dadurch wurde aus der lange als vorübergehend betrachteten Zuwanderung eine dauerhafte. Einen »Steuerungsoptimismus« schreibt der Bremer Politikwissenschaftler Stefan Luft in diesem Zusammenhang der deutschen Einwanderungspolitik zu, einen Steuerungsoptimismus, »der die Handlungsfreiheit des demokratischen Rechtsstaats erheblich überschätzte«.[41]

Steuerungsoptimismus ist ein freundliches Wort für Machbarkeitswahn. Und der spiegelt sich auch in der Debatte um die neuen Einwanderer aus der Europäische Union wider: Wir holen uns genau die, die wir brauchen und also haben wollen, in genau hinreichender Zahl – und weisen jene ab, die nur »in die Sozialsysteme« einwandern wollen. Das ist der Tenor. Die volle Freizügigkeit für Bulgaren und Rumänen, in Kraft seit dem 1. Januar 2014, wird misstrauisch beäugt, dafür wird die »neue Völkerwanderung« (»Der Spiegel«) aus Südeuropa umso frenetischer gefeiert.[42]

Nun ist in der erwähnten (optimistischen) Variante 1-W2 der »Bevölkerungsvorausberechnung« schon eine jährliche Nettozuwanderung von 200 000 Personen pro Jahr unterstellt – ein Wert, der etwa dem Durchschnitt im zurückliegenden halben Jahrhundert entspricht.[43] Ganz ohne Zuwanderung würde der Rückgang des Erwerbspersonenpotenzials bis 2040 noch viel drastischer, nämlich nahezu doppelt so hoch ausfallen.[44]

Um dagegen das Erwerbspersonenpotenzial in Deutschland konstant zu halten, ist ein wesentlich größerer Einwanderungsüberschuss erforderlich. Einschlägigen Schätzungen zufolge wäre dazu eine Nettozuwanderung von 400 000 bis 500 000 Personen pro Jahr notwendig.[45] Das mag aktuell nicht viel erscheinen, schließlich sind 2012 netto fast 370 000 Menschen nach Deutschland zugewandert und 2013 sogar fast 440 000.[46]

Richtig ist aber auch, dass dies ein Niveau ist, das wir in der Bundesrepublik nie über längere Zeiträume erreicht haben. Ob es überhaupt politisch durchhaltbar wäre, ist zumindest fraglich. In der Vergangenheit gab es das besagte Niveau für einige Jahre in den Hochzeiten der Gastarbeiter-Anwerbung – und dann wieder Anfang der 90er-Jahre, als in großer Zahl Aussiedler und Asylsuchende nach Deutschland kamen. In beiden Fällen folgten öffentliche Debatten, die schließlich in eine Beschränkung des Zuzugs mündeten – 1973 durch den Anwerbestopp, 1993 durch eine Einschränkung des Asylrechts.

Wenn Fachleute eine dauerhafte Nettozuwanderung von nahezu einer halben Million Menschen pro Jahr für »wenig plausibel« bis »höchst unrealistisch« halten, dann hat das aber noch andere Gründe.[47] Einer davon ist das begrenzte Migrationspotenzial, das in den EU-Ländern Süd- und Osteuropas steckt. Der neue Zuwanderungsschub wurde zu mehr als zwei Dritteln durch Bürger dieser Länder ermöglicht.[48] Doch inzwischen sind die mobilsten unter den Osteuropäern bereits migriert – und zwar größtenteils nicht nach Deutschland. Weil wir es vorzogen, Polen und anderen nach der EU-Osterweiterung 2004 erst mit sieben Jahren Verzögerung die volle Freizügigkeit zu gewähren, sind heute in Großbritannien und Irland zusammengenommen mehr als doppelt so viele Bürger der Beitrittsstaaten erwerbstätig wie in Deutschland.[49] Wie groß das verbliebene Potenzial noch ist, ist unklar. Klar ist nur, dass die Immigration aus den osteuropäischen Beitrittsstaaten nach Westeuropa in der Gesamtschau bisher deutlich hinter den vorab ventilierten Hoffnungen – und Befürchtungen – zurückgeblieben ist.[50]

Außerdem deutet sich an, dass sich die Zuwanderung aus Osteuropa als sehr instabil erweisen könnte. Offenkundig ist es keineswegs so, dass sich die neuen Mitbürger aus Osteuropa zu

Hunderttausenden dauerhaft hier einrichten würden. Korrekter wäre es, von einem ständigen Kommen und Gehen zu sprechen, man gibt sich sozusagen die Klinke in die Hand. Unter den nach Deutschland gekommenen Bürgern der 2004 beigetretenen osteuropäischen Staaten lag die Fluktuationsrate allein im Jahr 2012 bei 37 Prozent; unter Bulgaren und Rumänien erreichte sie gar 60 Prozent.[51]

Und schließlich stehen die Staaten Osteuropas vor ähnlichen demografischen Herausforderungen wie wir. Nach Prognosen des britischen Forschungsinstituts Oxford Economics werden Hochschulabsolventen, außer in Deutschland, künftig ausgerechnet auch in einer Reihe von Ländern knapp, aus denen traditionell besonders viele Zuwanderer zu uns kommen: in Griechenland zum Beispiel, aber auch in der Türkei und vor allem in Polen, von wo in den vergangenen Jahren mehr Zuwanderer nach Deutschland gekommen sind als aus jedem anderen Land.[52]

Den Schätzungen der Vereinten Nationen zufolge wird das Erwerbspersonenpotenzial insgesamt in Polen 2040 um 18 Prozent niedriger liegen als 2010 und in Rumänien um 22 Prozent. In Bulgarien dürfte die Zahl der 15- bis 64-Jährigen in diesem Zeitraum gar um fast ein Drittel schrumpfen. Dort war schon 2013 die Hälfte der Bevölkerung 42,9 Jahre oder älter. Weltweit lag dieser Durchschnitt, auch Median genannt, nur in drei Ländern noch höher: in Italien, Japan und, mit 45,3 Jahren, in Deutschland.[53] Dass die jährliche Einwanderung aus solchen Ländern erst weiter steigen und sich dann auf hohem Niveau stabilisieren wird, ist kaum zu erwarten.

Nicht besser ist die Aussicht auf anhaltend viele Zuwanderer aus Südeuropa. In Ländern wie Spanien (minus 12 Prozent) und Italien (minus 16 Prozent) wird das Erwerbspersonenpotenzial zwischen 2010 und 2040 ebenfalls deutlich zurückgehen.[54]

Zudem liegen diese Länder, wenn man die Wirtschaftsleistung pro Kopf und damit den materiellen Lebensstandard vergleicht, nicht weit hinter Deutschland zurück. Daher ist zumindest unsicher, ob ein Gros der Zuwanderer aus Spanien zum Beispiel in Deutschland bleiben wird, wenn sich die Wirtschaft daheim wieder von den Verwerfungen der Euro-Krise einigermaßen erholt hat.

Um eine anhaltend hohe Zuwanderung zu gewährleisten, müssten wir daher wohl auf Arbeitskräfte aus anderen Weltregionen setzen. Zu denken wäre etwa an den Mittleren Osten oder Nordafrika. Die Länder in diesen Regionen haben keine demografischen Probleme, und das Einkommensgefälle ist groß genug, um Deutschland als attraktives Ziel erscheinen zu lassen. Ob wir allerdings aus Gegenden, in denen – wie in Nordafrika – nur fünf bis sieben Prozent der Erwachsenen eine akademische Ausbildung besitzen, genügend Fachkräfte bekommen, ist ebenfalls fraglich.[55] Und dabei ist das Qualifikationsprofil der bisher zugezogenen Nicht-Europäer ohnehin schon suboptimal. 61 Prozent von ihnen haben keinen Berufsabschluss und nur zehn Prozent eine akademische Ausbildung.[56]

Nun gibt es zwar auch Länder, die nach Berechnungen von Oxford Economics in Zukunft deutlich mehr junge Akademiker hervorbringen werden, als der heimische Arbeitsmarkt aufnehmen kann – darunter so bevölkerungsreiche Staaten wie Brasilien, Indien, Indonesien, Kolumbien und Südafrika[57] –, doch von den Bewohnern dieser Länder ist nicht bekannt, dass sie besonders erpicht darauf sind, nach Deutschland zu kommen.[58] Auch unsere Willkommenskultur ihnen gegenüber lässt – Stichwort »Kinder statt Inder« – zu wünschen übrig.

Zudem brauchen auch andere Länder Zuwanderung in größerem Stil, wenn sie ihr Erwerbspersonenpotenzial aufrechterhalten wollen. Längst schreiben etwa angelsächsische

Unternehmensberatungen wie selbstverständlich von einem »Global war for talent«, einem Weltkrieg um Fachkräfte.[59] Eine derart martialische Sprache mag unangebracht sein. Aber wir befinden uns in der Tat in einem Wettbewerb, und es ist nicht sicher, dass wir in ihm bestehen können. Werden junge Asiaten oder Afrikaner lieber nach Amerika, Kanada, Großbritannien, Irland, Australien oder Neuseeland emigrieren, wo die Sprachbarriere im Zweifel eine kleinere ist und die Bevölkerung vergleichsweise jung geblieben? Oder nach Deutschland, einem Land, das ihnen vorkommen wird wie ein einziges großes Altenheim – und in dem auch noch eine Sprache gesprochen wird, die, wie schon Mark Twain klagte, »wie sicherlich keine andere (…) sich glitschig und ausweichend dem Verständnis entzieht«?

Wir werden uns überraschen lassen müssen. Zu- und Fortzüge nach und aus Deutschland schwanken beide stark im Zeitverlauf, und das oft auf unvorhergesehene Weise. Dass die Nettozuwanderung 2012 und 2013 sehr hoch liegen würde, musste noch Ende der Nullerjahre, als der Wanderungssaldo negativ war, als sehr unwahrscheinliches Szenario erscheinen.[60] Es sei »nahezu unmöglich, die Migration selbst für kurze Zeiträume vorherzusagen«, schreiben Joachim Fuchs und Doris Söhnlein, zwei Experten vom Institut für Arbeitsmarkt- und Berufsforschung (IAB), einer zur Bundesagentur für Arbeit gehörenden Forschungseinrichtung in Nürnberg. »Selbst in Kenntnis vieler Rahmenbedingungen«, wie im Falle der EU-Osterweiterung, sei es schwer, zu verlässlichen Prognosen zu kommen.[61] Daher ist auch eine passgenaue Feinsteuerung unmöglich. Sicherzustellen, dass die Nettozuwanderung anhaltend hoch bleibt und dass vorwiegend gut ausgebildete Menschen zu uns kommen, die sich hier auf Dauer niederlassen wollen: dazu werden unsere Regierenden auch bei viel gutem Willen nicht in der Lage sein.

Die »neue Völkerwanderung« ist ein Hoffnungswert, auf den man nicht bauen kann.

Bei der demografischen Alterung hingegen wird es keine Überraschungen geben. Das Deprimierende an ihr ist ja gerade ihre Unausweichlichkeit. Alle Inländer, die 2035 die Renten durch ihre Sozialbeiträge finanzieren müssen, sind bereits geboren – mehr werden es einfach nicht. Deprimierend ist zudem das Ausmaß der Alterung. Wäre es vor 20 oder 30 Jahren gelungen, die Geburtenraten deutlich zu steigern, hätte das Ausmaß spürbar reduziert werden können. Damals waren noch viele *baby boomer* in dem Alter, in dem man Kinder in die Welt setzt. Selbst vor zehn Jahren gab es noch eine Reihe geburtenstarker Jahrgänge, die mit der Familienplanung nicht abgeschlossen hatten. Heute dagegen haben die *baby boomer*, von Ausnahmen abgesehen, die Reproduktionsphase hinter sich. Selbst wenn jetzt die Geburtenrate stiege – was sich nicht abzeichnet und eine gehörige Überraschung wäre –, würde das an unserem demografischen Schicksal nicht viel ändern.[62] Denn von jetzt an bis in die ferne Zukunft werden nur noch geburtenschwache Jahrgänge Kinder bekommen.

Vielleicht haben wir ja Glück, und es ziehen in Zukunft kontinuierlich gut ausgebildete, bleibewillige Migranten nach Deutschland. Vielleicht gelingt es uns, allen Widrigkeiten zum Trotz, die verbleibenden Potenziale am Arbeitsmarkt zu erschließen und Geringqualifizierte, Frauen und Ältere noch stärker ins Erwerbsleben zu integrieren. Und doch würde all das nur bremsend wirken: »Letztlich kann auch eine höhere Erwerbsbeteiligung das Schrumpfen der Erwerbsbevölkerung bestenfalls ein wenig verzögern. Sie kann sie aber nicht verhindern«, sagt zum Beispiel Holger Bonin, der am Zentrum für Europäische Wirtschaftsforschung (ZEW) in Mannheim den Forschungsbereich »Arbeitsmärkte, Personalmanagement und Soziale Sicherung« leitet.

Das bedeutet, dass das Arbeitsvolumen sinken dürfte. Die führenden deutschen Wirtschaftsforschungsinstitute etwa prognostizierten in ihrem Frühjahrsgutachten 2014, dass es ab 2017 so weit ist.[63] Das heißt: Ab dann muss – auf unabsehbare Zeit – alles Wirtschaftswachstum allein aus einer Quelle gespeist werden: einer Zunahme der Produktivität.

In der angelsächsischen Welt hat sich nach der Eskalation der Finanzkrise im Jahr 2008 bald der Glaube verbreitet, hinterher werde die Welt für die Amerikaner eine andere sein. Die einflussreiche amerikanische Fondsgesellschaft Pimco, eine Tochter des deutschen Versicherungskonzerns Allianz, hat dafür Anfang 2009 den Begriff *the new normal* erfunden, eine Formulierung, die in den angelsächsischen Medien mit etwas Verzögerung populär wurde.[64]

Die deutsche Variante davon, nennen wir sie »die neue Normalität«, steht uns erst bevor, genauer: kurz bevor. Die Werkseinstellung des Landes, in dem wir leben werden, wird nicht sein, dass die Wirtschaft wächst. Die Werkseinstellung wird sein, dass die Wirtschaft schrumpft, dass sie in dem steckt, was landläufig Rezession genannt wird. Und aus der heraus wird sie nur finden, wenn die Produktivität spürbar zulegt.

Die alte Normalität in Deutschland bestand darin, dass der zu verteilende Kuchen quasi wie von selbst immer größer wurde. Es war eine Welt, in der Wirtschaftswachstum ein Schmiermittel war für Demokratie und sozialen Frieden. Verteilungskonflikte konnten gelöst werden, ohne dass wir irgendeinem Beteiligten wirklich hätten wehtun müssen. In unserer neuen Normalität dagegen werden wir uns in einem ständigen Abwehrkampf befinden: Entweder wir werden die Erfahrung machen, dass der Kuchen, den es zu verteilen gibt, immer kleiner wird. Oder wir schaffen es, immer produktiver zu werden.

Schon zwischen 2005 und 2013 war der Produktivitätszuwachs der wichtigste Motor des Wirtschaftswachstums. Um insgesamt zwölf Prozent ist die Wirtschaftsleistung in dieser Zeit gewachsen. Gut ein Drittel davon lässt sich darauf zurückführen, dass wir seit dem Mitte der Nullerjahre erreichten Tiefpunkt wieder mehr arbeiten (siehe Kapitel 3). Die übrigen knapp zwei Drittel dagegen resultieren aus einem Anstieg der Arbeitsproduktivität.[65] Das hört sich besser an, als es ist. Tatsächlich schwächt sich das Produktivitätswachstum in Deutschland schon seit langer Zeit immer mehr ab.

In den 50er- und 60er-Jahren erreichte der Zuwachs im jährlichen Durchschnitt in Westeuropa annähernd fünf Prozent.[66] In den 70er-Jahren dann ging das Produktivitätswachstum zurück, es blieb in Westdeutschland aber mit 4,1 Prozent pro Jahr immer noch hoch. Die erste richtige Enttäuschung kam in den 80er-Jahren: Gegenüber den 70ern halbierte sich die durchschnittliche Zunahme fast, auf 2,1 Prozent.

In den 90ern folgte gleich die nächste Enttäuschung: Man hätte vom wiedervereinigten Deutschland steigende Produktivitätszuwächse erwarten dürfen – schon aufgrund des riesigen Nachholbedarfs in Ostdeutschland. In den gesamtdeutschen Statistiken schlug sich das jedoch nicht nieder, sie weisen für die 90er-Jahre einen durchschnittlichen Produktivitätszuwachs von 2,2 Prozent pro Jahr aus, also kaum mehr als für die 80er.

Die dritte Enttäuschung gab es dann nach der Jahrtausendwende. Zwischen dem Jahr 2000 und dem Jahr 2013 reichte es beim Produktivitätswachstum nur noch für durchschnittlich 1,2 Prozent. Und die Tendenz ist: weiter fallend. Für die Jahre des vermeintlichen Wirtschaftswunders, also 2005 bis 2013, liegt der Durchschnitt gar nur bei mageren 0,9 Prozent.[67] Es ist, als habe unsere Wirtschaft ein Muskelschwund befallen. Und diese Entwicklung ist ebenso besorgniserregend wie erstaunlich.

Besorgniserregend ist sie, weil unser Wohlstand im Wesentlichen auf der bisher erreichten Steigerung der Arbeitsproduktivität beruht: Wenn wir wohlhabender sind als die Menschen in Dschibuti oder der Dominikanischen Republik, dann liegt das nicht etwa daran, dass wir in Deutschland mehr arbeiten würden. Und wenn wir heute reicher sind als unsere Groß- und Urgroßeltern und alle Generationen davor, dann liegt das ebenfalls nicht daran, dass wir fleißiger wären als unsere Vorfahren. Sondern schlicht und einfach daran, dass wir viel produktiver sind. Beim Vergleich zwischen Ländern mit ähnlichem Produktivitätsniveau (wie Deutschland und der Schweiz) kann zwar ein höheres Arbeitsvolumen ausschlaggebend für ein höheres Pro-Kopf-Einkommen sein, doch auf lange Sicht ist das Produktivitätswachstum fast alles entscheidend für den materiellen Wohlstand einer Gesellschaft, zumal es sich – im Gegensatz zum Arbeitsvolumen – theoretisch immer weiter steigern lässt. Neu an der Situation, auf die wir in Deutschland zusteuern, ist eigentlich nur, dass es ausschließlich der Produktivitätszuwachs sein wird, der noch zu einem Anstieg der Wirtschaftsleistung beiträgt.

Erstaunlich wiederum ist das erlahmende Produktivitätswachstum, weil ein wesentlicher Bestimmungsfaktor keineswegs zum Erliegen gekommen ist: der technische Fortschritt. Er hat die Angehörigen fast aller Berufe im Laufe der vergangenen zwei Jahrhunderte produktiver werden lassen. Seit Pflug und Ochse gegen Traktor und Mähdrescher ausgetauscht wurden, brauchen wir nicht mehr 70 Prozent der Erwerbsbevölkerung, um genügend Nahrungsmittel für alle herzustellen – sondern nur noch zwei Prozent. Wer sein Geld mit dem Transport anderer Leute verdient, konnte vor 150 Jahren auf eine Kutsche steigen und eine Handvoll Personen fortbewegen – pro Stunde einige Kilometer weit. Heute kann ein Pilot mehrere Hundert Passagiere transportieren, in einer ungefähr hundert Mal höheren Geschwindigkeit. Die Produktivität ist also auch hier gewaltig gestiegen, selbst wenn man einrechnet, dass ein Pilot nicht allein arbeitet, sondern Hilfe bekommt von Boden- und Kabinenpersonal.

In der Transformation, mit der Computer und Internet Wirtschaft und Gesellschaft überziehen, schlummern aktuell die größten Produktivitätspotenziale. Ein Journalist etwa ist produktiver, wenn er die Schreibmaschine und die Briefpost gegen Computer, Internet und E-Mail austauscht und sich den dafür nötigen Umgang mit Software aneignet: Er kann mehr Artikel in derselben Zeit verfassen – oder genauso viele, aber dafür besser recherchierte.

Das Problem ist nur: Während jeder Einzelne von uns und jede einzelne Firma sich vermutlich auch heute noch ausmalen kann, wie er oder sie produktiver werden kann, ist das für die Gesellschaft als Ganzes keineswegs trivial. Es ist auch nicht leicht auszumachen, warum das Produktivitätswachstum so stark gesunken ist. Unzweifelhaft ist nur: Technischer Fortschritt alleine nutzt nichts, wenn er nicht begleitet wird von Investitionen – Investitionen in Maschinen und Ähnliches und Investitionen in die Qualifikation von Beschäftigten. Die Erfindung von Traktor, Computer oder Flugzeug lässt sich erst in Produktivitätssteigerungen ummünzen, wenn die Geräte auch angeschafft werden und Menschen den Umgang mit ihnen lernen. An beidem, an Investitionen in Sach- wie in Humankapital, mangelt es aber in Deutschland (siehe Kapitel 9 und 12).

Bleibt die Trendwende beim Produktivitätswachstums aus, fürchtet zum Beispiel Jörg Zeuner, der Chefvolkswirt der staatlichen KfW Bankengruppe, könnte Deutschlands Wachstumspotenzial bis 2030 auf 0,2 Prozent pro Jahr zurückfallen.[68] Wie deutlich die Trendwende ausfallen müsste, um unsere Wirtschaft auch nur auf dem Wachstumsniveau der vergangenen zwei Jahrzehnte zu halten, machen Prognosen der OECD klar. Die Pariser Denkfabrik unterstellt – ohne es näher zu begründen –, dass die Produktivität in Deutschland tatsächlich wieder viel stärker wachsen wird als in den vergangenen Jahren, nämlich um jährlich 1,6 Prozent bis 2060, also fast doppelt so stark wie in den Jahren 2005 bis 2013.[69]

Selbst in diesem ausgesprochen optimistischen Szenario würde unser Wachstumspotenzial bis 2060 gerade noch 1,1 Prozent betragen. Damit hätten wir, gemeinsam mit Japan, die rote Laterne in der industrialisierten Welt: Allen anderen OECD-Mitgliedsländern werden höhere Wachstumsraten vorhergesagt, der Durchschnitt liegt bei 2,2 Prozent bis 2030 und 1,8 Prozent für die drei Jahrzehnte danach.[70] Deutschland, mit anderen Worten, schickt sich an, zu einem Mühlstein zu werden für die Weltwirtschaft.

Das könnte uns vielleicht egal sein. Nicht egal sein kann uns aber, dass sich unser Produktionszuwachs fast verdoppeln muss, damit es in Zukunft auch nur für etwas mehr als ein Prozent Wirtschaftswachstum reicht. Wir bräuchten also ein regelrechtes Produktivitätswunder, um beim Wachstum auch nur internationalen Industrieländer-Durchschnitt zu erreichen. Und das ausgerechnet zu einer Zeit, da wir Wirtschaftswachstum dringender benötigen denn je.

# 8

## Die Oskar-Matzerath-Nation

### Warum wir wachsen müssen – auch wenn wir es nicht mehr wollen

*Streichel dreimal deine Wampe und sing: Danke, ich hab schon.*
*Steige aus an roten Ampeln und sing: Danke, ich hab schon. (…)*
*Genug, genug, genug, ich hab*
*genug, genug, genug, ich hab*
*genug, genug, genug. Danke! Genug!*
*Und wir wiegen in der Hängematte: Danke, ich hab schon. (…)*
*Haben Sie noch einen Wunsch? Ja: Punsch.*
*Kann ich noch was für Sie tun? Ja: ruhen.*
*Darf ich Ihnen etwas bringen? Nicht dringend.*
*Darf's bei Ihnen noch etwas sein? Äh: Nein! Nein! Nein!*

Die Frau, die diese Zeilen auf ihrem im Februar 2014 erschienenen Soloalbum singt, heißt Judith Holofernes. Sie ist bekannt geworden als Sängerin von »Wir sind Helden«, und sie wird gemeinhin als Chefintellektuelle unter den weiblichen Popstars in Deutschland gehandelt.

Mit dem Song »Danke, ich hab schon« wäre sie früher politisch leicht zu verorten gewesen – im Ökolager nämlich und im Zweifel eher links als rechts der Mitte. Doch das war einmal. Heute summt auch das bürgerliche Lager mit. Da ist zum Beispiel Meinhard Miegel, der mehr als 30 Jahre lang – zwischen

1977 und 2008 – als Chef des Bonner Instituts für Wirtschaft und Gesellschaft einen Umbau des Sozialstaats propagierte. Heute zieht Miegel gegen den »Wachstumswahn« zu Felde, der uns befallen habe.[1] Unterstützung bekommt er von Kurt Biedenkopf. »Reines Wirtschaftswachstum führt schon lange nicht mehr zur Vermehrung von Wohlstand«, sagt der CDU-Politiker, der früher Ministerpräsident von Sachsen war und noch früher ein Vordenker in seiner Partei.[2]

Auch unter den aktiven Spitzenpolitikern sind ähnliche Töne zu hören: »Sosehr wir uns für die Beseitigung des Hungers überall in der Welt einsetzen müssen, so sehr sollten wir uns andererseits in unseren eigenen westlichen Ländern für eine Begrenzung des Wirtschaftswachstums einsetzen. (…) Die westlichen Volkswirtschaften haben ein gewisses Maß an Saturiertheit erreicht; in dieser Situation liegen unsere Ziele und Aufgaben vor allem darin, Unterschiede und daraus resultierende Spannungen nicht übermächtig werden zu lassen.«[3]

Begrenzung des Wachstums und, als zentrale Aufgabe der Politik, Umverteilung mit dem Ziel der materiellen Einebnung: Es ist kein Vertreter von Linkspartei oder auch nur SPD, der das Ende 2011 schrieb. Sondern Wolfgang Schäuble, der Bundesfinanzminister. Ein bürgerlich-konservativer Politiker, ein CDU-Mann. Die letzte politische Kraft, die es unternommen hat, in Deutschland offensiv für Wirtschaftswachstum zu werben, war im Jahr 2012 die FDP unter ihrem damaligen Vorsitzenden Philip Rösler. Und es ist nicht leicht zu sagen, wer wem mehr geschadet hat: das Wachstumsideal der Partei oder die Partei dem Wachstumsideal.

Man kann es durchaus schizophren nennen: Schon in Jahren, da die Wirtschaftsleistung um weniger als ein Prozent zulegt, präsentieren wir uns der Welt als »Wachstumsmotor«. Zugleich aber sind wir des Wachstums müde. Die Wachstumskritik hat inzwischen sogar Deutschlands traditionell prokapitalistische und wachstumsfreundliche Wirtschaftspresse erreicht. »Das Freiheitsversprechen eines maßlosen ›Mehr‹ hat sich überlebt«, ist auf der Homepage der »Wirtschaftswoche« zu lesen. Notwendig sei »eine Politik des ›Genug‹«.[4]

Die »Wirtschaftswoche«; die Plattenmillionärin Judith Holofernes; Wolfgang Schäuble, ein Mann mit Ministergehalt; und Kurt Biedenkopf, der durch eine Ministerpräsidentenpension wirksam vor Altersarmut geschützt ist: Alle haben sie »genug«. Man fühlt sich erinnert an Oskar Matzerath – jenen Ich-Erzähler aus der »Blechtrommel« von Günter Grass, der an seinem dritten Geburtstag beschließt, das Wachstum einzustellen, an jenen Oskar, der seine »geistige Entwicklung« für »abgeschlossen« hält und sich »fortan nur noch bestätigen muß«.

Um noch aufzufallen in Deutschland, muss man inzwischen noch weiter gehen als Holofernes oder Schäuble – und aus dem »Genug« ein »Mehr als genug« machen. So wie der »Spiegel«, der im März 2014 auf seiner Titelseite für »Konsumverzicht« warb, Unterzeile: »Weniger haben, glücklicher leben«. Oder wie die grüne Spitzenpolitikerin Katrin Göring-Eckardt, die eine »Kultur des Weniger« propagiert.[5]

Seit der »Club of Rome« 1972 die »Grenzen des Wachstums« nahen sah, ist die Wachstumskritik in Deutschland nie ganz verstummt. Dass sie gerade in den vergangenen Jahren wieder vernehmlicher wurde, kann man durchaus als Kuriosum sehen. Denn es ist ja nicht so, als würden wir den Wachstumsraten früherer Jahrzehnte auch nur noch nahe kommen. Es geht heute nicht mehr darum, ob wir vom vierten Gang in den fünften schalten sollten – sondern darum, ob wir den Gang rausnehmen und unser Gefährt im Leerlauf ausrollen lassen. Es geht darum, ob wir eine Wirtschaft haben werden, die selbst in guten Jahren nur geringfügig wächst und ansonsten stagniert oder sogar schrumpft. Oder eine Wirtschaft, die zumindest das erreicht, was im zurückliegenden Vierteljahrhundert der Durchschnitt war – also ein Wachstum von vielleicht ein bis zwei Prozent.

Dessen ungeachtet, liegen die Wachstumsskeptiker mit ihrer Kritik nicht völlig falsch. Denn die Messung von Wirtschaftswachstum ist so unvollkommen wie das Wachstumsideal selbst.

Maßstab für das Wirtschaftswachstum ist heutzutage üblicherweise das Bruttoinlandsprodukt. Diese Größe, kurz BIP genannt, umfasst die gesamtwirtschaftliche Wertschöpfung. Sie enthält alle Güter und Dienstleistungen, die in unserer Volkswirtschaft in einem bestimmten Zeitraum für den Endverbrauch hergestellt werden, bewertet mit den Preisen, die sie erzielen. Wenn das BIP von einem Quartal zum nächsten oder von einem Jahr zum nächsten inflationsbereinigt zulegt, sprechen wir von Wirtschaftswachstum.

Ein Haken daran: Was keinen Preis hat, hat für die amtlichen Statistiker auch keinen Wert. Kindererziehung und Hausarbeit zum Beispiel gehen erst dann ins BIP ein, wenn dafür Erzieher, Tagesmütter und Putzhilfen angeheuert werden. Wer sich selbst um Kinder und Haushalt kümmert, trägt nicht zur offiziell ausgewiesenen Wirtschaftsleistung bei – wer dagegen einen Job annimmt und von dem verdienten Geld nicht zuletzt auch professionelle Dienstleister finanziert, tut das gewissermaßen gleich in doppelter Hinsicht.

Ein weiterer Haken ist, dass die Statistiken nicht danach unterscheiden, was wirklich Werte schafft – und was Werte eher zerstört. »Wenn Wachstum das alleinige Kriterium für ein gelingendes Leben wäre, müsste man sich ja darüber freuen, wenn jemand sich in der Kneipe betrinkt und dann sein Auto zu Schrott fährt«, schreibt Katrin Göring-Eckardt nicht zu Unrecht. Denn »Alkoholumsatz, Reparatur oder Neukauf bringen schließlich die Wirtschaft in Schwung.«[6]

Für die wahre Wertschöpfung in einer Gesellschaft ist das BIP also nur ein mängelbehafteter Indikator. Und diese Mängel lassen sich nicht einfach abstellen. Der Vorzug des BIP besteht in seiner Objektivität: Es errechnet sich aus tatsächlich gezahlten Preisen.[7] Würden dagegen zum Beispiel Hausarbeit und ehrenamtliche Tätigkeiten einbezogen, müsste sich irgendeine Instanz dazu aufschwingen, ihren Umfang zu beziffern und dann auch noch einen Preis für sie festzulegen.

Ähnlich schwierig ist die Unterscheidung zwischen gesellschaftlich erwünschter und gesellschaftlich unerwünschter Wertschöpfung. Wird zum Beispiel eine Autoscheibe ersetzt, so fließen die Scheibe und ihr Einbau in das BIP ein, und zwar unabhängig davon, ob die Prozedur wegen eines Steinschlags notwendig wurde oder ob sie Folge einer Alkoholfahrt ist. Hier zu unterscheiden wäre schlicht unpraktikabel – der Aufwand zur Messung der Wirtschaftsleistung würde sich vervielfachen.

Vor allem aber: Wenn nicht mehr die Marktkräfte mittels ihrer Preisfindung entscheiden würden, wie ein Gut oder eine Dienstleistung bewertet wird, sondern Technokraten, dann wäre eine Politisierung kaum mehr zu verhindern. Schnell hätten wir dann Diskussionen darüber, ob zum Beispiel der Output von Rüstungsherstellern überhaupt mitgezählt oder nicht vielleicht sogar von der gesamtwirtschaftlichen Wertschöpfung abgezogen werden sollte. Schnell würden wir auch darüber rätseln, ob bei der Energieproduktion wirklich der Preis entscheidend sein soll oder nicht doch lieber der damit einhergehende Kohlendioxidausstoß. Kurzum, wir würden, wie es der Magdeburger Wirtschaftsprofessor Karl-Heinz Paqué ausdrückt, »in einen Sumpf von Willkür« geraten.[8]

Bei aller Unzulänglichkeit – wenn wir den materiellen Wohlstand in einem Land mit einer einzigen nachvollziehbaren Größe messen wollen, dann gibt es (bisher) keine bessere Alternative zum Bruttoinlandsprodukt. Vor allem aber bilden die Veränderungsraten des BIP recht gut ab, welche wirtschaftliche Dynamik in einer Volkswirtschaft herrscht. Mit anderen Worten: Das BIP mag den materiellen Wohlstand nur unvollkommen messen; doch in welche Richtung er sich bewegt und wie rasch, das reflektiert der BIP-Zuwachs (oder -Rückgang) recht gut.

Ein zweiter Strang der Kritik ist freilich noch fundamentaler: Selbst wenn man akzeptiert, dass das BIP und sein Zuwachs den materiellen Wohlstand einigermaßen gut widerspiegeln, kann man sich die Frage stellen, ob es eigentlich das ist, was wir wollen: materiellen Wohlstand und seine stete Mehrung.

»Erst kommt das Fressen, dann kommt die Moral«: Der berühmte Satz aus der »Dreigroschenoper« von Bertolt Brecht fasst gut zusammen, um was es geht. Die allerwichtigsten Grundbedürfnisse sind gestillt, bis tief in die Mittelschicht hinein genießen wir wie selbstverständlich Annehmlichkeiten, die zu Brechts Zeiten noch als Luxus gegolten hätten. Da ist es naheliegend, dass das Streben nach Wirtschaftswachstum, nach einer Steigerung des materiellen Wohlstands die zentrale Stellung verliert, die es einmal hatte, für den Einzelnen wie für die Politik. Andere Ziele treten hinzu: Selbstverwirklichung. Gesundheit. Entschleunigung. Zeit für Familie, Freunde, Hobby. Fairness und Gerechtigkeit. Klima- und Umweltschutz.

Doch hier stellen sich drei Fragen: Steht das Wirtschaftswachstum Zielen wie Gerechtigkeit und Klimaschutz entgegen? Haben wir wirklich genug, haben wir so viel, dass Stagnation nicht weiter schlimm wäre? Und selbst wenn es so wäre: Können wir uns überhaupt leisten, das Streben nach Wirtschaftswachstum aufzugeben?

Die Antworten lauten: Nein. Nein. Und nein.

Wir reisen alle zusammen zurück ins frühe 19. Jahrhundert: eine faszinierende Vorstellung. Aber eine, die besser nicht Realität wird. Denn ein solcher Ausflug wäre, wie es der Princeton-Ökonom Angus Deaton ausdrückt, für viele von uns ungefähr so gesund »wie eine Fahrt zum Mond ohne Raumanzug«.[9] Sie wäre für viele tödlich. Tödlich deshalb, weil wir zu groß und zu schwer sind, um von dem Nahrungsmittelangebot leben zu können, das vor 200 Jahren pro Kopf zur Verfügung stand. Menschen, die 1,80 Meter groß sind und 70 oder 80 Kilogramm wiegen, verbrauchen, selbst wenn sie keine Hand rühren, schlicht zu viele Kalorien.

Unsere Vorfahren steckten damals in einer Ernährungsfalle. Sie waren klein und schwach, weil es wenig zu essen gab, und weil sie klein und schwach waren, gab es wenig zu essen. Erst der technische Fortschritt und das durch ihn ermöglichte Wirtschaftswachstum änderten das: Die Nahrungsmittelproduktion stieg, unsere Vorfahren konnten mehr essen, sie wurden größer, stärker und weniger anfällig für Krankheiten – was wiederum eine höhere Nahrungsmittelproduktion ermöglichte. Das Entkommen aus der Ernährungsfalle war eine der Voraussetzungen dafür, dass wir heute materiell sehr viel reicher sind als unsere Vorfahren. Aber eben auch eine der Voraussetzungen dafür, dass wir weniger anfällig für Krankheiten sind und viel länger leben, als sich das irgendjemand vor wenigen Generationen noch vorstellen konnte.[10]

Gesundheit und Wirtschaftswachstum: Natürlich folgt das eine nicht automatisch aus dem anderen. Es ist wie auf anderen

Feldern: Wirtschaftswachstum schafft neue Herausforderungen und trägt zugleich entscheidend dazu bei, diese Herausforderungen meistern zu können. Beim modernen Sozialstaat ist es ganz ähnlich: Die industrielle Revolution hat ihn notwendig gemacht – aber auch erst finanzierbar. Und dasselbe gilt sogar für den Bereich, auf den alle Wachstumsskeptiker mit Vorliebe verweisen: Klima- und Umweltschutz.

Dass diese Skeptiker auf so viel Resonanz stoßen, hat wohl auch damit zu tun, dass wir rasch an die Grenzen unserer Fantasie stoßen. Die Vorstellung, dass die Wirtschaftsleistung zu einem Zeitpunkt X in der Zukunft um 50 Prozent höher liegen könnte, verbinden wir mit der Vorstellung, dass dann 50 Prozent mehr von dem produziert würde, was heute schon hergestellt wird. Einschließlich 50 Prozent mehr von dem, was Dreck macht, das Klima schädigt oder sonst wie Probleme bereitet: 50 Prozent mehr Autos, 50 Prozent mehr Massentierhaltung, 50 Prozent mehr Öl- und Kohleverbrauch – und natürlich 50 Prozent mehr Abfall.

Ein solches Wachstum, auch »quantitatives« Wachstum genannt, mag es früher bei uns gegeben haben und heute noch in den Schwellen- und Entwicklungsländern. In Deutschland und den anderen wohlhabenden Industrieländern hingegen ist das »qualitative« Wachstum dominant, Wachstum, das vor allem durch die Herstellung neuartiger, verbesserter und vielfältigerer Waren und Dienstleistungen zustande kommt.[11] Ein um 50 Prozent höheres BIP bedeutet nicht, dass 50 Prozent mehr Autos fahren, und wir werden auch nicht für jedes Familienmitglied ein eigenes Haus bauen. Wachsen würden in erster Linie ganz andere Dinge: die Produktion von Waren, für die weit weniger Stahl und Beton benötigt werden als für Autos oder Häuser. Und vor allem das Angebot von Dienstleistungen: Forschung und Entwicklung, Beratung und Coaching, Unterhaltung und Information, Erziehung und Bildung, Pflege und Behandlung.

Wirtschaftswachswachstum ist deshalb keineswegs gleichbedeutend mit einem Anstieg von Ressourcenverbrauch und Emissionen. In Deutschland und etwa der Hälfte der anderen Industrienationen ist in den Nullerjahren sogar gelungen, was Wachstumsskeptiker lange für unmöglich erklärt hatten: die Entkopplung von Wertschöpfung und Klimaschädigung. Obwohl die Produktion gewachsen ist, waren die Emissionen rückläufig, in der EU etwa lagen sie 2011 um gut neun Prozent niedriger als zehn Jahre zuvor.[12]

Natürlich ist es wünschenswert, den Zusammenhang zwischen Wertschöpfung einerseits und Ressourcenverbrauch und Schadstoffausstoß andererseits weiter zu lockern. Die Frage ist aber, ob Wirtschaftswachstum dabei nicht sogar hilfreich wäre. Ob es gelingen wird, den Klimawandel zu begrenzen oder auch nur die Folgen einigermaßen adäquat einzudämmen, steht dahin. Aber man stelle sich beispielsweise vor, die Weltwirtschaft wäre nach dem Jahr 1950 nicht mehr gewachsen. Den Klimawandel hätte es auch dann gegeben, wenngleich etwas später. Die Menschheit hätte aber zu einer wirksamen Gegenwehr mit ziemlicher Sicherheit weder die finanziellen noch die technologischen Mittel gehabt.

Ähnliches gilt auch heute: Eine noch stärkere Entkopplung von Wertschöpfung und ökologischen Beeinträchtigungen wird bei Nullwachstum nur zu erreichen sein, wenn wir an anderer Stelle Verzicht üben. Aber wollen wir das wirklich? Können wird das überhaupt?

Katrin Göring-Eckardt, Wolfgang Schäuble und Meinhard Miegel mögen mit Judith Holofernes ausrufen: »Danke, ich hab schon.« Aber würden das auch jene 17 Millionen Menschen unter uns sagen, die in Haushalten mit einem Nettoeinkommen von weniger als 1500 Euro leben? Und was ist mit jenen fünf Millionen Menschen, bei denen das Haushaltsnettoeinkommen gar unter 900 Euro liegt?[13] Rufen die auch: »Genug, genug, genug«?

Judith Holofernes lässt sich nach eigenem Bekunden ihr Bio-Obst nach Hause liefern,[14] und Katrin Göring-Eckardt verzehrt, wie sie selbst sagt, Fleisch ausschließlich in »Bio-Qualität, möglichst aus der Region«[15]. Millionen andere Menschen in Deutschland dagegen sehen die Notwendigkeit, sich von dem Obst, Gemüse und Fleisch zu ernähren, das bei Discountern zu Billigstpreisen angeboten wird. Haben die auch alle schon genug?

Haben wirklich alle schon genug, wenn mehr als einer von vier Erwachsenen in diesem Land netto – also nach Abzug der Verbindlichkeiten – keinerlei Ersparnisse oder sonstiges Vermögen besitzt und dementsprechend keinerlei eigene Absicherung für den Fall, dass er oder sie arbeitslos wird, verunglückt oder erkrankt? Wenn jeder Dritte in Deutschland von sich sagt, er oder sie könne sich unerwartete größere Anschaffungen nicht leisten?[16]

Haben wir wirklich schon genug, wenn sich die internationale Presse wundert, dass Deutschand nun auch »seine Großmamas exportiert«? Denn so ist es ja: Immer mehr Deutsche bringen ihre Eltern in polnischen oder slowakischen Altenheimen unter, weil sie die Kosten eines deutschen Heimplatzes finanziell überfordern.[17]

Und was ist mit unserem Gemeinwesen, unserem Staat, unseren Sozialversicherungen? Haben die genug?

Hat unser Gemeinwesen wirklich schon genug, wenn vielerorts Brücken, kleine Bahnhöfe und öffentliche Bäder vor sich hin rotten (siehe Kapitel 9)? Wenn es uns offenbar nicht möglich ist, Kindergartenerzieher besser zu bezahlen als Maler oder Metzger? Wenn, wie in Berlin verbreitet, Lehrer ihre Klassenräume nach dem Unterricht selbst fegen müssen? Wenn 16 Schüler auf einen Grundschullehrer kommen, während es zum Beispiel in skandinavischen Ländern nur zehn bis zwölf sind?[18]

Und was, schließlich, ist mit unserer Gesundheit? Haben wir für die genug? Wir geben bereits 300 Milliarden Euro im Jahr für unser Gesundheitswesen aus[19] – und gewiss wird ein nicht unbeträchtlicher Teil davon für Ineffizientes und Unnötiges verwendet. Aber zur Wahrheit gehört eben auch, dass es für Kassenpatienten normal geworden ist, wochenlang auf einen Arzttermin warten zu müssen. Kostendruck hat dazu beigetragen, dass zwischenzeitlich Impfstoffe für Kleinkinder knapp zu werden drohen.[20] Und Kostendruck hat auch zu dem geführt, was im Ärztejargon »blutige Entlassungen« genannt wird: das vorzeitige Herausdrängen von Frischoperierten aus den Krankenhausbetten.[21]

Man kann ein überzeugter Verfechter eines schlanken Staates sein und dennoch anerkennen, dass es genügend Bereiche gibt, in denen sich unsere staatlichen Organe finanziell stärker einbringen könnten, ja sollten. Die Frage ist eher: Wie lässt sich das eine mit dem anderen, wie lassen sich eine bescheidene Staatsquote und ein handlungsfähiges Gemeinwesen miteinander vereinbaren?

Wenn's um Bezahlen geht, dann greifen mit großer Zuverlässigkeit eingeübte Rituale. Das politische Spektrum lässt sich hier – leicht vereinfacht und parteiübergreifend – in zwei Lager einteilen. Das eine Lager, nennen wir es die Bund-der-Steuerzahler-Fraktion, ruft schon aus Gewohnheit danach, bei den Staatsausgaben zu kürzen. Für die andere Seite, die Gregor-Gysi-Fraktion, gibt es praktisch kein soziales oder wirtschaftliches Problem, das sich nicht durch mehr Umverteilung lösen ließe.

Die Bund-der-Steuerzahler-Fraktion tut gerne so, als sei obsessives Sparen eine Art Lebenszweck. Sparen ist zum Fetisch geworden, man könnte gelegentlich glauben, es mache Spaß, Dritten – und am Ende auch sich selbst – etwas wegzunehmen. Einen großen Wurf aber hat diese Fraktion nicht zu bieten.

Der Bund der Steuerzahler selbst hat im Frühjahr 2014 Kürzungsmöglichkeiten, die er für wünschenswert hält, zusammengestellt. Die Streichliste hat es in sich: Reduktion der Forschungsförderung, Abschaffung des Eltern- und des Betreuungsgeldes, Zusammenstutzen der Entwicklungshilfe, weniger Subventionen für S-Bahnen, weniger Hilfe für Langzeitarbeitslose auf dem schwierigen Weg zurück auf den Arbeitsmarkt – und so weiter, und so weiter.[22]

Man kann gewiss bei jedem einzelnen Punkt debattieren, ob Kürzungen nicht tatsächlich sinnvoll wären. Und doch lässt schon eine unvollständige Auflistung der Streichvorschläge erahnen, auf welch großen politischen Widerstand der Versuch treffen würde, die Ideen in die Tat umzusetzen.

Und was brächte das dann? Die Antwort ist ernüchternd. Würde die Streichliste eins zu eins umgesetzt, käme man auf ein Einsparpotenzial von 20 Milliarden Euro. 20 Milliarden Euro sind gewiss viel Geld. Aber eben auch weniger als zwei Prozent der gesamten Staatsausgaben.

Mit diesen 20 Milliarden ließen sich die Ausgaben für das Gesundheitswesen um knapp sieben Prozent steigern. Richtig eingesetzt, sollte das reichen, um die Versorgung in Medizin und Pflege spürbar zu verbessern. Damit aber wäre das Geld dann auch verbraucht. Wir würden unseren Kindern in den Kitas weiterhin schlecht bezahlte Erzieher vorsetzen, und Brücken, Bahnhöfe und Bäder würden nach wie vor dem Verfall preisgegeben.

Wenn wir ehrlich zu uns sind und die politischen Realitäten nicht aus dem Blick verlieren, dann ist es so: Mit Sparen kommen wir nicht besonders weit.

Wenn ein Gemeinwesen seinen Mitgliedern keinen Anteil vom Einkommen abnimmt, hat es kein Geld – das ist klar. Was aber, wenn ein Gemeinwesen das Gegenteil tut, nämlich seinen Mitgliedern alles abverlangt, wenn es also alle Einkommen zu 100 Prozent vereinnahmen will? Dann werden zumindest die allermeisten Steuerbürger Widerstand leisten. Indem sie die Arbeit einstellen – oder indem sie weiter arbeiten, das aber am Finanzamt vorbei, schwarz oder im Ausland.

So ist das mit Steuern: Beträgt ihr Satz null, hat der Staat keine Einnahmen. Beträgt der Satz 100 Prozent, hat er auch keine (oder zumindest fast keine). Von niedrigem Niveau aus kann der Staat den Steuersatz also anheben und damit zunächst deutlich steigende Einnahmen generieren. Von einem gewissen Niveau an aber werden, weil der Steuerwiderstand wächst, weitere Erhöhungen nur noch enttäuschende Mehreinnahmen einbringen. Und irgendwann ist der Scheitelpunkt erreicht, bei dem weitere Steuererhöhungen keine steigende, sondern sinkende Einnahmen zur Folge hätten.

Erkannt hat diesen Zusammenhang als Erster der amerikanische Ökonom Arthur Laffer, seine grafische Darstellung wird daher Lafferkurve genannt. Wo genau sich ein Land mit einer bestimmten Steuer auf der hügelförmigen Lafferkurve befindet, lässt sich nicht theoretisch bestimmen, sondern nur mit mathematischen Modellen abschätzen. Die international führenden Experten auf diesem Gebiet sind zwei deutsche Ökonomen, die beide in den USA arbeiten: Mathias Trabandt, der für die amerikanische Notenbank Federal Reserve forscht, und Harald Uhlig, Professor an der University of Chicago.

Trabandt und Uhlig kommen in ihren gemeinsamen Untersuchungen zu dem Ergebnis, dass sich durch eine höhere Besteuerung von Erwerbseinkommen in Deutschland maximal noch ein Betrag in Höhe von fünf Prozent des Bruttoinlandsprodukts in die öffentlichen Kassen spülen ließe. Eine höhere Belastung von Dividenden und anderen Kapitaleinkommen wiederum wäre allenfalls für weitere zwei Prozent des BIP gut.[23] Macht zusammen sieben Prozent – was gegenwärtig rund 200 Milliarden Euro entspricht.

Für die Gysi-Fraktion eine gewiss verlockende Zahl. Nur sollte man sie besser nicht gleich zur Verausgabung einplanen. Denn erstens wird es in der Praxis schwierig sein, genau den Scheitelpunkt der Lafferkurven zu treffen. Politiker, die das versuchten, müssten damit rechnen, dass sie sich auf dem rechten Schenkel der Kurve wiederfinden – mit der möglichen Folge, dass zwar die Steuersätze weitaus höher sind als heute, die Steuereinnahmen aber geringer. Zweitens würde dann jeder – egal ob Manager oder Bandarbeiter, Großaktionär oder Kleinanleger – im wahrsten Sinne des Wortes bis zum Gehtnichtmehr besteuert. Und hier stellt sich dann die prinzipielle Frage, ob dies wirklich das ist, was wir wollen: ein Gemeinwesen, das es sich zum erklärten Ziel macht, seinen Mitgliedern so viel Geld aus der Tasche zu ziehen wie nur irgend möglich. Harald Uhlig will denn auch seine Forschungsergebnisse keineswegs als Beleg dafür verstanden wissen, dass sich hier üppige Einnahmequellen verbergen, die Finanzminister und Kämmerer nach Belieben anzapfen können. Der Wirtschaftswissenschaftler betrachtet eher das Gegenteil als erwiesen – nämlich »dass die Zitrone schon ziemlich ausgequetscht ist«.

Es ist mit der Steuerschraube so wie mit dem Sparen: Sie kann nur noch sehr begrenzt fiskalischen Spielraum schaffen,

Spielraum dafür, Wahlgeschenke zu verteilen oder berechtigte Bedürfnisse zu befriedigen. Insgeheim, das darf man unterstellen, wissen das auch beide aus leidvoller Erfahrung, die Bund-der-Steuerzahler- wie die Gregor-Gysi-Fraktion. Und so suchen unsere Politiker nach einem Ausweg. Sie finden ihn auch. Er heißt: Schulden machen.

Einen Höhepunkt erreichte der neue deutsche Hochmut am 1. Dezember 2010. Damals fasste der Bundestag auf Antrag der Fraktionen von CDU/CSU, SPD, FDP und Grünen den Beschluss, eine Enquetekommission einzusetzen mit dem sperrigen Namen »Wachstum, Wohlstand, Lebensqualität – Wege zu nachhaltigem Wirtschaften und gesellschaftlichem Fortschritt in der Sozialen Marktwirtschaft«. Die Kommission sollte unter anderem untersuchen, »welche Möglichkeiten es gibt, (neben dem BIP) einen umfassenderen ergänzenden Wohlstandsindikator zu entwickeln«[24] – eine Herausforderung, an der die beteiligten Abgeordneten und Experten scheitern sollten, wie der im Mai 2013 vorgelegte, 844 Seiten starke Abschlussbericht dokumentiert.[25]

Begründet wurde die Einsetzung der Enquetekommission damit, dass der Bundestag dringend die Menschheit zu retten habe. Man stehe vor der Frage, so hieß es in dem Antrag der vier Fraktionen, »wie mit nachhaltigem Wirtschaften im globalen Maßstab ein dauerhaft tragfähiger Wohlstand für alle erreicht werden« kann.[26] Man hätte auch erklären können: Wir finden mal eben heraus, wie nachhaltig geht, und zeigen es dann der ganzen Welt.

Man kann die damalige Gefühlslage der Abgeordneten für nachvollziehbar halten. Denn die Finanz- und Wirtschaftskrise von 2008/09 hat eindrucksvoll gezeigt, wohin unbedingtes Streben nach materiellem Wohlstand führen kann. Die USA und die Mehrheit der späteren Euro-Krisenländer hatten über Jahre

Wirtschaftswachstum nicht zuletzt auf Pump finanziert – ein Exzess, der einen hohen Preis haben sollte.

Nur kann das nicht vergessen machen, wer es ist, der da ankündigt, dem Rest der Menschheit solides Wirtschaften beizubringen. Repräsentanten jener Parteien nämlich, die seit Jahrzehnten in wechselnden Zusammenschlüssen die Bundesregierungen stellen und die auch die Politik in Ländern und Kommunen dominieren. Repräsentanten jener Parteien, die die deutschen Staatsfinanzen zielsicher in Richtung Bankrott gesteuert haben.

Stellen Sie sich vor, Ihre Familie hat jedes Jahr 50 000 Euro zur Verfügung. Ihre Ausgaben liegen aber regelmäßig darüber. Mal mehr, mal weniger, im Schnitt um 5,5 Prozent. Insgesamt geben sie also durchschnittlich 52 750 Euro pro Jahr aus. Die Differenz nehmen Sie als Kredit auf. Zunächst machen Sie sich keine Sorgen und sagen sich: »Die Zinsen zahle ich aus der Portokasse.« Das können Sie auch erst einmal. Aber jedes Jahr kommen nach Abzug aller Zahlungen für Zinsen und Tilgung noch einmal 2750 Euro auf ihre aufgelaufenen Verbindlichkeiten obendrauf, Ihre Schulden wachsen also stetig. Früher oder später drohen Sie in eine Situation zu geraten, in der Sie zusätzliche neue Schulden aufnehmen müssen, um weiter Zins und Tilgung für Ihre Altschulden finanzieren zu können.

Irgendwann, nach ein paar Jahrzehnten, bekommen Sie es dann aber doch mit der Angst zu tun. Also schließen Sie einen Vertrag, in dem sich alle Familienmitglieder verpflichten, künftig nicht mehr auszugeben, als man einnimmt – es sei denn, die Einnahmen bleiben hinter den Erwartungen zurück, dann sind Ausnahmen erlaubt. Keine neuen Schulden: mit diesem Bekenntnis, das Sie »Schuldenbremse« nennen, glauben Sie schon genug der Anstrengungen unternommen zu haben. Denn den bereits aufgehäuften Schuldenberg planen Sie Ihren Erben zu hinterlassen.

Nachhaltig, so haben es die Vereinten Nationen 1987 in dem berühmten Brundtland-Bericht definiert, ist eine Entwicklung, die »die Bedürfnisse der Gegenwart befriedigt, ohne zu riskieren, dass künftige Generationen ihre eigenen Bedürfnisse nicht befriedigen können«.[27] Wenn Sie sich so verhielten, wie oben beschrieben, würden Sie nachhaltig wirtschaften? Sicher nicht.

Genau so verhalten sich aber jene, denen wir unsere öffentlichen Finanzen anvertraut haben – nur in einem vielmillionenfach größeren Maßstab. In den vergangenen zwei Jahrzehnten, zwischen 1993 und 2013, überstiegen die Ausgaben des deutschen Staates seine Einnahmen im Durchschnitt genau um die besagten 5,5 Prozent. Diesen zwei Jahrzehnten waren weitere zwei Jahrzehnte vorangegangen, in denen der deutsche Staat auch schon über seine Verhältnisse lebte. Und so war der deutsche Staat Ende 2013 mit 2043,7 Milliarden Euro verschuldet. Pro Kopf der Bevölkerung betrug der Schuldenstand knapp 25 300 Euro, eine vierköpfige Familie kommt also zusammen auf einen sechsstelligen Betrag.[28] Die ersten drei Prozent davon stammen aus grauer Vorzeit, die übrigen 97 Prozent dagegen sind erst seit 1970 hinzugekommen.[29]

Wenn wir also »genug« (Holofernes) haben und »ein gewisses Maß an Saturiertheit« (Schäuble) erreicht ist, wenn wir eine »Kultur des Weniger« (Göring-Eckardt) entwickeln sollten: Warum kommt unser Gemeinwesen dann nicht mit dem aus, was es einnimmt? Warum lebt es dann seit Jahrzehnten ohne Unterlass auf Kosten unserer Kinder? Warum werden konjunkturell bedingte Steuermehreinnahmen sogleich wieder für neue Ausgaben verplant?

Die Antwort ist simpel: Weil wir – unser Gemeinwesen wie auch die meisten von uns als Privatpersonen – eben nicht genug haben, jedenfalls dann nicht, wenn man unsere Bedürfnisse als Maßstab nimmt. Gemessen an dem, was wir uns gerne leisten würden, erwirtschaften wir zu wenig. Hohe Steuern und Abgaben und immer neue (Staats-)Schulden sind Auswege, die das Problem nicht lösen, sondern nur verlagern. Die einzige wirkliche Lösung besteht darin, mehr zu erwirtschaften. Die einzige wirkliche Lösung besteht in: Wirtschaftswachstum.

Nehmen wir an, die Optimisten unter den Konjunkturforschern behalten recht, und die deutsche Wirtschaft wächst 2014 und auch 2015 mit jeweils zwei Prozent. Dann wird unser Bruttoinlandsprodukt 2015 real ein Volumen von rund 2850 Milliarden Euro erreichen.[30]

Falls dann zum Beispiel die Wirtschaft 2016 um weitere 0,5 Prozent zulegt, wächst das Bruttoinlandsprodukt um 14 Milliarden Euro. Nach zehn Jahren mit einem Wirtschaftswachstum von 0,5 Prozent, also im Jahr 2025, läge das BIP um 146 Milliarden Euro höher als heute (siehe Grafik S. 148). Bei einem Wirtschaftswachstum von 1,5 Prozent hingegen würde es um 458 Milliarden Euro steigen.

Der Unterschied zwischen 0,5 und 1,5 Prozent ist also schon mittelfristig keineswegs unbedeutend. Wenn es gelänge, den drohenden Rückfall des Wachstumspotenzials (siehe Kapitel 7) auf wenige Zehntelprozent abzuwenden und stattdessen die Wirtschaftsleistung dauerhaft um anderthalb Prozent oder gar noch mehr wachsen zu lassen: Die Konsequenzen für unseren materiellen Wohlstand wären gewaltig.

Für die Staatsfinanzen wäre der Unterschied nicht minder groß. Falls den öffentlichen Kassen weiter rund 45 Prozent der Wirtschaftsleistung zufließen, hätten sie bei 1,5 Prozent Wachstum im Jahr 2025 gut 140 Milliarden Euro mehr Einnahmen als bei einer Zuwachsrate von 0,5 Prozent.

**Was Wachstum einbringt**

Zusätzliche Wirtschaftsleistung in Milliarden Euro bei einem jährlichen Wachstum ab 2016 von …

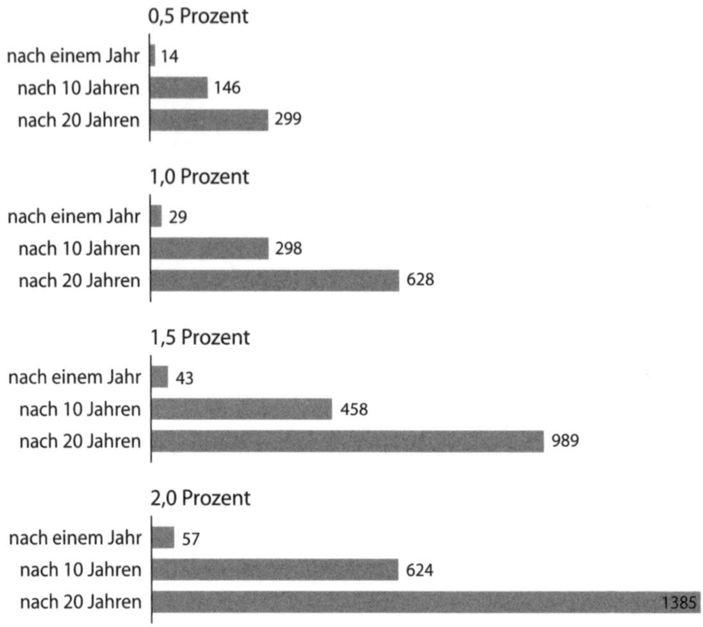


* gerundet, alle Angaben in Preisen von 2013. Annahme: reales BIP wächst 2014 und 2015 um jeweils zwei Prozent und erreicht somit 2015 preisbereinigt 2850 Milliarden Euro

*Quelle: eigene Berechnungen*

140 Milliarden Euro: Das ist das Siebenfache dessen, was der Bund der Steuerzahler als Einsparpotenzial auf der Ausgabenseite erkannt hat – und ein Betrag, der sich über Steuererhöhungen allenfalls einspielen ließe, wenn der Staat die Steuerzahler bis an die absolute Schmerzgrenze auspressen würde. Noch deutlicher wird der Zusammenhang, wenn man einen längeren Zeitraum von beispielsweise 20 Jahren in den Blick nimmt: Mit dynamischem Wachstum lassen sich auf Dauer weit größere fiskalische Spielräume schaffen, als mit Sparprogrammen oder steigenden Steuern auch nur denkbar wäre.[31]

Eigentlich kann man sich nur wundern, dass wir überhaupt noch so viel darüber diskutieren, ob der Staat mehr sparen sollte oder nicht und ob die Steuern erhöht werden sollten oder nicht: Alle wirtschafts- und finanzpolitischen Anstrengungen, alle Maßnahmen sollten eigentlich in erster Linie darauf gerichtet sein, das Wirtschaftswachstum dauerhaft zu erhöhen – ganz generell. Und erst recht in einem Land, das vor so riesigen fiskalischen Problemen steht wie wir.

Mit der Umstellung der Rentenfinanzierung auf das sogenannte Umlageverfahren in den späten 50er-Jahren wollte die Regierung von Konrad Adenauer die Altersarmut bekämpfen – ein durchaus hehres Ziel, schließlich gab es damals viele alte Menschen, die kaum Rentenansprüche hatten und nach Hyperinflation, Großer Depression und Weltkrieg auch keine Ersparnisse mehr. Seit der Einführung des Umlageverfahrens werden die laufenden Renten aus den laufenden Beitragszahlungen finanziert: Das System lebt von der Hand in den Mund. Das kann im Prinzip auch prima funktionieren. Allerdings hat das Umlageverfahren zwei fundamentale Nachteile: Es verschleiert die wahren Kosten unseres Tuns. Und es ist ein Schönwettermodell.

Die Lebenserwartung in Deutschland hat im vergangenen halben Jahrhundert drastisch zugenommen. Anfang der 60er-Jahre konnte eine 65-jährige Frau damit rechnen, noch 14,6 Jahre zu leben, ein gleichaltriger Mann kam auf 12,4 Jahre. Nach den jüngsten verfügbaren Zahlen ist diese sogenannte weitere Lebenserwartung seither auf 20,7 Jahre (Frauen) beziehungsweise 17,5 Jahre (Männer) gestiegen. Erwerbstätigen, die heute mit 65 in Rente gehen, verbleibt also eine um gut 40 Prozent längere Zeit im Ruhestand als ihren Großeltern.[32]

So erfreulich diese Entwicklung für jeden Einzelnen von uns ist: Für die Solidargemeinschaft stellt die gestiegene Lebenserwartung eine Herausforderung dar, weil zu jedem beliebigen Zeitpunkt ein größer gewordener Teil der Bevölkerung Rentenansprüche geltend machen kann. Solange die Schuldenbremse Verfassungsrang hat, gibt es grundsätzlich drei Möglichkeiten, darauf zu reagieren. Alternative A: Die Renten werden gesenkt. Alternative B: Die Rentenbeitragssätze werden erhöht. Alternative C: Wir arbeiten mehr.[33]

Bisher haben wir das Problem hauptsächlich durch Alternative A gelöst: Seit der Zeit, da Sozialminister Norbert Blüm 1986 »Die Rente ist sicher« plakatierte, ist die sogenannte Standardrente von 56 Prozent auf unter 49 Prozent eines durchschnittlichen (westdeutschen) Jahreseinkommens gefallen.[34] Auf diese Weise ist es gelungen, das System vor dem Kollaps zu bewahren und dennoch die Rentenbeiträge im Großen und Ganzen stabil zu halten.

Die Lebenserwartung steigt jedoch weiter. Und nun treten auch noch zwei weitere Phänomene hinzu: In den kommenden rund 20 Jahren wird jedes Jahr ein geburtenstarker Jahrgang von der Beitragszahler- auf die Rentenempfängerseite wechseln. Und die Jahrgänge, die neu auf den Arbeitsmarkt kommen, werden kleiner und kleiner.

Die deutsche Politik hat darauf durchaus schon reagiert – unter anderem mit der Rente mit 67, also einer Variante von Alternative C. Doch selbst wenn die Lebensarbeitszeit wie geplant verlängert wird, ist das verbleibende Finanzierungsproblem gigantisch. Das zeigt sich, wenn man sich das bereits erwähnte, eher optimistische Basisszenario der amtlichen Bevölkerungsprognose näher anschaut:[35] Im Jahr 2008 kamen auf je 1000 Menschen zwischen 20 und 64 Jahren 337 im Rentenalter. Im Jahr 2040 dagegen werden 1000 Erwerbsfähigen jeweils 525 Menschen im Rentenalter gegenüberstehen.[36] Auf dieser Basis lässt sich überschlägig berechnen, was die Alternativen A, B und C konkret bedeuten würden:

- Würde Alternative A gewählt, also die Finanzierung der zusätzlichen Lasten allein über Mehreinnahmen, dann müssten die Rentenbeitragssätze um gut die Hälfte steigen – also auf rund 30 Prozent.[37]
- Alternative B – die Schonung der Jüngeren zulasten der Älteren – wäre kaum weniger drastisch: Die Standardrente würde im Jahr 2040 nicht länger rund die Hälfte eines Durchschnittslohnes betragen – sondern weniger als ein Drittel.[38] Unter sonst gleichen Bedingungen würde ein Durchschnittsverdiener, der 45 Jahre lang Beiträge gezahlt hat, in heutigen Preisen ausgedrückt eine Rente von etwa 700 bis 800 Euro im Monat bekommen.
- Alternative C schließlich würde darin bestehen, die Beschäftigung deutlich zu erhöhen.[39] Das Ausmaß der nötigen Mehrheit lässt sich nur grob abschätzen,[40] dürfte aber pro Kopf in der Größenordnung von 50 Prozent liegen. Selbst eine weitere deutliche Erhöhung des Rentenalters würde nur einen Teil des Problems lösen. Wird zum Beispiel die Rente mit 70 eingeführt, wäre das gleichsam die halbe Miete – aber eben auch nicht mehr.[41] Hinzu kommen müsste selbst dann noch Mehrarbeit an anderer Stelle, durch mehr Vollzeit arbeitende Mütter, längere Wochenarbeitszeiten und so weiter, und so weiter.

Die Alternativen A, B und C sind natürlich Extremvarianten. Möglich sind auch Kombinationen aus abgeschwächten Versionen. Man kann sich die Alternativen A, B und C daher als Eckpunkte eines Dreiecks denken, das den Möglichkeitenraum für solche Kombinationen bildet. Wir werden uns auf ein Leben in diesem Dreieck der Möglichkeiten einstellen müssen. Auf irgendeinem Punkt in dem oder am Rande des Dreiecks werden wir uns am Ende wiederfinden.[42] Wo genau, ist ungewiss. Aber man kann spekulieren, wo die Lösung vermutlich am Ende eher nicht liegen wird – und wo sie besser nicht liegen sollte.

**Das demografische Dreieck**

Welche Alternativen wir haben, um unser Rentensystem an die Altersstruktur der Bevölkerung im Jahr 2040 anzupassen

**Alternative A**
das Rentenniveau von ca. 50% auf ca. 30% sinken lassen

**Alternative B**
die Rentenbeiträge von ca. 20% auf ca. 30% erhöhen

**Alternative C**
mehr arbeiten: Rente mit 70, 45-Stunden-Woche und, und, und

*Quelle: eigene Berechnungen und Darstellung*

Lösungen, die vor allem auf Leistungskürzungen setzen, also in Richtung Alternative A gehen, würden viele Millionen Menschen in die Altersarmut schicken. Diejenigen von uns, die darauf vertraut haben, dass das Gemeinwesen zumindest den allergrößten Teil seiner Leistungszusagen erfüllt, würden kalt erwischt werden. Sie würden eine mickrige Rente bekommen und den entstehenden finanziellen Verlust im Zweifel nicht durch eigene Ersparnisse ausgleichen können.

Zwar hat der Staat bereits mit den Rentenreformen der vergangenen zwei Jahrzehnte frühere Leistungsversprechen kassiert. Sollten aber unsere Politiker der kommenden demografischen Alterung zu großen Teilen mit weiteren Rentenkürzungen begegnen wollen, dann wäre eine neue Dimension erreicht. Im Grunde würde unser Staat damit seinen Bankrott erklären. Nicht im formaljuristischen Sinne. Aber im ethischen. Und im ökonomischen auch. Denn aus ethischer wie aus ökonomischer Sicht entscheidend ist nicht der formale Gang zu Konkursrichter und Insolvenzverwalter. Sondern allein die Frage, ob unser Staat Zins und Tilgung schuldig bleibt oder nicht. Und zu den Außenständen zählen eben auch die Verpflichtungen, die sich aus dem Generationenvertrag ergeben.[43]

Staatsbankrott und massenhafte Altersarmut: Das kann man nicht wollen. Und das wird sich auch nicht durchsetzen lassen in einem Land, das bald zahlenmäßig dominiert sein wird von Menschen, die entweder im Rentenalter sind oder zumindest im letzten Drittel ihres Erwerbslebens. Schon jetzt sind ja Maßnahmen, die Rentenansprüche sogar noch ausweiten, enorm populär. Die Mütterrente und die Rente mit 63 etwa kamen im Frühjahr 2014 auf Zustimmungsraten von 80 Prozent.[44]

Durchsetzbar wäre ein Politikansatz, der vorrangig auf Alternative A setzt, daher vermutlich nur unter Umgehung der demokratischen Entscheidungsfindung. Auf einem Weg nämlich, den in der Wirtschaftsgeschichte in der Tat schon zahllose finanziell überforderte Staaten beschritten haben: den der Inflationierung. Geldentwertung begünstigt stets den Schuldner, und so ist das auch hier: Durch Inflation kann der Staat den (realen) Wert seiner (nominellen) Verbindlichkeiten drücken – ohne dass dafür Mehrheiten in irgendeinem Parlament gefunden werden müssten. Das Deutsche Reich ist diesen Weg nach dem Ersten Weltkrieg gegangen, die Folge war die Hyperinflation von 1923. Doch bereits eine maßvollere Inflationierung kann zur Entschuldung beitragen – als Beispiel dafür gelten die USA in den ersten zwei Jahrzehnten nach dem Zweiten Weltkrieg.

Letztlich ist es gut vorstellbar, dass eine massive Geldentwertung von der nächsten und übernächsten Generation deutscher Politiker als das kleinste Übel, als die einfachste Form des Staatsbankrotts gesehen wird. Wir werden daher womöglich noch dankbar dafür sein, dass in einer Währungsunion die Notenpresse dem direkten Zugriff nationaler Regierungen entzogen ist.

Auf demokratischem Wege leichter durchsetzbar als Alternative A wäre es wohl, die Rentenbeiträge drastisch zu erhöhen, also eher auf Alternative B zu setzen. Die Jüngeren zahlen zu lassen: Das mag sogar attraktiv erscheinen in Zeiten der inzwischen viel beschworenen »Gerontokratie«, der Altenherrschaft.

Doch ob das überhaupt funktionieren würde, ist fraglich. Arbeit würde sehr viel teurer werden. So viel teurer, dass Produktion in erheblichem Ausmaß ins Ausland abwandern würde. Außerdem wäre, des Lafferkurveneffekts wegen, damit zu rechnen, dass die Erwerbstätigen ihr Arbeitsangebot reduzieren – indem sie den Jobs hinterher ins Ausland wanderten, indem sie weniger arbeiteten oder nur noch schwarz, an Finanzamt und Sozialversicherung vorbei. Mit dem oben errechneten Rentenbeitragssatz von um die 30 Prozent ließen sich daher in der Praxis wahrscheinlich deutlich weniger Einnahmen hereinholen, als man bräuchte, um das Rentenniveau stabil zu halten. Das wiederum würde die Versuchung schaffen, Erwerbstätige und ihre Arbeitgeber noch weiter auszupressen, wobei schlicht ungewiss ist, ob sich so noch zusätzliche Einnahmen erzielen ließen. Oder ob man dann nicht schon auf der rechten Seite der Lafferkurve angelangt wäre, dort also, wo jede Beitragserhöhung kontraproduktiv wird.

Ein übertriebenes Horrorszenario? Gewiss nicht. In Wirklichkeit wird alles noch viel schlimmer. Denn die mit der demografischen Alterung absehbar steigenden Gesundheits- und Pflegekosten sind in den genannten Zahlen noch gar nicht einkalkuliert. Auch nicht berücksichtigt ist, dass die bereits aufgelaufenen Staatsschulden künftig von weniger Steuerzahlern bedient werden müssen – und zwar zu einem Zinssatz, der wohl kaum so niedrig bleiben wird wie heute (siehe Kapitel 6).[45]

Ein umfassender Ansatz, mit dem sich das wirtschaftliche Desaster umreißen lässt, auf das wir zusteuern, geht maßgeblich auf einen der führenden zeitgenössischen Finanzwissenschaftler zurück: Laurence Kotlikoff. Ein Mann, der starke Meinungen hat. Und keine gute von der deutschen Politik. »Dass die Bundesregierung einen ausgeglichenen Haushalt vorlegt, ist kein großes Ding«, sagt der Professor von der Boston University zum Beispiel. »Das ist wie aufgeregt auf einen blühenden Busch zu zeigen und dabei zu vergessen, dass man im verdorrenden Wald steht.«

Anfang der 90er-Jahre hat Kotlikoff als einer der Ersten die langfristige Solidität der westlichen Sozialstaaten untersucht. Die zentrale Einsicht, zu der er und seine Kollegen kamen, war: Die offen ausgewiesenen Schulden eines Staates, die sogenannte explizite Verschuldung, geben in vielen Fällen nur ein verzerrtes Bild von der tatsächlichen Zukunftsfestigkeit der Staatsfinanzen ab. Hinzuzurechnen ist vielmehr auch die »implizite« Verschuldung: Verbindlichkeiten, die durch Leistungsversprechen entstehen, also zum Beispiel Rentenansprüche, die Erwerbstätige erhalten, wenn sie Sozialbeiträge zahlen; Ansprüche, die wir uns gegenseitig gewähren, deren Kosten wir aber auf Dritte, nämlich nachfolgende Generationen, abwälzen wollen.

Daher ist auch nichts gewonnen, wenn der laufende Staatshaushalt ausgeglichen ist, zugleich aber die implizite Verschuldung durch neue Zusagen – wie die Mütterrente – weiter erhöht wird. Allein die aktuellen Haushaltszahlen zu betrachten sei sogar regelrecht fahrlässig, sagt Laurence Kotlikoff: »Dann könnte man auch einem Patienten, der Krebs hat, ein Pflaster aufkleben, statt ihn zu operieren.«

Bei den impliziten ist es wie bei den expliziten Schulden: Wir verlagern Wohlstand um, von der Zukunft in die Gegenwart. Das verschleiern wir gerne vor uns selbst – etwa, indem wir unser Rentensystem als »Versicherung« betrachten, in die wir heute Beiträge einzahlen und aus der wir dafür später Transfers erhalten. Mit der gleichen Berechtigung könnte man die Beiträge auch als erzwungene Kredite verstehen, die das Gemeinwesen zurückzuzahlen verspricht, wenn wir alt sind. »Versicherungsbeiträge« oder »erzwungene Kredite«: Rein ökonomisch macht die Namensgebung keinen Unterschied.[46]

Es gibt durchaus Länder, denen es gelungen ist, die implizite Verschuldung in Grenzen zu halten, in Schweden etwa liegt sie sogar nahe null.[47] »Da gibt es Erwachsene, die regieren«, sagt Kotlikoff. Aber die größere Gruppe bilden jene Länder, die, so der Forscher, »Bilanzfälschung betreiben, um ihre Kinder besser betrügen zu können«. Für Kotlikoff zählt sein Heimatland, die USA, zu dieser Gruppe. Und auch Deutschland.

Im Jahr 2011 hat der Sachverständigenrat zur Begutachtung der gesamtwirtschaftlichen Entwicklung den Versuch unternommen, die implizite Verschuldung zu berechnen. Das Ergebnis ist erschütternd: Schon damals lag sie bei 159 Prozent des Bruttoinlandsprodukts.[48] Das bedeutet: In Wahrheit sind die Verbindlichkeiten unseres Gemeinwesens etwa dreimal so hoch wie die in der öffentlichen Diskussion zumeist genannten Werte von um die 80 Prozent. Wir sind Griechenland sehr viel ähnlicher, als wir glauben wollen. Aus ökonomischer Sicht besteht der Unterschied vorrangig darin, dass unsere Außenstände größtenteils nicht in drei Wochen, drei Monaten oder drei Jahren beglichen werden müssen – sondern in ein, zwei oder drei Jahrzehnten. Wenn unsere Finanzminister sich im Moment noch zu weitaus günstigeren Konditionen verschulden können als die griechischen, dann liegt das genau an diesen unterschiedlichen Zahlungszielen – und nicht daran, dass wir solider wirtschaften würden.

Dank der Vorarbeit von Kotlikoff und Kollegen lassen sich heutzutage auch sogenannte Tragfähigkeitslücken berechnen. Sie zeigen an, was getan werden müsste, um die Finanzen eines Gemeinwesens auf einen Pfad der Nachhaltigkeit zu bringen, also dorthin, wohin der Bundestag nach eigenem Bekunden die ganze Welt bugsieren will.

Auch für Deutschland werden solche Tragfähigkeitslücken ausgewiesen, seit 2005 lässt das Bundesfinanzministerium sie einmal pro Legislaturperiode von externen Wissenschaftlern ermitteln. Die jüngste »Zwischenaktualisierung« liegt seit März 2014 vor, und Minister Schäuble wird gewusst haben, warum er nur eine kurze, zehnseitige Zusammenfassung davon verbreiten ließ, irgendwo kurz vor dem Statistikanhang in einem Monatsbericht seines Hauses.[49] Die Vorstellung der »Sonderbriefmarke Evangelische Posaunenchöre« wurde damals der Öffentlichkeit per Pressemitteilung vermeldet[50] – die Tragfähigkeitsanalyse nicht.

Dabei haben die Ergebnisse es in sich. Der Staat müsste demnach, um vom Pleitekurs abzukommen, sofort und dauerhaft pro Jahr 17 Milliarden Euro mehr einnehmen – oder 17 Milliarden Euro weniger ausgeben. Und das auch nur in einem Szenario, dem extrem optimistische Annahmen zugrunde liegen. In einem weniger extremen, aber immer noch von optimistischen Annahmen geprägten Szenario beträgt der Konsolidierungsbedarf sogar 82 Milliarden Euro – ab sofort, jedes Jahr, für alle Zukunft.[51]

Die schlechte Nachricht dabei ist: So oder so befinden wir uns auf einer abschüssigen Bahn. Das gilt für andere Länder zwar auch. Nur sind bei uns die Geburtenraten schon seit besonders langer Zeit besonders niedrig. »Die Probleme bauen sich in der Bundesrepublik wesentlich dramatischer auf als in anderen Staaten«, sagt Martin Werding, ein Wirtschaftsprofessor von der Ruhr-Universität Bochum, der die Tragfähigkeitsanalyse erstellt hat: »Eigentlich stehen wir da wie ein nackter Kaiser.«[52]

Es gibt aber auch eine gute Nachricht: Die große Spannbreite bei den Schätzungen zum Konsolidierungsbedarf deutet an, dass die Politik durchaus nicht ohnmächtig ist und richtige Maßnahmen eine durchschlagende Wirkung haben können. Wichtig wäre nur erstens, dass schnell gehandelt wird. Denn mit jedem Jahr, das tatenlos verstreicht, wird der Konsolidierungsbedarf noch größer. Zweitens sollte alles unterbleiben, was die Tragfähigkeitslücke weiter vergrößert. Die Mütterrente zum Beispiel. Oder die Rente mit 63.

Es gibt noch einen Weg, mit dem die Anpassungslast erträglicher werden könnte, und der heißt: Wirtschaftswachstum. Wir müssen mehr arbeiten, und wir müssen bei unserer Arbeit produktiver werden.

Mehrarbeit war schon eine der drei Optionen in dem »demografischen Dreieck«, nämlich die Alternative C. Mit einer Rente mit 70, längeren Wochenarbeitszeiten und ähnlichen Maßnahmen ließen sich die fälligen Ausgabenkürzungen und Beitragserhöhungen deutlich begrenzen.

Ein höheres Produktivitätswachstum wiederum würde Alternative A erträglicher machen: die relativen Rentenkürzungen. Es wird sich kaum verhindern lassen, dass die Renten im Verhältnis zu den Arbeitseinkommen weiter fallen. Was das jedoch konkret in Euro und Cent bedeutet, hängt von der Entwicklung der Einkommen ab – und die ist, jedenfalls auf mittlere und längere Sicht, wiederum vom Zuwachs der Produktivität abhängig.

Die Produktivitätszuwächse in Deutschland sind (siehe Kapitel 7) tendenziell seit Jahrzehnten rückläufig, seit Mitte der Nullerjahre erreichten sie im Durchschnitt nicht einmal mehr ein Prozent im Jahr. Sollte es gelingen, zum Niveau der 80er- und 90er-Jahre zurückzukehren, also zu etwa zwei Prozent im Jahr, könnten in den kommenden Jahrzehnten die Renten in

Relation zu den Arbeitseinkommen deutlich sinken, ohne stark an Kaufkraft zu verlieren. Es wäre das beste aller Mittel gegen die drohende Altersarmut breiter Bevölkerungsschichten.

Man sollte erwarten, dass in Wahlkämpfen darum gestritten wird, wie sich das Wachstum wenigstens noch ein bisschen steigern lässt; dass für Konzepte geworben wird, die es vielleicht ermöglichen, die so wichtige Arbeitsproduktivität endlich wieder stärker wachsen zu lassen; dass Maßnahmenpakete geschnürt werden, um womöglich die vielen arbeitslosen Geringqualifizierten doch wieder in die Erwerbswelt zu integrieren und Frauen die Vereinbarkeit von Familie und Beruf zu erleichtern; und schließlich: dass mit großer Dringlichkeit nach Wegen gesucht würde, den inzwischen ins rentennahe Alter geratenen geburtenstarken Jahrgängen den Verbleib im Job zu erleichtern.

In der Realität passiert bekanntlich: genau das Gegenteil. Das einzige Paket, das geschnürt wird, ist ein Rentenpaket, das Anreize für Arbeitnehmer enthält, sich früher statt später aufs Altenteil zurückzuziehen. Ein Mindestlohn wird eingeführt, der nach Schätzungen von Experten Hunderttausende Jobs für Geringqualifizierte vernichten oder gar nicht entstehen lassen wird. Die Familienministerin bastelt unterdessen an Programmen, die zusätzliche Anreize schaffen werden, Teil- statt Vollzeit zu arbeiten, und der Gesundheitsminister ist drauf und dran, die Tragfähigkeitslücke zu vergrößern, indem er die Leistungen aus der Pflegeversicherung drastisch ausweitet.

Das alles passt ganz gut zu der Oskar-Matzerath-Nation, die wir geworden sind. Einer Nation, die nicht mehr wachsen mag. Die ihre Ruhe haben will und dynamische Entwicklungen misstrauisch beäugt. Spätestens unsere Enkel werden uns dafür verfluchen.

# 9
## Das zurückgebaute Land
Wie wir die Axt anlegen an die Grundlagen unseres Wohlstands

Die Band ist eigens aus New York eingeflogen worden, denn der Veranstalter der Party, die Unternehmensberatung McKinsey, weiß aus Erfahrung: Soul ist genau die Musik, bei der konferenzgestresste Topmanager mal ein wenig abschalten können. Und so sind auch an diesem Abend, im Januar 2014, am Rande des Weltwirtschaftsforums in Davos, gleich mehrere Vorstandsvorsitzende deutscher Topkonzerne auf der Tanzfläche zu sehen, mit Ehefrauen, dafür ohne Krawatten.

Etwas abseits steht ein Mann, auch er ein Unternehmenschef, der beim zweiten Glas Rotwein ins Erzählen kommt. Der Manager leitet ein deutsches Traditionsunternehmen, das mehr als 100 Jahre alt ist. Mit Begeisterung erzählt er von seinen Besuchen im kalifornischen Silicon Valley, davon, wie er versucht, das Geschäftsmodell seiner Firma umzukrempeln, bevor das von Dritten, von außen erzwungen wird. Worauf er setzt? Amerika – fast die Hälfte der Investitionen seines Unternehmens flössen dorthin. Dafür wird in Frankreich zurückgefahren, »wegen dieses Typen«, er meint den französischen Präsidenten François Hollande. Und wie viel investiert er noch in Deutschland? Der Manager schaut mitleidig drein: »Gar nicht mehr.«

Mittagessen mit dem Vorstandsvorsitzenden einer der ganz großen deutschen Konzerne in Berlin. Vertrauliches Hintergrundgespräch, »unter drei«, wie es im Journalistenjargon heißt. Es ist Sommer 2013, der Bundestagswahlkampf schleppt sich dahin, die Politiker beschäftigen sich vor allem mit der Frage, wie viel mehr von unserem Wohlstand noch umverteilt werden könnte. Den Manager dagegen treibt die Energiewende um. Er schwärmt von den »Fertigungsverbünden«, die die deutsche Wirtschaft durchziehen, die aber eben auch sein Unternehmen anfällig machen für steigende Energiepreise. Natürlich werde sein Konzern am Standort Deutschland festhalten, sagt er. Heißt das auch, dass, wenn in dem großen Firmenimperium die Entscheidung über eine neu zu bauende Fabrik zu fällen ist, Deutschland zum Zuge kommen könnte? Der Manager muss lächeln, so abwegig ist der Gedanke offenbar.

8. April 2014, Wolfgang Schäuble bringt seine Budgetpläne in den Bundestag ein. Der Finanzminister hat einen seiner unbescheidenen Tage. Er habe mit seiner Politik »nicht nur Vertrauen für ein gutes privates Investitionsklima geschaffen, sondern auch neue Handlungsspielräume für zielgerichtete staatliche Investitionen gewonnen«, sagt der oberste Kassenwart der Republik: »Das ist langfristig angelegte Wachstumspolitik.«

Exakt 48 Stunden später stellen die führenden Wirtschaftsforschungsinstitute des Landes ihre halbjährliche »Gemeinschaftsdiagnose« vor. Ein 84-seitiges Gutachten, das auf Seite 34 die kassenwirksamen Maßnahmen der neuen Bundesregierung auflistet. Darunter all das, was in einem weiten Sinn als Investitionen gedeutet werden kann: zusätzliche Ausgaben des Bundes für Infrastrukturmaßnahmen, für Kitas, Schulen und Hochschulen sowie für die Förderung der außeruniversitären Forschung. Dafür will der Bund 2014 und 2015 insgesamt zusätzlich 3,6 Milliarden Euro ausgeben. Viel Geld, mag man meinen.

Für Maßnahmen, die den Sozialstaat weiter ausweiten und die Staatsfinanzen dem Bankrott noch näher bringen, hat die Große Koalition ein Mehrfaches dieser Summe übrig. Das Rentenpaket allein schlägt laut Gemeinschaftsdiagnose 2014/15 mit 13,4 Milliarden Euro zu Buche, diverse andere Maßnahmen, darunter das Betreuungsgeld und Leistungsausweitungen in der Pflegeversicherung, kosten zusammen 7,1 Milliarden Euro.[1] Diese neuen Wohltaten werden das Gemeinwesen auch noch dann finanziell belasten, wenn die schwarz-rote Bundesregierung, wenn Angela Merkel und Wolfgang Schäuble, Andrea Nahles und Sigmar Gabriel längst nicht mehr im Amt sind. Wirtschaftsverbände gingen im Frühjahr 2014 davon aus, dass allein das Rentenpaket bis zum Jahr 2030 Mehrkosten in Höhe von 160 Milliarden Euro verursachen wird.[2]

Die zusätzlichen Investitionen in die Infrastruktur dagegen, die Union und SPD im Herbst 2013 bei ihren Koalitionsverhandlungen beschlossen haben: Sie sollen nur einmalig getätigt werden, und sie belaufen sich auf fünf Milliarden Euro. Das ist etwa ein Tausendstel der Einnahmen, die der deutsche Staat während der aktuellen Legislaturperiode von Steuer- und Beitragszahlern kassieren wird: ein Tausendstel!

Investieren, da sind alle gerne dabei, Politiker wie Wirtschaftsführer. Zumindest sagen sie das. Im Koalitionsvertrag der schwarz-roten Bundesregierung finden sich die Begriffe »Investitionen« und »investieren« auf 129 Seiten 82 Mal. »Wir wollen die Investitionsorientierung des Bundeshaushalts stärken«, heißt es etwa auf Seite 62 – obwohl das Rentenpaket, wie gesagt, das genaue Gegenteil bewirken wird. Noch blumiger lesen sich Ankündigungen von Unternehmen. Der Autohersteller Audi etwa kündigte Ende 2013 an, »bei den Investitionen auf dem Gas« bleiben zu wollen – und mit einem »Investitionsprogramm unsere nächste Wachstumsstufe« zu »zünden«.[3]

Investitionen haben ihren guten Ruf zu Recht. Die Investitionen von heute sind das Wirtschaftswachstum von morgen und übermorgen. Investitionen sind die Voraussetzung dafür, dass Arbeitsplätze entstehen (»Erweiterungsinvestitionen«); dass Arbeitsplätze erhalten bleiben (»Ersatzinvestitionen«); und dass Arbeitsplätze aufgewertet werden (»Rationalisierungsinvestitionen«). Letzteres ist entscheidend für die Steigerung der Produktivität. Ein Erwerbstätiger kann noch so leistungsbereit sein, noch so gut ausgebildet: Wie viel Werte er schafft, hängt nicht zuletzt davon ab, über welche Arbeitsmittel er verfügt – und somit davon, wie viel Kapital sein Arbeitgeber einsetzt. Vom Niveau der Investitionen ist daher mittelbar auch unser materieller Wohlstand abhängig: Die Investitionen sind ein Bestimmungsfaktor für die Produktivitätsentwicklung. Von der Produktitätsentwicklung wiederum hängt ab, wie viel Wertschöpfung erbracht werden kann, und von der Wertschöpfung, welche Gehaltsniveaus erreichbar sind.

Die Investitionen unseres Gemeinwesens haben dabei den Charakter von Vorleistungen: Sie sind Voraussetzungen für die Wachstum und Wohlstand schaffenden Investitionen in der Privatwirtschaft. Und als Nation, die noch immer stark von der Produktion von Industriegütern lebt (und stolz darauf ist), sind wir sogar in besonderem Maße angewiesen auf intakte Straßen und Schienen, Häfen und Kanäle. Außerdem muss der Staat in Müll- und Polizeifahrzeuge, Hörsäle und Turnhallen, Computer und Software für seine Beamten investieren – ebenfalls alles Dinge, die wichtig sind für ein funktionierendes Gemeinwesen und, wenn auch mittelbarer als die Verkehrsinfrastruktur, für eine florierende Wirtschaft.

Wie also stehen wir bei den Investitionen da? Sind die eingangs genannten Manager, die sich mit Investitionen in Deutschland zurückhalten wollen, Einzelfälle? Ist die beschriebene Verlagerung der staatlichen Ausgaben zugunsten neuer sozialstaatlicher Transfers – und zulasten der Investitionen – ein Ausreißer?

Die Heerstraße führt vom Nordwesten Berlins ins Zentrum der Hauptstadt, sie ist wichtig für viele Pendler und eine der Straßen, die Radiohörern aus der ganzen Region zumindest aus den Staumeldungen bekannt ist. Anfang 2014 wurde alles noch schlimmer. Die Freybrücke, die die Heerstraße über die Havel führt, war seither nur noch eingeschränkt befahrbar, zu unsicher war das mehr als 100 Jahre alte Bauwerk geworden. Schwere Lkw mussten sich weiträumige Umleitungen suchen, Pendler von Linien- auf Kleinbusse umsteigen.

Insgesamt sind in Berlin nach offiziellen Angaben mehr als 40 Brücken so marode, dass sie eigentlich komplett neu errichtet werden müssten. Dafür haben das Land und der Bund 2014 und 2015 zusammen rund 143 Millionen Euro zur Verfügung gestellt. Allein der Neubau der so wichtigen Freybrücke aber kostet 33 Millionen Euro.[4] Was das für das Gros der anderen bereits nicht mehr zu rettenden Brücken heißt, ist klar: Sie bleiben weiter dem Verfall preisgegeben. Deutschland leistet sich eine Hauptstadt, die mit Vollgas Richtung Vollsperrung rast.

Eine Ausnahme? Mitnichten. Aus einer Studie des Deutschen Instituts für Urbanistik (Difu) ergibt sich, dass eigentlich mehr als 10 000 Brücken in Deutschland komplett ersetzt werden müssten.[5] Schwerlasttransporte von Köln nach Nordosten, also Richtung Wuppertal, können die Autobahn A1 nicht mehr benutzen. Stattdessen bleibt nur der weite Umweg über Düsseldorf, weil sich erst dort eine hinreichend belastbare Rheinüberquerung findet.[6]

Und neben den Brücken gibt es noch viele andere neuralgische Punkte. Seit der Wiedervereinigung hat sich der Personenverkehr in Deutschland verdoppelt, der Güterverkehr hat sich sogar verdreifacht.[7] Unsere Verkehrsinfrastruktur hat da nicht mitgehalten. Allein die Staus auf deutschen Autobahnen erreichten dem ADAC zufolge 2013 eine Rekordlänge von insgesamt 830 000 Kilometern, Tendenz stark steigend[8] – eine unglaubliche Vergeudung wertvoller Lebens- und Arbeitszeit. Fast zwei Drittel der deutschen Unternehmen sehen sich inzwischen durch Mängel im Straßennetz in ihrer Geschäftstätigkeit beeinträchtigt.[9]

Besonders deutlich ist die Vergreisung unserer Infrastruktur in den Bereichen Schiffs- und Schienenverkehr. Rund zwei Drittel der Schienenstellwerke in Deutschland wurden zu Zeiten von Kaiserreich oder Weimarer Republik gebaut, das Durchschnittsalter liegt bei 93 Jahren.[10] In der Binnenschifffahrt sieht es kaum besser aus. Die Hälfte aller Schleusen in Deutschland ist mehr als 80 Jahre alt.[11] Auf dem Nord-Ostsee-Kanal etwa entstehen Wartezeiten von bis zu zehn Stunden, weil über Monate hinweg nur eines der beiden 100 Jahre alten Schleusenbecken bei Brunsbüttel funktioniert. Auch dass die Schleuse komplett ausfällt, kommt vor. Dann ist der Kanal, eine der meistgenutzten künstlichen Wasserstraßen der Welt, nicht befahrbar, Reedereien müssen ihre Schiffe um Dänemark herum schicken, statt 100 Kilometer ist die Strecke dann 900 Kilometer lang.[12]

Wir lassen unsere Verkehrsinfrastruktur, auf die wir lange und mit gutem Recht stolz waren, verrotten. Zwar ist der genaue Finanzbedarf schwer zu beziffern. Recht eindeutig ist aber, dass er weit höher liegt als jene fünf Milliarden Euro, die die Bundesregierung zusätzlich ausgeben will – verteilt über eine ganze Legislaturperiode.[13] Die hochrangig besetzte »Kommission Zukunft der Verkehrsinfrastrukturfinanzierung«, die sogenannte Daehre-Kommission, hat zum Beispiel im Dezember 2012 in einem ausführlichen Bericht vorgerechnet, dass die »Investitionslücke« allein im Bereich Verkehr 7,2 Milliarden Euro beträgt – pro Jahr.[14]

Ähnlich düster ist die Lage in anderen Bereichen. 51 Prozent der deutschen Kommunen attestieren sich selbst einen »Investitionsrückstand« bei Schulen und Erwachsenenbildung, nach eigener Einschätzung müssten hier 24 Milliarden Euro investiert werden. Zusammen mit anderen Bereichen wie Verwaltungsgebäuden, Sporteinrichtungen oder Abfallwirtschaft summiert sich der gemeldete Rückstand für das Jahr 2013 auf 118 Milliarden Euro.[15]

Man sollte glauben, dass der Handlungsbedarf unstrittig ist. Doch weit gefehlt. Eine breite Koalition von diversen Medien über den Bundesrechnungshof bis hin zum Sachverständigenrat bildet eine Abwehrfront. Dass zu wenig Geld für öffentliche Investitionen bereitsteht, wird ebenso in Abrede gestellt wie der Befund, dass unsere Straßen und anderen Verkehrswege an vielen Stellen in einem kritischen Zustand sind. In seriösen Blättern tragen große Artikel Überschriften wie »Das Märchen von der maroden Infrastruktur«, dem Publikum wird eingeredet, dass der deutsche Staat »selten so viel gebaut« habe »wie in den vergangenen Jahren« – was nachweislich falsch ist.[16] Angeführt wird die Phalanx der Leugner von, man ahnt es, der Bundesregierung.

Jörg Asmussen hat eine beeindruckende Karriere hinter sich. Binnen zehn Jahren hat er sich im Bundesfinanzministerium unter diversen Ministern vom Referenten bis zum Staatssekretär hochgearbeitet. In der Finanz- und Euro-Krise war seine Expertise so gefragt, dass der Sozialdemokrat sein Amt behalten durfte, als Christdemokrat Wolfgang Schäuble ins Ministerbüro einzog.

Nach einem Abstecher ins Direktorium der EZB kehrte Asmussen 2014 in die Bundesregierung zurück, als beamteter

Staatssekretär im Bundesministerium für Arbeit und Soziales. Bei seiner ersten öffentlichen Rede im neuen Amt sagte Asmussen im Februar 2014 fast wortgleich dasselbe, was er schon in seiner Zeit als Notenbanker gesagt hatte: dass es in Deutschland »eine Investitionslücke von rund 75 Milliarden Euro im Jahr« gebe. Und: »Wir leben sichtbar bei der Infrastruktur von der Substanz.«[17]

2013, im Bundestagswahlkampf, waren die Infrastruktur-Investitionen unseres Staates zu einem B-Thema aufgestiegen, Wirtschaft und Gewerkschaften trommelten in seltener Eintracht für zusätzliche öffentliche Ausgaben in diesem Bereich. Die SPD stellte denn auch ein »nationales Verkehrswegeprogramm« in Aussicht, mit dem man »mehr Verkehr auf Schiene und Binnenschiff bringen und die Zahl der Staus auf Deutschlands Straßen drastisch verringern« werde. Und CDU/CSU erklärten, schon allein »die Bundesfernstraßen mit einem 25 Milliarden Euro Investitionsprogramm (sic!) sanieren und ausbauen« zu wollen.[18]

Mit dem Urnengang vom 22. September 2013 wurde alles anders. Jörg Asmussen, der eigentlich als hervorragender Netzwerker gilt, muss da wohl etwas durchgerutscht sein. Denn wir haben in Deutschland nun doch kein Problem mit den Investitionen, und ganz besonders mit den öffentlichen nicht. Das jedenfalls ist die Linie des Bundesfinanzministeriums – jenes Hauses, in dem Asmussen Karriere machte. Und das ist auch die Linie des Bundeswirtschaftsministeriums – jenes Hauses, das von seinem Parteivorsitzenden und Vizekanzler Sigmar Gabriel geführt wird. Beide Ministerien haben einschlägige Analysen erstellen lassen mit der offenkundigen Absicht, eine heile Welt zu zeichnen. Es gebe »keine allgemeine Investitionsschwäche«, teilt das Finanzministerium darin mit, und das Fazit des Wirtschaftsministeriums lautet gleichfalls: »Keine ausgeprägte strukturelle Investitionsschwäche in Deutschland.«[19]

Wie kurios diese Einschätzung schon mit Blick auf die öffentlichen Investitionen ist, zeigt sich beispielsweise, wenn man die Bruttoanlageinvestitionen mit denen anderer Länder vergleicht. Diese Größe aus der Volkswirtschaftlichen Gesamtrechnung umfasst den Wert der Ausrüstungen, Bauten und sonstigen Anlagen, die erworben werden, um sie länger als ein Jahr einzusetzen. Dazu zählen der Kauf von Streifenwagen, der Bau von Schulen oder die Sanierung von Brücken.[20]

In Deutschland lagen die öffentlichen Bruttoanlageinvestitionen in Relation zum Bruttoinlandsprodukt seit Anfang des Jahrtausends stets zwischen 1,4 und 1,8 Prozent, in den meisten Jahren wurden die deutschen Werte innerhalb der EU nur noch von denen Österreichs unterboten. Daran haben auch die stark steigenden Staatseinnahmen der vergangenen paar Jahre nichts geändert. Im Jahr 2013 betrug die Investitionsquote unseres Staates 1,6 Prozent. Unter den 28 EU-Staaten war das der viertniedrigste Wert, neben Österreich schnitten nur die Euro-Krisenländer Portugal und Spanien noch schlechter ab. EU-weit lag der Durchschnitt 2013 bei 2,2 Prozent. Um auch nur diesen Wert zu erreichen, um also wenigstens im europäischen Mittelfeld zu landen, hätte der deutsche Staat 2013 rund 16 Milliarden Euro mehr investieren müssen.[21]

Alles nicht so schlimm, findet die große Koalition der Leugner:

- Das, was von den amtlichen Statistiken als öffentliche Investitionen erfasst wird, führe in die Irre, argumentiert der Sachverständigenrat. So seien auch Gelder enthalten, die für hübsche Verwaltungsgebäude verwendet werden oder für Bauvorhaben wie die Elbphilharmonie. Mit solchen Projekten aber werde vielleicht die Prunksucht manches Bürgermeisters befriedigt und manches lokale Bauunternehmen mit Aufträgen versorgt. Das Wachstumspotenzial dagegen werde damit nicht angehoben. Umgekehrt, so die Wirtschaftsweisen, würden Ausgaben, die sehr wohl investiven Charakter haben – etwa die für Bildung sowie für Forschung und Entwicklung (FuE) – von der Statistik nicht erfasst.[22] Das ist alles richtig, und man mag hinzusetzen, dass vielfach am Bedarf vorbei investiert wird (Flughafen Kassel-Calden, Jade-Weser-Port) und dass das Bau- und Kostenmanagement häufig außer Kontrolle gerät (Berlins Flughafen BER). Nur: Wenn von dem geringen Anteil unserer Wirtschaftsleistung, den wir für öffentliche Investitionen ausgeben, auch noch ein Teil verschwendet wird, dann macht das die Sache nicht besser, sondern nur schlimmer. Und: Der deutsche Staat gibt zwar mehr Geld für Forschung und Entwicklung aus als die meisten anderen EU-Staaten, nämlich rund 0,9 Prozent des BIP (EU-Durchschnitt: 0,7 Prozent).[23] Wenn aber auch die Bildungsausgaben des Staates als öffentliche Investitionen gewertet werden, schmilzt der kleine Vorsprung dahin. Denn der deutsche Staat gibt 5,1 Prozent des BIP für Bildung aus – während der EU-Durchschnitt bei 5,4 Prozent liegt.[24]

- Finanzministerium und Sachverständigenrat argumentieren außerdem, dass privater und öffentlicher Sektor im internationalen Vergleich unterschiedlich abgegrenzt werden. So »wurden Versorgungsbetriebe und andere Bereiche auf kommunaler Ebene privatisiert und ausgelagert, sodass diese Investitionen nicht länger als staatliche Investitionen gewertet werden«, schreiben die Wirtschaftsweisen.[25] Doch wenn Privatisierungen tatsächlich für einen Rückgang der öffentlichen Investitionen mitverantwortlich sind, wiegt ein Abwärtstrend bei den privaten Investitionen umso schwerer (dazu in Kürze mehr). Darüber hinaus ignoriert der Sachverständigenrat, dass der Trend in den vergangenen Jahren wieder eindeutig zu mehr Staat ging, vor allem im Zuge der sogenannten Rekommunalisierung von Versorgungsunternehmen. Und schließlich: Auch andere Staaten – ein berühmtes Beispiel ist Großbritannien – haben weitreichende Privatisierungen vorgenommen, ohne dass die öffentlichen Investitionen auf deutsches Niveau gefallen wären.

- Gerne wird auch argumentiert, der Rückgang der öffentlichen Investitionen könne, wie es das Bundesfinanzministerium ausdrückt, »zum Teil auf eine Normalisierung nach der deutschen Einheit zurückgeführt werden«. Diese Behauptung wird auch durch häufige Wiederholung nicht richtiger. Im Jahr 1970 machten die öffentlichen Investitionen noch 4,8 Prozent der westdeutschen Wirtschaftsleistung aus. Seither ist ein steter Abwärtstrend zu beobachten, der durch die Wiedervereinigung für gerade einmal vier Jahre, in der Zeit zwischen 1991 und 1994, unterbrochen wurde. Schon 1995 wurde ein neuer historischer Tiefpunkt erreicht. 1997 fielen die öffentlichen Investitionen dann erstmals unter die Zwei-Prozent-Marke – ein Niveau, das sie seither nie wieder erreichen sollten.[26]

Nun kann es natürlich nicht darum gehen, möglichst viel Geld für öffentliche Investitionen auszugeben. Es kann nicht darum gehen, jeden Streifenpolizisten vom Opel Corsa auf einen 7er-BMW umzurüsten und jeden Gerichtssaal so rauszuputzen wie in einschlägigen Hollywoodfilmen. Auch muss nicht jede Autobahn achtspurig ausgebaut werden. Förderlich für das Wirtschaftswachstum wäre so etwas allenfalls kurzfristig. Und der oben diskutierte internationale Vergleich ist letztlich nur ein Indiz dafür, dass mit dem Investitionsverhalten unseres Gemeinwesens etwas nicht stimmt.

Mehr als ein Indiz aber sind die Nettoanlageinvestitionen. Sie werden berechnet, indem man von den Bruttoanlageinvestitionen die Abschreibungen abzieht, also die Wertminderung durch Verschleiß und wirtschaftliches Veralten. Diese Größe, nicht der Bruttowert, ist die eigentlich relevante. Denn ein Anlagevermögen baut der Staat (oder baut die Privatwirtschaft) nur auf, wenn die Bruttoinvestitionen größer sind als die Abschreibungen. Sind dagegen die Abschreibungen größer als die Bruttoinvestitionen, werden die Nettoinvestitionen negativ. Das heißt dann nichts anderes, als dass die bestehenden Ausrüstungen und Bauten nicht mehr in vollem Umfang ersetzt werden, wenn sie abgeschrieben sind. Von »Desinvestitionen« sprechen Ökonomen in solchen Fällen.

Und genau das passiert in Deutschland: Seit 2003 sind die Nettoanlageinvestitionen des Staates in jedem Jahr negativ gewesen, sogar zu der Zeit, da die Politik im Zuge der Finanzkrise milliardenschwere Konjunkturprogramme zimmerte. Im Durchschnitt lagen die staatlichen Nettoanlageinvestitionen seit 2003 bei minus drei Milliarden Euro pro Jahr. Wenn davon die Rede ist, dass der deutsche Staat von der Substanz lebt: Diese Statistik liefert den Beweis. In den bereits zitierten Schriften von Bundesfinanz- und Bundeswirtschaftsministerium, die keine Investitionsschwäche ausmachen können, fehlt die Betrachtung von Nettowerten bezeichnenderweise gänzlich.

**Nettoanlageinvestitionen des deutschen Staates in Milliarden Euro**

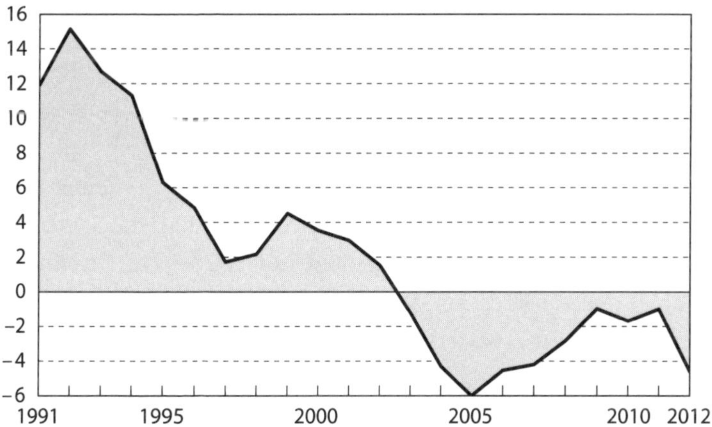


*Quelle: Statistisches Bundesamt*

Der Befund, dass sich die Nettoanlageinvestitionen des Staates schon seit Längerem im roten Bereich befinden, führt auch die Behauptung ad absurdum, es fehle gar nicht an Geldern für öffentliche Investitionen. Dieses Argument ist durchaus häufig zu hören: Wenn es marode Brücken oder löchrige Straßen gebe, dann liege das nicht an fehlenden Mitteln, sondern schlicht daran, dass die vorhandenen Mittel nicht effizient genug verwendet werden, lässt zum Beispiel der Bundesrechnungshof wissen, und das »Handelsblatt« titelt auf Seite 1: »Die Mär von der Geldnot«.[27] Die Wahrheit ist freilich eine andere: Verschwendung mag das Problem noch verschärfen. Das ändert jedoch nichts daran, dass unser Gemeinwesen zu wenig Geld aufwendet, um auch nur den Bestand seines Anlagevermögens zu erhalten. Das gilt zwar nicht für jede einzelne Straße, nicht für jedes Verwaltungsgebäude, nicht für jeden Park – wohl aber für den Durchschnitt der staatlichen Vermögenswerte.

Der deutsche Staat, um es anders auszudrücken, befindet sich im Rückbau, und das seit Jahren. Bei einer deutlich kleiner werdenden Einwohnerzahl wäre es nachvollziehbar, dass die Nettoanlageinvestitionen des Staates ins Minus rutschen, schließlich werden dann weniger Schulen gebraucht, weniger Bäder und irgendwann auch weniger Rathäuser und Straßen. Der Rückbau hat allerdings schon längst begonnen, ehe die Bevölkerung tatsächlich schrumpft. Handelt die öffentliche Hand hier vielleicht sogar weise, nämlich vorausschauend? Oder ist es vielmehr so, dass die demografische Alterung – die ja anders als die Schrumpfung längst eingesetzt hat – die Interessenlage des Durchschnittswählers verschoben hat, verschoben von Investitionen in die Zukunft hin zu Transferleistungen im Hier und Jetzt?

Der partielle Gedächtnisschwund, der Union und SPD nach der Bundestagswahl 2013 offenbar befallen hat, deutet auf Letzteres hin. Im Wahlkampf hatten sie noch beides versprochen –

den Sozialstaat weiter auszubauen und die Investitionen in die Verkehrsinfrastruktur deutlich zu erhöhen. Die Zusagen zu den Verkehrsinvestitionen wurden in den Koalitionsverhandlungen rasch wieder zusammengestrichen. Im sozialen Bereich dagegen machten sich Union (Mütterrente) und SPD (Rente mit 63) umgehend daran, ihre Versprechen umzusetzen.

So oder so, eines ist gewiss: Die Lage wird nicht besser werden. Wenn heute kein Geld da ist für öffentliche Investitionen, dann wird in 10 oder 20 Jahren erst recht keines da sein. Dafür werden allein schon die fiskalischen Belastungen im Zuge der demografischen Alterung sorgen (siehe Kapitel 8). Und billiger werden kreditfinanzierte Investitionen auch nicht, die Zinsen sind ja schon so niedrig wie noch nie.

Larry Summers, amerikanischer Starökonom und in den 90er-Jahren Finanzminister unter Bill Clinton, drückte es Anfang 2014 mit Blick auf den heruntergekommenen und überlasteten New Yorker Flughafen John F. Kennedy so aus: »Wenn dies nicht der Zeitpunkt ist, um JFK in Ordnung zu bringen, wird der Zeitpunkt niemals kommen.« Das lässt sich eins zu eins auf Deutschland übertragen. Die Brücken in Berlin und Köln, die Schleuse in Brunsbüttel, die im Dauerstau befindlichen Autobahnabschnitte, die verfallenden Turnhallen und Schultoiletten: Wenn wir uns heute nicht darum kümmern, werden wir es nie mehr tun. Zeiten, in denen die Gelegenheit günstiger ist als heute, wird es in den kommenden Jahrzehnten nicht geben.

Es gehöre zum »Reifeprozess« einer Volkswirtschaft, dass ein zusehends kleinerer Teil der Wirtschaftsleistung in Investitionen fließt – glaubt das Bundesfinanzministerium. Deshalb sei es nur normal, wenn die Investitionsquoten in Deutschland sinken.[28] Da ist etwas dran. Ökonomen sprechen davon, dass die »Grenzleistungsfähigkeit« des Kapitals zurückgeht. Klarmachen lässt sich das am Beispiel Landwirtschaft: Die Wertschöpfung eines Bauern, der bisher mit einem Ochsengespann gepflügt hat, kann durch die Anschaffung eines Traktors enorm gesteigert, vielleicht sogar vervielfacht werden. Auf einem bereits mit allerlei Gerätschaften ausgestatteten Bauernhof dagegen wird ein gleich hoher Kapitaleinsatz eine deutlich geringere Rendite abwerfen. Aus diesem Grund ist es nicht erstaunlich, dass die Investitionsquoten in Ländern wie China weit höher liegen als etwa in Deutschland.

Tatsächlich sinken die Investitionsquoten in der gesamten industrialisierten Welt ganz allmählich. Das lässt sich erkennen, wenn man die Bruttoinvestitionsquoten seit 1980 betrachtet. In diesen Wert fließen sowohl die öffentlichen als auch die – quantitativ weit bedeutenderen privaten – Investitionen ein. In den Industrieländern insgesamt lag er im Durchschnitt der 80er-Jahre leicht unter dem deutschen Niveau. In den 90er-Jahren dann fiel die Investitionsquote in Deutschland – trotz all des Geldes, das in den Aufbau Ost gesteckt wurde –, hinter den Industrieländer-Durchschnitt zurück. In den Nullerjahren vergrößerte sich der Abstand.

**Bruttoinvestitionen in Prozent der Wirtschaftsleistung**

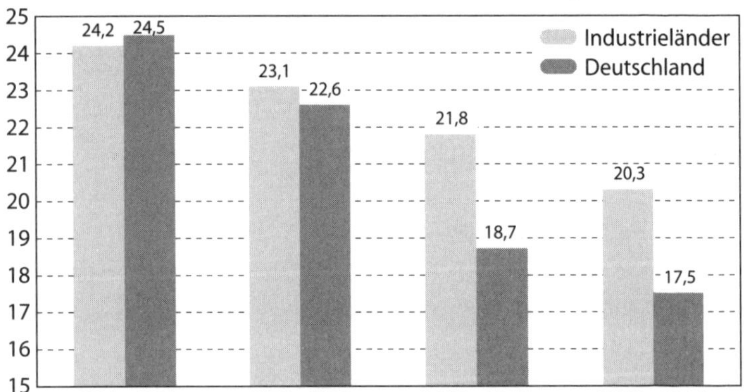


*Quelle: IWF World Economic Outlook Database, April 2014, und eigene Berechnungen*

Leugner der deutschen Investitionsschwäche erklären dies dem Publikum gerne mit den Immobilienblasen in anderen Ländern. »Die verhältnismäßig niedrige Investitionsquote ist überwiegend darauf zurückzuführen, dass es in Deutschland keine Übertreibungen bei der Bautätigkeit gab«, behauptet zum Beispiel der Sachverständigenrat.[29] Doch obwohl die Immobilienblasen in den USA, Spanien und anderswo längst geplatzt sind (während die Bautätigkeit in Deutschland seit ein paar Jahren spürbar zunimmt), fällt das Investitionsniveau hierzulande immer weiter hinter das vergleichbarer Länder zurück. Wenn der IWF mit seinen Prognosen recht behält, wird die Kluft im laufenden Jahrzehnt noch etwas größer ausfallen als in den Nullerjahren. Auch in Ländern, auf deren Wirtschaft wir aktuell mit Geringschätzung schauen, wie Frankreich und Italien, wird die Investitionsquote dem IWF zufolge in den Zehnerjahren höher liegen als hierzulande.[30]

Als Gesellschaft verhalten wir uns ein wenig wie ein Mensch, der in die Jahre kommt: Ein Erwerbstätiger mag sich, wenn er den 50. Geburtstag hinter sich hat, zunehmend fragen, ob es sich noch lohnt, weiterhin ständig neue Fertigkeiten zu erwerben und erworbene Kenntnisse à jour zu halten; vielleicht reichen die vorhandenen ja, um bis zur Rente durchzukommen, und vielleicht sollte man die Zeit und das Geld, die man bisher in Fort- und Weiterbildung investiert hat, lieber für die schöneren, angenehmeren Dinge des Lebens verwenden.

Man fährt gegen Ende des Erwerbslebens langsam herunter: Als Einzelne mögen wir uns das leisten können, zumal wenn wir uns für den Ruhestand ein auskömmliches finanzielles Polster aufgebaut haben. Für uns als Gesellschaft gilt das nicht. Denn statt eines Polsters haben wir einen riesigen Berg an expliziten und vor allem impliziten Schulden aufgebaut. Einen immer geringeren Anteil unseres Einkommens zu investieren ist für uns also keine Option. Doch tatsächlich passiert genau das. Und wie in so vielen anderen Bereichen gilt auch hier: Das Bild ist umso erschreckender, je genauer man hinschaut.

Die Propagandisten des deutschen Wirtschaftswunders sahen sich zu Beginn des Jahres 2014 einmal mehr bestätigt: Die privaten Investitionen, die ja das Gros des Gesamtvolumens ausmachen, sie steigen. Das zeigt sich an den privaten Anlageinvestitionen, zu denen Ausrüstungen (Maschinen, Geräte und Fahrzeuge), Bauten (Wohnhäuser, Fabriken) und sonstige Anlagen (Software, Urheberrechte, Patente) gehören. Ihr Anstieg ist in der Tat eine gute Nachricht. Nur muss der, um richtig beurteilt werden zu können, in ein Gesamtbild eingefügt werden. Und das ist und bleibt ein düsteres. So wird mit einem Anstieg der Investitionen im Jahr 2014 nur nachgeholt, was 2012 und 2013 zurückgestellt worden war. Damals nämlich waren die Bruttoanlageinvestitionen rückläufig, allein der Teilbereich Wohnbauten hatte stabilisierend gewirkt.[31]

Wenn Unternehmen überlegen, ob sie investieren sollen, kalkulieren sie, welche Rendite sie mit ihrem Investment erzielen werden – und diese Rendite vergleichen sie dann mit den Kosten, die entstehen, wenn sie sich das Geld von einer Bank oder am Kapitalmarkt borgen. Wie viel investiert wird in einer Wirtschaft, hängt daher stark von den verlangten Zinsen ab. Umso besorgniserregender ist es, wenn, wie 2012 und 2013 geschehen, selbst ein kaum mehr zu unterbietendes Zinsniveau Unternehmen nicht dazu bewegen kann, wieder kräftiger zu investieren – und das Kreditneugeschäft mit Firmen und Selbständigen sogar zurückgeht.[32] Um wie viel mehr die Investitionen eingebrochen wären, wenn das Geld von der Bank so teuer gewesen wäre wie im historischen Durchschnitt, mag man sich gar nicht ausmalen.

Der Rückgang bei den privaten Investitionen 2012 und 2013 ist gemeinhin auf die schwache Konjunktur zurückgeführt worden, auf die Sorge um den möglichen Zusammenbruch der Währungsunion, auf die hohen Energiepreise und die Unsicherheit über deren künftige Entwicklung. Darüber droht aber der Blick auf grundlegendere, weiter zurückreichende Entwicklungen verloren zu gehen. Die Investitionsschwäche ist nämlich deutlich älteren Datums als Energiewende und Euro-Krise.

Die privaten Anlageinvestitionen hatten, trotz des Nachholbedarfs in den neuen Bundesländern, bereits in den 90er-Jahren geschwächelt. Nach der Jahrtausendwende setzte sich der Abwärtstrend beschleunigt fort. Im Zuge der vermeintlichen wirtschaftlichen Renaissance Deutschlands haben sich die privaten Anlageinvestitionen zeitweise wieder etwas erholt, aber von den noch in den 90er-Jahren erreichten Niveaus blieben sie weit entfernt. Im ersten Halbjahr 2013 steuerten die Anlageinvestitionen auf neue historische Tiefststände zu.

**Private Anlageinvestitionen in Deutschland in Prozent des BIP***

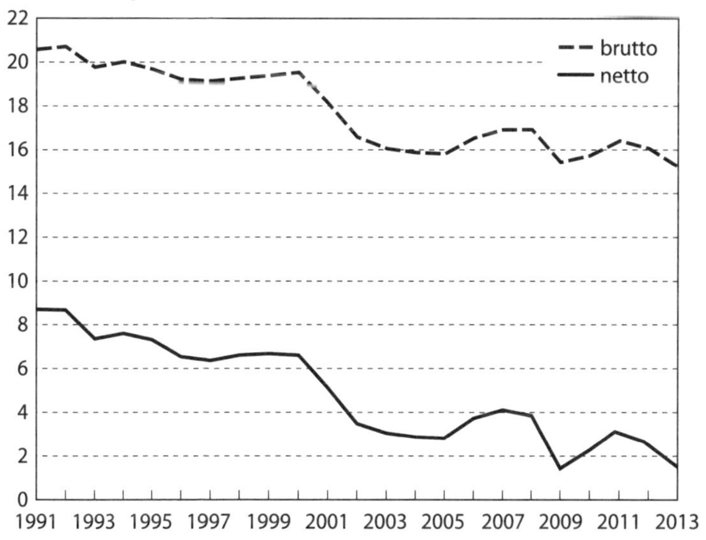


* ohne FuE-Ausgaben, 2013: 1. Halbjahr

*Quelle: Statistisches Bundesamt, eigene Berechnungen*

Besonders dramatisch ist die Entwicklung bei den Nettoanlageinvestitionen. Hier wurde im Schnitt der ersten beiden Quartale des Jahres 2013 nur noch ein Wert von 1,7 Prozent der Wirtschaftsleistung erreicht. Das bedeutet: Der gesamtwirtschaftliche Kapitalstock wächst zwar noch, aber nur sehr langsam.

Und vor allem: Er wächst nur noch, weil eine Reihe von Dienstleistungsbranchen expandieren. Dagegen schwächelt ausgerechnet jener Bereich, auf den wir so stolz waren in den vergangenen Jahren: das verarbeitende Gewerbe, landläufig auch Industrie genannt. Der neue deutsche Hochmut rührt zu wesentlichen Teilen daher, dass in anderen Ländern, darunter Frankreich und Großbritannien, die industrielle Wertschöpfung und Beschäftigung seit der Jahrtausendwende deutlich zurückgegangen sind – während hierzulande die Industrieproduktion weiter stieg und sich die Beschäftigung nach schweren Rückschlägen Anfang des Jahrtausends von 2006 an wieder stabilisierte.[33]

Doch die Entwicklung des Kapitalstocks unserer Industrie, gemessen durch das Nettoanlagevermögen, ist besorgniserregend:

- In 10 der 13 Industriebranchen, die das Statistisches Bundesamt unterscheidet, ist der Kapitalstock zwischen 2000 und 2011 geschrumpft, darunter auch in den sieben der acht nach Wertschöpfung größten Branchen.
- Während der Kapitalstock des verarbeitenden Gewerbes insgesamt zwischen 1991 und 2000 noch ungefähr konstant blieb, ist er zwischen 2000 und 2011 um sieben Prozent gesunken. Der Maschinenbau und die Metallindustrie verzeichneten Einbußen, die nur geringfügig kleiner waren. In den Jahren 2012 und 2013 – für die bis Mitte 2014 keine Zahlen vorlagen – dürfte sich die Entwicklung angesichts der schwachen Neuinvestitionen fortgesetzt haben.
- Ein Schrumpfen des Kapitalstocks lässt sich, anders als vielfach von Wirtschaftsvertretern behauptet, nicht nur in

besonders energieintensiven Industriebranchen beobachten, sondern auch im Maschinenbau und bei der Herstellung elektrischer Ausrüstungen, wo die Energiekosten nur halb so hoch sind wie im Durchschnitt.[34]

- Der Abbau des Kapitalstocks ist weder allein durch die lange Stagnationsphase nach der Jahrtausendwende noch allein durch die steigenden Energiepreise seit Mitte der Nullerjahre und die Finanz-, Wirtschafts- und Euro-Krise zu erklären. Denn im verarbeitenden Gewerbe insgesamt nahm das Nettoanlagevermögen zwischen den Jahren 2000 und 2005 ebenso ab (minus vier Prozent) wie zwischen 2005 und 2011 (minus drei Prozent).
- In der nach der Bruttowertschöpfung größten Branche des verarbeitenden Gewerbes, dem Fahrzeugbau, ist insgesamt

**Veränderung des Nettoanlagevermögens in der Industrie**
zwischen 2000 und 2011, in Prozent*

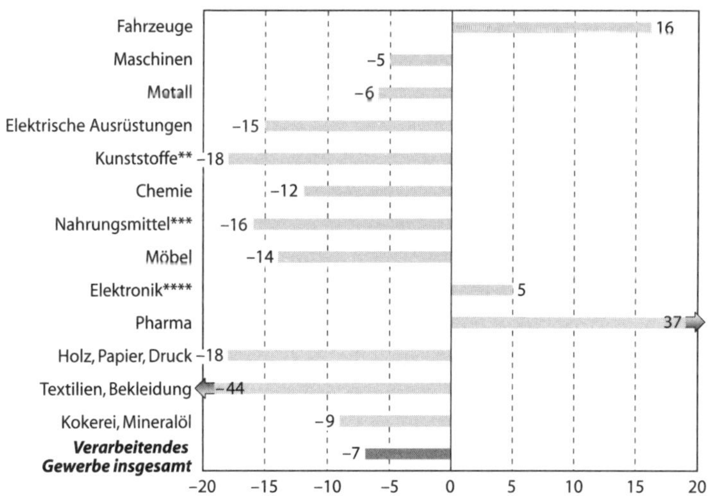


* nach Größe (Bruttowertschöpfung) geordnete Branchen
** einschließlich Gummi, Glaswaren, Keramik
*** einschließlich Getränke, Tabakverarbeitung
**** einschließlich Datenverarbeitungsgeräte, optische Erzeugnisse

*Quelle: Statistisches Bundesamt, eigene Berechnungen*

zwar ein Zuwachs des Kapitalstocks von 16 Prozent zu verzeichnen. Dieser Anstieg rührt jedoch fast vollständig aus der Zeit zwischen 2000 und 2005. Seither ist er nur noch geringfügig, nämlich um ein Prozent, gewachsen.

Na und?, könnte man versucht sein zu sagen: Der deutschen Industrie geht es doch gut, ihre Unternehmen erzielen Exporterfolge in aller Welt, sie sind international angesehen wie nie zuvor, ihre Mitarbeiter verdienen, in den meisten Branchen jedenfalls, gutes Geld. Alles richtig, nur: Die Entwicklung des Nettoanlagevermögens ist ein Frühindikator. Und der lässt für die Zukunft Schlimmes ahnen. Es ist ein wenig wie mit dem Huhn, dem man den Kopf abschlägt, das aber trotzdem noch einige Meter weiterläuft.

Wenn das industrielle Nettoanlagevermögen sinkt, bedeutet dies nicht, dass gar nicht mehr investiert würde in Deutschland. Doch jeder Erweiterungsinvestition an der einen Stelle stehen an anderer Stelle ausbleibende Ersatzinvestitionen in umso größerem Umfang gegenüber. Das ist, gesamtwirtschaftlich betrachtet, nicht sofort spürbar: Es wird dann eben die alte Maschine noch etwas länger in Betrieb gelassen als vorgesehen oder sonst üblich. Eine Zeitlang, sogar über Jahre hinweg, kann das gutgehen. Aber irgendwann geht die Maschine eben kaputt und wird dann nicht mehr ersetzt. Oder mit dem guten alten Stück ist eine konkurrenzfähige Produktion nicht mehr möglich.

Ein sinkendes Nettoanlagevermögen gestern und heute macht also eine schwächelnde Industrieproduktion morgen und übermorgen wahrscheinlich. Die »ersten Anzeichen für De-Industrialisierung«, die Rainer Dulger, der Chef des Arbeitgeberverbands Gesamtmetall, erkannt haben will: Es gibt sie wirklich.[35] Die schon von der vorletzten Bundesregierung bejubelte »industriellen Renaissance«[36] hingegen droht sich letztlich als etwas sehr anderes zu erweisen: als ein letztes Aufbäumen.

Die deutsche Wirtschaft leidet an einer fortschreitenden Investitionsschwäche: Dass diese volkswirtschaftliche Abmagerungskur der breiten Öffentlichkeit bisher verborgen geblieben ist, liegt sicher nicht zuletzt daran, dass der Befund von der Politik wahlweise ignoriert oder offen bestritten wird. Und es ja nicht so, als würden deutsche Unternehmen nicht investieren. Sie tun es ja, und sie teilen dies der Öffentlichkeit auch bereitwillig mit; dass jedoch ein Großteil der Investitionen ins Ausland fließt, geht schnell unter. Dabei lässt sich das zwischen den Zeilen leicht erkennen. Das zeigen, zum Beispiel, die Auftritte der Vorstandsvorsitzenden großer deutscher Konzerne auf den Jahreshauptversammlungen ihrer Anteilseigner im Frühjahr 2014:

- Der Autozulieferer Continental verrät der Öffentlichkeit gar nicht erst, in welchen Ländern oder Weltregionen er wie viel Geld investiert, nicht einmal die Umsatzverteilung geben die Hannoveraner preis. Man wolle die Wettbewerber möglichst im Dunkeln lassen, heißt es. Konzernchef Elmar Degenhart erwähnte in seiner Rede auf der Hauptversammlung denn auch nur, dass Continental 2013 rund zwei Milliarden Euro investiert hat. Im Herbst 2013 sei ein neues Werk in Russland eröffnet worden und Anfang 2014 eines in den USA. Über Investitionen in Deutschland sprach Degenhart nicht. Er wies nur darauf hin, dass der Kurs der Bundesregierung »uns leider keinen Rückenwind geben« und dass »das Ausland für Investitionen und Beschäftigung damit erneut attraktiver« werde.[37]
- »BMW will nicht von einzelnen Märkten abhängig sein«, sagte Norbert Reithofer, der Vorstandsvorsitzende des Autoherstellers. »Wir wollen eine ausgewogene Absatzverteilung in den drei großen Weltregionen Europa, Asien, Amerika.« Und wo verkauft wird, da soll auch hergestellt werden: »Die Produktion folgt dem Markt.« Eine Milliarde Euro werde BMW

investieren, um das Werk im amerikanischen Spartanburg zu erweitern. Die Kapazitäten sollen um 50 Prozent ausgeweitet werden. Damit wird die Produktionsstätte im US-Bundesstaat South Carolina das Dingolfinger Werk als größte BMW-Fabrik der Welt ablösen. Rechnerisch könnte dort, gemessen am Absatz des Jahres 2013, jeder vierte weltweit produzierte BMW vom Band laufen. Reithofer sprach auch noch über das neue Werk in Brasilien, in das BMW mehr als 200 Millionen Euro investieren wird. Etwaige Investitionen in deutsche Produktionskapazitäten erwähnte er nicht.[38]

- Bei BASF-Chef Kurt Bock klingt es ähnlich wie bei seinem Kollegen von BMW: »Wir investieren gezielt in Regionen, die wachsen. (...) In den nächsten fünf Jahren werden unsere Investitionen in Europa gemessen an den Investitionen weltweit unter 50 Prozent liegen. Das ist zum ersten Mal der Fall.«[39] Was das konkret für Deutschland bedeutet? Auf Anfrage teilte BASF mit, dass in den vergangenen fünf Jahren »mehr als ein Drittel« der Investitionen im Inland getätigt wurde. Zwischen 2014 und 2018 wird der Anteil noch »etwa ein Viertel« betragen.

BASF, BMW und Continental sind keine Ausnahmen. Bei einer anonymen Befragung des »Wall Street Journal« im Herbst 2013 gaben nur 3 von 19 teilnehmenden Dax-Konzernen an, ihr Hauptaugenmerk bei Investitionen liege aktuell auf Deutschland.[40] Und das ist offenbar kein neues Phänomen.

Bei mittelständischen Unternehmen – Firmen mit bis zu 500 Millionen Euro Jahresumsatz – hat die Bereitschaft, im Inland zu investieren, »in den letzten Jahren erheblich abgenommen«, zeigen Volkswirte der KfW Bankengruppe in einer im Juni 2014 veröffentlichten Untersuchung. Die Nettoinvestitionen des Mittelstands seien zwischen 2004 und 2012 zwar noch durchweg im positiven Bereich gewesen – »aber mit abnehmender Tendenz«. Regelrecht desinvestiert dagegen wird von den Großunternehmen in Deutschland, und das schon seit Jahren. Die Nettoinvestitionen der Konzerne lagen zwischen 2004 und 2012 nach KfW-Berechnungen bei minus 100 Milliarden Euro.[41]

Dementsprechend beschäftigen viele Großunternehmen mittlerweile ein Gros ihrer Mitarbeiter im Ausland. Schon 2012 hatten 22 der 30 Dax-Unternehmen mehr Beschäftigte im Ausland als in Deutschland. Besonders gering ist der Anteil der in Deutschland tätigen Mitarbeiter, wie zu erwarten, bei Unternehmen, die sehr arbeits- oder energieintensiv fertigen – etwa Adidas (zwölf Prozent) oder Heidelberg Cement (acht Prozent). Aber auch beim Konsumgüterhersteller Henkel (20 Prozent), beim Softwareproduzenten SAP (26 Prozent) oder dem Medizintechnikspezialisten Fresenius (30 Prozent) sind die heimischen Beschäftigten deutlich in der Minderheit.[42]

Schon in den 90er-Jahren wurde in Deutschland diskutiert, ob uns ein industrieller Exodus bevorstehe. Ökonomen wie Wirtschaftsverbände warnten, im Zeitalter der Globalisierung gebe es einen internationalen Standortwettbewerb. Hohe Löhne und Steuern könnten eine Verlagerung vor allem der industriellen Fertigung ins Ausland provozieren.

Mehr oder minder dieselben Mahner beruhigten damals jedoch zugleich: Investitionen im Ausland seien nicht gleichbedeutend mit Fortzug. Es sei vielmehr für Produktionsstandorte wichtig, nah an den Kunden zu sein, und die befänden sich halt in immer größerer Zahl in Ostasien oder Lateinamerika. Neu entstehende Arbeitsplätze deutscher Unternehmen dort sicherten letztlich auch bestehende Arbeitsplätze daheim, weil zentrale Teile der Wertschöpfung im Lande blieben.

In den 90er-Jahren war dieser Befund, für die deutsche Industrie als Ganzes, noch plausibel. Aber gilt das auch heute noch?

Wie viel Geld genau deutsche Unternehmen im Ausland investieren, lässt sich anhand der amtlichen Statistiken nicht nachvollziehen. Zahlen gibt es aber für die sogenannten Direktinvestitionen.[43] Sie sind eine Teilmenge der Gesamtinvestitionen und vermutlich ein gutes Barometer für sie. In der ersten Hälfte der 90er-Jahre betrugen die Direktinvestitionen der deutschen Wirtschaft im Jahresdurchschnitt noch 20 Milliarden Dollar, in der zweiten Hälfte des Jahrzehnts hatten sie sich mehr als verdreifacht, auf 66 Milliarden Dollar im Jahr.[44]

Das könnte – man weiß es nicht – auf Kosten des Engagements daheim gegangen sein. In der Industrie insgesamt jedoch kam es nicht zu Desinvestitionen, das Nettoanlagevermögen blieb, wie erwähnt, in den 90er-Jahren ungefähr konstant.

Die Frage ist aber, ob die alte Hypothese immer noch stimmt: die Hypothese nämlich, dass die durch Investitionen im Ausland geschaffenen Jobs heimische Arbeitsplätze ergänzen, statt sie zu ersetzen. Umfragen unter Industrieunternehmen zeigen zwar, dass sich die inländische Beschäftigung bei Unternehmen, die im Ausland investieren wollen, im Durchschnitt günstiger entwickelt als bei Firmen, die keine Auslandsinvestitionen planen.[45] Das ändert jedoch nichts an der Tatsache, dass der Kapitalstock insgesamt seit der Jahrtausendwende schrumpft. Und die Direktinvestitionen sind, nach einer Schwächephase Anfang der Nullerjahre, weiter gestiegen. Zwischen 2005 und 2013 lagen sie im Schnitt bei fast 95 Milliarden Dollar jährlich.[46]

Firmenkredite sind billig und leicht verfügbar wie nie. Und Gelegenheiten zum Investieren gäbe es reichlich, schließlich leben wir mitten in einer technologischen Revolution, die auch das verarbeitende Gewerbe umkrempeln wird (siehe Kapitel 12). Eigentlich, könnte man meinen, sollten wir auch deshalb einen regelrechten Investitionsboom erleben.

Warum erleben wir dann aber im Inland einen regelrechten Investitionsstreik – während das Engagement im Ausland boomt? Klassische Erklärungsmuster verfangen nur zum Teil:

- Die Besteuerung von Kapitalgesellschaften ist gesunken und mittlerweile auf einem Niveau angelangt, bei dem nicht einmal die Wirtschaft selbst noch laut Klage führt. Das arbeitgebernahe Institut der deutschen Wirtschaft Köln zum Beispiel konstatiert, dass »international tätige Unternehmen« durch die Besteuerung in Deutschland »nicht sonderlich abgeschreckt« würden.[47]
- Die Höhe von Löhnen mag Unternehmen ins Ausland getrieben haben. Aufschlussreich ist hier aber ein Vergleich mit Frankreich. Dort haben sich die Lohnstückkosten ungünstiger entwickelt als in Deutschland (siehe Kapitel 10). Dennoch hat Frankreich in 14 der 20 Jahre zwischen 1994 und 2013 mehr Direktinvestitionen angezogen als Deutschland, auch die vermeintliche Renaissance Deutschlands und der schleichende Niedergang Frankreichs haben daran nichts geändert.[48]
- Während die Energiepreise in Deutschland deutlich gestiegen sind, fielen sie dank des Schiefergas- und Ölförderbooms in den USA. Allein im Jahr 2012 hat die Industrie in Amerika durch ihren Preisvorteil gegenüber Europa schätzungsweise 130 Milliarden Dollar eingespart. Und die unabhängige International Energy Agency (IEA) geht davon aus, dass dieser Vorteil längerfristiger Natur sein wird. Noch im Jahr 2035 würden Gas- und Strompreise in den USA nur halb so hoch sein wie in Europa, lautet das Basisszenario der IEA.[49] Wie die Produktion energieintensiver, handelbarer Waren unter diesen Umständen in Europa weiterhin möglich sein soll, ist fraglich. Europa droht in diesen Branchen in der Tat eine massive Deindustrialisierung. Allerdings können Energiepreise allein nicht erklären, warum der Kapitalstock der deutschen Indus-

trie schon seit der Jahrtausendwende schrumpft, und zwar auch in Branchen, die nicht zu den energieintensiven gehören.

- Dass die Produktion dem Markt folgt, ist sicher richtig. Aber alles erklären kann dieses Argument auch nicht. Das Werk in Spartanburg etwa, das demnächst das weltgrößte von BMW sein soll, produziert gar nicht vorrangig für den amerikanischen Markt. 2013 wurden nicht weniger als 70 Prozent der dort hergestellten Autos exportiert.[50]

So ganz überzeugend ist also keine der üblichen Erklärungen. Vielleicht ist es ja auch so, dass die Produktion nicht nur dem Markt für Gütern folgt – sondern auch dem Markt für Arbeitskräfte. Häufig wird in wirtschaftspolitischen Diskussionen unterstellt, dass Arbeitnehmern demnächst goldene Zeiten bevorstehen. Die Überlegung dahinter: Mit der Verrentung der *baby boomer* werden Arbeitskräfte im Allgemeinen und insbesondere Fachkräfte knapp werden in Deutschland. Dies werde den verbliebenen Arbeitnehmern mehr Verhandlungsmacht verleihen – und so für steigende Löhne sorgen.

Doch wie bereits erläutert (siehe Kapitel 7), entwickelt sich die Nachfrage nach Arbeitskräften nicht unabhängig vom Angebot. Sind, etwa durch Zuwanderung, reichlich geeignete Arbeitskräfte vorhanden, ist dies ein Anreiz, zu investieren und Arbeitsplätze zu schaffen. Es gibt aber keinen Grund zu glauben, dass nicht auch das Gegenteil passieren könnte: dass nämlich die Nachfrage zurückgefahren wird, wenn kein hinreichendes Angebot vorhanden ist. Anders ausgedrückt: Dass es dauerhaft eine sehr große Arbeits- und Fachkräftelücke geben wird, ist nicht zu erwarten. Zu erwarten ist vielmehr, dass die Nachfrage nach Arbeitskräften, wo immer möglich, verlagert wird – ins Ausland eben.[51]

Und vorausschauend agierende Entscheider in Unternehmen werden den Rückgang des Arbeitskräfteangebots in der Tat antizipieren. Wenn sie damit rechnen müssen, in einem Land in

5, 10 oder 20 Jahren nicht mehr alle Arbeitsplätze besetzen zu können, werden sie dort keine Fabrik mehr bauen. Sie werden nicht warten, bis in großem Stil Stellen offen bleiben, und dann erst die Produktion ins Ausland verlagern.

Wie groß die Rolle ist, die dieser Faktor schon spielt, lässt sich nicht genau sagen. Aber dass es ihn gibt, kann kaum in Frage stehen. Sichtbar wird er etwa darin, dass nicht nur einfache Arbeiten ins Ausland verlagert werden, sondern zunehmend auch Jobs für Hochqualifizierte. Der Autozulieferer Bosch zum Beispiel eröffnete erst im November 2013 ein Forschungs- und Entwicklungszentrum im rumänischen Cluj. »Der Zugang zu gut ausgebildeten Ingenieuren« sei »bei der Entscheidung für den neuen Standort wesentlich« gewesen, teilt das Unternehmen mit.[52] Und BASF-Chef Bock erklärt, man sei im Jahr 2013 »weiter vorangekommen« bei dem Ziel, Forschung und Entwicklung künftig überwiegend außerhalb Europas zu betreiben. Als einen der Gründe nennt der Manager, man wolle »näher an Talente« rücken.[53] Andere Industrieunternehmen machen es offenbar ähnlich. Von je 1000 Euro, die die deutsche Industrie 2011 für Forschung und Entwicklung ausgab, flossen 306 Euro ins Ausland, im Maschinenbau waren es sogar 326 Euro und in der Pharmazie 543.[54]

Was hier durchscheint, ist ein kontrollierter Rückbau: Im Vorgriff auf die Vergreisung unserer Gesellschaft beginnen unsere Unternehmen, ihre Zelte abzubauen. Einen Vorwurf kann man ihnen daraus nicht machen – sie gehorchen nur betriebswirtschaftlicher Rationalität. Für den Rest von uns, die wir dringend darauf angewiesen sind, dass die Wirtschaft weiter wächst, dass der Beschäftigungsstand zumindest nicht allzu sehr sinkt und die Produktivität endlich wieder stärker steigt: für uns ist der Rückbau ein Riesenproblem.

Ein Riesenproblem, das sicher nicht kleiner werden wird, solange unsere Politiker seine Existenz schlichtweg bestreiten.

# 10
## Wir Billigheimer
### Wie wir Exportweltmeister wurden

»Die Exportoffensive droht zu einer Art Ersatznationalismus zu werden«, sagte der Mann über die Bundesrepublik, und er höhnte über den »Sachverstand von Kiesinger, Strauß und Abs«. Kurt-Georg Kiesinger, der damalige Bundeskanzler, sein Finanzminister Franz Josef Strauß und Hermann Josef Abs, der enorm einflussreiche Chef der Deutschen Bank, wehrten sich damals gegen eine Aufwertung der unterbewerteten Deutschen Mark. Ihr Kurs, so der Vorwurf, ziele darauf ab, die westdeutschen Ausfuhren künstlich zu stimulieren.

Und davon hielt der Mann rein gar nichts: »Gemessen an den Importpreisen, geben wir unsere Erzeugnisse zu billig an das Ausland ab; deshalb reißt man uns die Ware aus der Hand, und deshalb sind die Ausländer bei uns zu wenig konkurrenzfähig.« Es sei ihm »unverständlich, wie man unentwegt für soziale Marktwirtschaft und für Vermögensbildung in Arbeitnehmerhand eintreten« könne und gleichzeitig eine Politik betreibe, »die ziemlich einseitig die Unternehmer und Kapitaleigner begünstigt. Das ist nicht soziale Symmetrie, sondern soziale Gaukelei.«[1]

Der Mann, der diese Sätze im Mai 1969 sagte, war nicht irgendwer. Er war der Nestor der ökonomischen Politikberatung in Deutschland, über Jahrzehnte hinweg der prominenteste Wirtschaftsprofessor im Land, ein bürgerlicher Mahner, unter seiner Leitung avancierte das Institut für Weltwirtschaft in Kiel zum unangefochten führenden Wirtschaftsforschungsinstitut der Bundesrepublik. Er hieß Herbert Giersch.

Würde Herbert Giersch hören, wie die politischen und wirtschaftlichen Eliten in Deutschland aktuell über unsere Exporte und Exportüberschüsse reden: Er würde sich im Grabe umdrehen.

Exportweltmeister war Deutschland jahrelang, von 2003 bis 2008, und gefühlt sind wir es noch immer, auch wenn wir inzwischen auf Platz drei rangieren, hinter China und den USA.[2] Wir erklären uns diesen – angeblichen – Erfolg häufig damit, dass die Politik nach langem Zögern mit den Hartz-Reformen endlich die erforderlichen Maßnahmen ergriffen habe. Häufig wird auch gute Unternehmensführung als Grund präsentiert. »Deutschlands Exportstärke resultiert aus der überragenden technologischen Kompetenz in vielen Sektoren, wie es sie in dieser geballten Form in keinem anderen Land der Welt gibt«, sagt zum Beispiel der frühere Wirtschaftsweisen-Chef Bert Rürup.[3] Das Problem ist nur: Die einschlägigen Wirtschaftsstatistiken lassen sich nur schwer in Einklang bringen mit den gängigen Erklärungsmustern.

Die Westdeutschen sahen sich schon zu der Zeit, da Herbert Giersch lospolterte, als eine Exportnation. Da war auch etwas dran, in Relation zur Wirtschaftsleistung lagen die Ausfuhren von Waren und Dienstleistungen der Bundesrepublik über dem Durchschnitt der Industrieländer. Aber wir stachen nicht heraus. 1970 betrug die westdeutsche Exportquote 16,4 Prozent, in Frankreich (16,0 Prozent) und Italien (15,8 Prozent) lag der Anteil nur geringfügig darunter. In dem folgenden Vierteljahrhundert stieg der Exportanteil in allen drei Ländern an, mal lag die deutsche Exportquote etwas unter französischem und italienischem Niveau, mal etwas darüber.[4]

Mitte der 90er-Jahre aber preschte Deutschland plötzlich vor: Unsere Exportquote begann deutlich zu steigen, während Frankreich und Italien – und im Durchschnitt auch die Industrieländer insgesamt – auf dem alten Entwicklungspfad blieben. Und an dieser Divergenz hat sich bis heute nichts geändert. Was ist passiert?

Sicher haben sich Mitte der 90er-Jahre die Globalisierung, der Aufstieg der Schwellenländer und die Liberalisierung des Welthandels nach Abschluss der Uruguay-Runde förderlich auf den deutschen Außenhandel ausgewirkt. Aber dies waren alles globale Faktoren, die anderen Industrieländern wie eben Frankreich und Italien in ganz ähnlicher Weise zugutekamen. Das Argument, Deutschland habe aufgrund seiner industriellen Schwerpunkte ganz besonders vom Schwellenländer-Boom profitiert, kann als alleinige Erklärung ebenfalls nicht so recht

**Exporte von Gütern und Dienstleistungen**
in Prozent der Wirtschaftsleistung

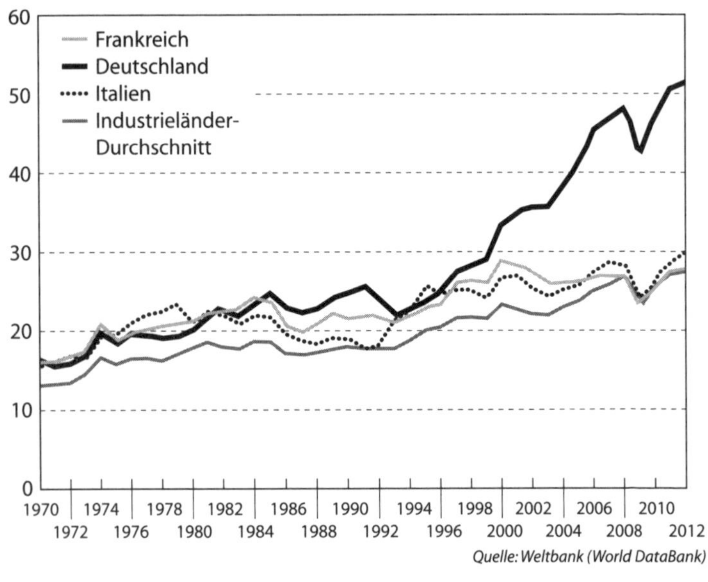


*Quelle: Weltbank (World DataBank)*

überzeugen – schließlich haben auch Frankreich und Italien große Autokonzerne, und in Italien gibt es zudem traditionell einen starken Maschinenbau.

Wenn demgegenüber Deutschlands Exportstärke allein Folge einer »überragenden technologischen Kompetenz in vielen Sektoren« ist, wie Bert Rürup behauptet: Warum kam dieser Faktor ganz unvermittelt Mitte der 90er-Jahre zum Tragen, so jäh, als habe jemand einen Schalter umgelegt? Waren die deutschen Unternehmen bis Anfang der 90er noch technologisch inkompetent?

Mit keinem Wort soll hier bestritten werden, dass Teile der deutschen Industrie technologische Spitzenleistungen hervorbringen – und dass dies einen Teil des Wachstums der deutschen Ausfuhren in den vergangenen Jahrzehnten erklären mag. Aber wenn dies der Haupt- oder gar der alleinige Faktor gewesen wäre, dann hätten sich unsere Exportquoten in einem allmählichen Prozess von denen der großen kontinentaleuropäischen Wettbewerber abgesetzt – und nicht sehr plötzlich.

Ähnliches gilt für die Agenda 2010. Sie hat sich positiv auf den Arbeitsmarkt ausgewirkt und sicher auch auf Konjunktur und Exportwirtschaft. Doch als sie aufgesetzt wurde, hatte sich die deutsche Exportquote schon mehrere Jahre lang deutlich entfernt vom Durchschnitt der Industrieländer, Frankreich und Italien inklusive. Es müssen daher andere Faktoren gewesen sind, die uns Mitte der 90er-Jahre vorpreschen ließen. Und da der Trend – langsam wachsende Exportquoten anderswo, eine stark wachsende bei uns – bis heute anhält, liegt die Vermutung nahe, dass diese Faktoren zumindest bis in die jüngere Vergangenheit fortgewirkt haben.

8200 Euro überwies der Sportwagenhersteller Porsche rund 15 000 Mitarbeitern im Frühjahr 2014. Man wolle mit dieser Sonderzahlung »die besonderen Leistungen« der Belegschaft würdigen, hieß es.[5] Und die Zuffenhausener VW-Tochter tat dies nicht im Stillen – sondern verbreitete die frohe Kunde per Pressemitteilung. »Die Welt« und »Bild« berichteten, »FAZ« und »Die Zeit«, »Hamburger Abendblatt« und »Berliner Zeitung«.

Porsche – das war die Botschaft, die hängen blieb – ist nicht nur ein sehr erfolgreiches Unternehmen. Sondern auch eines, das seine Mitarbeiter an seinem Erfolg teilhaben lässt. Vor allem dies machte die Sonderzahlung für die Medien berichtenswert. Denn erfolgreiche Unternehmen gibt es viele in Deutschland. Nur das mit der Teilhabe funktioniert nicht mehr so recht.

Deutschland ist ein »Hochlohnland«: Das haben wir uns schon so lange und so oft erzählt, dass der Begriff inzwischen Aufnahme in den Duden gefunden hat. Aber stimmt das wirklich noch? Die Antwort lautet: Das kommt darauf an. »Hoch« ist, natürlich, ein relativer Ausdruck, einer, der nur Sinn ergibt, wenn man die Größe, um die es geht, in Bezug setzt zu etwas anderem.

»Hoch« im historischen Vergleich sind die Löhne in Deutschland nicht – jedenfalls nicht im Durchschnitt. Das wird deutlich, wenn man die Bruttomonatsverdienste (einschließlich Sonderzahlungen) betrachtet. Anfang der 90er-Jahre lag die Inflationsrate in Deutschland recht hoch, die durchschnittlichen Monatsgehälter jedoch legten noch stärker zu, allein zwischen 1991 und 1995 betrug der nominelle Zuwachs rund ein Fünftel. Ergo sind auch die Reallöhne gestiegen, in der ersten Hälfte der 90er-Jahre um rund fünf Prozent.[6] Das Jahr 1995 aber markiert eine Trendwende, es begann eine lange Phase der Lohnmäßigung: Die Nominallöhne stiegen nicht mehr stärker als die Verbraucherpreise, sie blieben sogar hinter der Geldentwertung zurück – was bedeutet, dass die Reallöhne sanken.[7]

Diese Entwicklung war sicher auch eine Reaktion auf die weiter steigende Arbeitslosigkeit damals. Hinzu kam, dass mit dem Zusammenbruch des Ostblocks die Verlagerung von Produk-

**Löhne* und Preise, prozentuale Entwicklung, 1995 = 100**

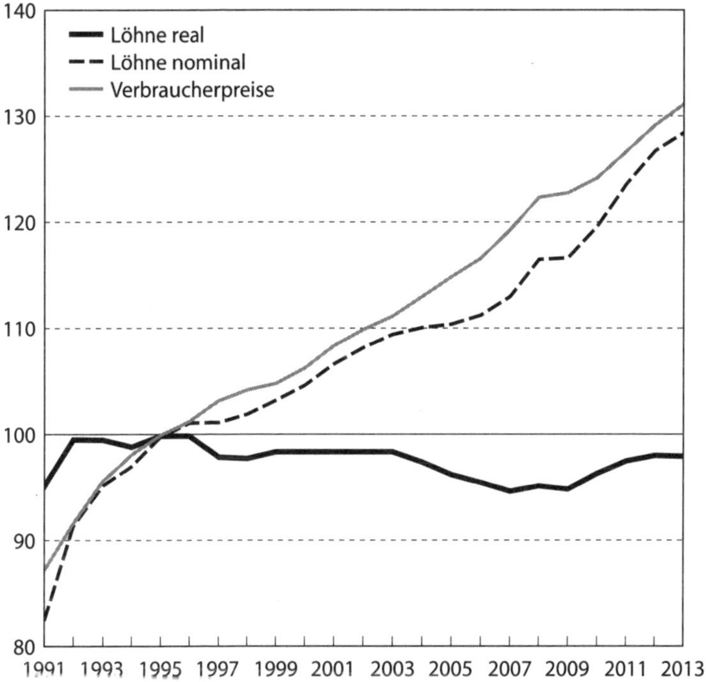


* durchschnittliche Bruttomonatsgehälter von Vollzeitkräften im Produzierenden Gewerbe und im Dienstleistungsbereich, einschließlich Sonderzahlungen wie Urlaubsgeld und Boni

*Quelle: Statistisches Bundesamt, eigene Berechnungen*

tionsstätten ins Ausland zu einer sehr viel unmittelbareren Bedrohung für die Arbeitnehmer und ihre Interessenvertreter wurde.[8]

Seit 2010 steigen die Löhne zwar wieder stärker als die Inflation. Dennoch lagen die Reallöhne auch 2013 noch um rund zwei Prozent unter dem Niveau von 1995. Unter dem Strich steht ein durchschnittlicher abhängig Beschäftigter heute also schlechter da als vor zwei Jahrzehnten. Selbst die von manchen Experten für 2014 erwarteten Reallohnsteigerungen von 1,5 Prozent würden daran nichts ändern.[9]

Dass die Löhne ohnehin nicht viel Potenzial nach oben hatten, zeigt ein Blick auf die Produktivitätsstatistiken. Wie bereits geschildert, hat sich der Trend zu einem fallenden Wachstum der Arbeitsproduktivität seit den 90er-Jahren fortgesetzt. Die Löhne können aber dauerhaft nicht schneller steigen als die Produktivität. In der Tarifpolitik spiegelt sich diese Erkenntnis in dem Begriff »Verteilungsspielraum« wider: Tarifanhebungen können die Inflationsraten ausgleichen, höhere Nominallöhne sorgen dann dafür, dass die Reallöhne konstant bleiben; darüber hinausgehen sollten Lohnerhöhungen nur im Ausmaß des Produktivitätswachstums. Überschreiten sie diesen Spielraum, ist das zumindest auf Dauer riskant – auch für die Arbeitnehmer selbst. Denn dann leiden zwangsläufig Profitabilität und Wettbewerbsfähigkeit des Arbeitgebers sowie dessen Bereitschaft und Fähigkeit, in Erhalt, Erweiterung und Aufwertung von Arbeitsplätzen zu investieren.

Soweit also bei der Lohnentwicklung in den vergangenen zwei Jahrzehnten der schwächer werdende Produktivitätszuwachs berücksichtigt wurde, ist dies zu begrüßen. Aber es ist eben nicht nur so, dass der Verteilungsspielraum nicht überstrapaziert worden ist. Er blieb vielmehr über weite Strecken unausgenutzt, und das heißt: Die Löhne blieben hinter dem Möglichen zurück.

Zwar kann »Lohnzurückhaltung« – verstanden als Nicht-Ausschöpfung des Verteilungsspielraums – ein notwendiges Übel sein, sowohl für den einzelnen Betrieb als auch für die Gesamtwirtschaft. Überzogene Lohnerhöhungen in der Vergangenheit oder steigender Konkurrenzdruck durch neue Wettbewerber können eine temporäre Lohnzurückhaltung sogar zwingend erforderlich machen. Von einer vorübergehenden Anpassungsphase kann jedoch kaum mehr die Rede sein angesichts einer Entwicklung, die seit bald zwei Jahrzehnten anhält.

Lohnzurückhaltung ist vielmehr zum Dauermodus geworden. Und die zeitliche Parallelität legt nahe, hierin den eigentlichen Grund für das deutsche »Exportwunder« zu sehen.

»Billige Arbeit ist keine Basis, auf der reiche Länder miteinander konkurrieren sollten«, sagt Adam Posen, Präsident des Peterson Institute for International Economics. Doch genau diese billige Arbeit sei »der Hauptgrund des deutschen Exporterfolgs« in den zurückliegenden Jahren gewesen.[10] Das passt natürlich nicht zu dem Narrativ, dass sich Jubeldeutschland zurechtgelegt hat. Angeblich können wir ja gar nicht über den Preis konkurrieren – dafür seien unsere Löhne zu hoch –, gekauft würden unsere Waren und Dienstleistungen vor allem wegen ihrer überragenden Qualität.

Gerne wird in diesem Zusammenhang darauf verwiesen, dass ein Blick auf Durchschnittswerte verzerrend sei. Tatsächlich war die Lohnzurückhaltung Begleiterscheinung eines tiefer gehenden Wandels. So haben die Tarifpartner von Mitte der 90er-Jahre an das althergebrachte Lohnfindungssystem, das geprägt war von starren Flächentarifverträgen, immer weiter aufgebrochen. Zudem ist die Tarifbindung deutlich gesunken. In Westdeutschland arbeiteten 1996 noch 70 Prozent der Beschäftigten in Betrieben, die an Branchentarife gebunden waren – 2013 waren es nur 52 Prozent; in Ostdeutschland ging der Anteil von 56 auf 35 Prozent zurück.[11] Zugleich breiteten sich Haus- und Firmentarifverträge aus sowie Regelungen (»Öffnungsklauseln«), die Abweichungen vom Tarifvertrag zulassen, und in immer mehr Unternehmen gelten Tarifvereinbarungen nicht mehr für alle Beschäftigten.[12] Mit diesen Entwicklungen ging eine zunehmende Lohnspreizung einher: Die Löhne von Hochqualifizierten stiegen überproportional, während die Gehälter der Geringqualifizierten hinterherhinkten.[13] Die Politik trug schließlich das

Ihre dazu bei: Mit der Einführung von Hartz IV im Zuge der Agenda 2010 wurde der Druck auf Geringqualifizierte, eine niedrige Entlohnung hinzunehmen, erheblich verstärkt.

Nun sind die Flexibilisierung und Dezentralisierung des Tarifsystems durchaus zu begrüßen. Denn sie haben eine passgenauere, produktivitätsgerechte Lohnsetzung erleichtert und dürften so auch den Beschäftigungsaufbau der vergangenen Jahre mit befördert haben. Doch allein dadurch lässt sich die Lohnentwicklung in den zurückliegenden fast 20 Jahren nicht erklären. Wenn der Durchschnittsarbeitnehmer über eine derart lange Zeit überhaupt nicht am Produktivitätsfortschritt partizipiert, dann lässt sich das kaum als passgenaue Lohnsetzung interpretieren.

Mit den Verkaufserfolgen deutscher Unternehmen auf den Weltmärkten habe das dennoch nichts zu tun – sagen unsere Arbeitgeber, sagen manche (deutsche) Forscher und sagen sogar die deutschen Gewerkschaften. »Die angeblich moderate Lohnpolitik hat doch nie in den Bereichen stattgefunden, in denen die deutsche Wirtschaft im internationalen Wettbewerb steht«, erklärt zum Beispiel Reiner Hoffmann, der Vorsitzende des Deutschen Gewerkschaftsbundes (DGB). »Wir haben doch unsere Wettbewerbssituation nicht aufgrund von niedrigen Löhnen erwirtschaftet.«[14]

Freilich ziehen die Argumente, die in diesem Zusammenhang häufig ins Feld geführt werden, nicht wirklich. Beispielsweise ist es zwar richtig, dass Deutschlands exportorientierte Unternehmen zu einem überproportionalen Teil tarifgebunden sind und viele der Exporteure sogar deutlich über Tarif zahlen.[15] Aber es kommt eben nicht allein auf die von einem einzelnen Unternehmen gezahlten Löhne und sonstigen Arbeitskosten an. Indirekt fließen in die Preise von exportierten Waren und Dienstleistungen nämlich auch die Löhne ein, die die Hersteller von Vorprodukten oder beauftragten Reinigungs- und Sicherheitsfirmen zahlen. Und deren Einfluss ist bedeutend. So schätzt das ifo-Institut, dass auf jeweils 100 Beschäftigte, deren Job direkt vom Export abhängig ist, 140 Beschäftigte kommen, die indirekt von den Ausfuhren abhängig sind, als Zulieferer und Dienstleister.[16]

Wenn daher zum Beispiel internationale Vergleiche angestellt werden für Branchen wie den Maschinen- oder Automobilbau und dabei nur die Arbeitskosten in den Branchen selbst betrachtet werden, dann kann dies nur zu verzerrten, wenn nicht sogar gänzlich irreführenden Ergebnissen führen. Das sollten gerade die Interessenvertretungen der Industrie wissen, die in anderem Zusammenhang – nämlich bei Debatten über die steigenden Energiepreise – gerne auf die »Fertigungsverbünde« in der deutschen Wirtschaft verweisen und auf »vertikal integrierte Wertschöpfungsketten«.

Das hält arbeitgebernahe Institutionen nicht davon ab, Stundenlöhne oder, weiter gefasst, Arbeitskosten innerhalb einzelner Segmente zu vergleichen.[17] Die Absicht ist natürlich offenkundig: Bei solchen Lohnvergleichen liegen deutsche Arbeitnehmer immer irgendwo im oberen Viertel – was der Behauptung, Deutschland sei ein »Hochlohnland«, Nahrung gibt.

Was noch hinzukommt und gerade Arbeitgebern am ehesten bewusst sein dürfte: »Hoch« ist nicht nur im historischen, sondern auch im internationalen Vergleich eine relative Angelegenheit. Welcher Stundenlohn, welche Arbeitskosten je Stunde finanzierbar sind, hängt von der Wertschöpfung ab, die ein Mitarbeiter mit seinen Fertigkeiten und Kenntnissen, mit der technischen und organisatorischen Ausstattung seines Arbeitsplatzes erbringen kann. Mit anderen Worten: Um zu bestimmen, ob die Produktion an einem Standort wettbewerbsfähig ist, muss den Arbeitskosten immer die Produktivität des Arbeitenden gegenübergestellt werden. Ökonomen und Statistiker sprechen in diesem Zusammenhang von Lohnstückkosten.

Bei den Lohnstückkosten ist es ähnlich wie beim Bruttoinlandsprodukt: Das BIP ist als Maßstab für den materiellen Wohlstand unvollkommen (siehe Kapitel 8) – aber eine bessere Alternative haben wir (noch) nicht. Die Lohnstückkosten wiederum sind als Indikator für die Wettbewerbsfähigkeit eines Produktionsstandorts ebenfalls unvollkommen. Natürlich spielen auch andere Faktoren – wie die Finanzierungskosten von Unternehmen oder die Infrastruktur und die Rechtssicherheit in einem Land – eine Rolle, außerdem machen Löhne nur einen Teil der Kosten aus. Allerdings sind viele andere Kosten durch mehr oder weniger einheitliche Weltmarktpreise vorgegeben. Ein Hersteller zum Beispiel, der Kupfer als Vorprodukt braucht, wird dafür ungefähr denselben Preis zahlen, gleich, ob er in Deutschland oder Frankreich beheimatet ist. Ähnliches gilt für die Transportkosten. Das macht internationale Unterschiede bei den Lohnstückkosten umso bedeutsamer.

Es gibt unterschiedliche Arten, die Entwicklung von Lohnstückkosten darzustellen, mal werden Inflationsraten oder Wechselkursentwicklungen einbezogen, mal nicht. Der hier im weiteren verwendete Indikator wurde von der OECD entwickelt. Er bildet die sogenannten relativen Lohnstückkosten ab, eine Größe, bei der berücksichtigt wird, wie sich Kosten der jeweiligen Wettbewerber auf den internationalen Märkten entwickeln.[18] Steigende relative Lohnstückkosten bedeuten, dass ein Produktionsstandort an Wettbewerbsfähigkeit verliert, sinkende Lohnstückkosten hingegen haben den umgekehrten Effekt.

Die relativen Lohnstückkosten in Deutschland sind zwischen 1995 und 2008 um rund ein Viertel gefallen, so stark wie in keinem anderen europäischen Land. Besonders deutlich zurückgegangen sind sie im Bereich der handelbaren Industriegüter – also in der vermeintlich mit besonders hohen Löhnen konfrontierten Exportindustrie.[19] Bezeichnenderweise ist denn auch der Anteil der deutschen Unternehmen, die Kostengründe als Hauptmotiv für Auslandsinvestitionen angeben, markant gesunken: von 41 Prozent (2004) auf 21 Prozent (2014).[20]

Die schwache Lohnentwicklung hätte sich aber nicht in derart drastisch sinkenden relativen Lohnstückkosten niedergeschlagen, wenn es nicht noch einen zweiten Faktor gegeben hätten: den Euro.

»Die Eurokrise (auch Euro-Krise) ist eine seit 2009 andauernde Krise innerhalb der Eurozone. Dabei handelt es sich um eine multiple Krise, die Aspekte einer Staatsschuldenkrise, einer Bankenkrise und einer Wirtschaftskrise aufweist.« So ist es, Stand Juli 2014, nachzulesen im Brockhaus des Internetzeitalters, Wikipedia also.

Diese Definition ist unvollständig, ja, sie führt sogar in die Irre. Denn sie verweist auf Ausprägungen der Krise und deren Folgen, nicht auf ihre eigentlichen Ursachen. Die aber müssen – gerade auch in Deutschland – verstanden werden, damit es am Ende nicht doch noch zum Auseinanderbrechen der Währungsunion kommt.

Etwas vereinfacht lässt sich die Genese der Krise am Beispiel der Bundesrepublik, Italiens und Spaniens erzählen. Alle drei Länder lagen nach Welt- beziehungsweise Bürgerkrieg auch wirtschaftlich darnieder. In Westdeutschland und Italien betrug das Pro-Kopf-Einkommen 1950 rund 40 Prozent des amerikanischen Niveaus, in Spanien erreichte es sogar nur 25 Prozent. Danach folgte ein Vierteljahrhundert, in dem alle drei Länder gewaltig aufholten gegenüber der reichsten großen Industrienation der Welt, den USA eben. Die Wirtschaftsleistung pro Kopf und Jahr wuchs in Deutschland, Italien und Spanien doppelt so schnell wie in Amerika, nämlich um fünf Prozent (Deutschland, Italien) und mehr (Spanien). Danach, im letzten Vierteljahrhundert bis zur Jahrtausendwende, fiel in Italien und Spanien das Pro-Kopf-Wachstum auf amerikanisches Niveau zurück, die Annäherung an das Wohlstandsniveau der Vereinigten Staaten also kam zum Stillstand – während Deutschland beim Wachstum der Pro-Kopf-Einkommen sogar wieder an Boden verlor.[21]

Wir Deutsche sind stolz auf das Nachkriegs-Wirtschaftswunder und auf die soziale Marktwirtschaft. Doch vom Gesamtergebnis her gesehen ist im Vergleich mit Italien und Spanien die Ähnlichkeit der Entwicklung, nicht ihre Unterschiedlichkeit frappierend. Unsere wirtschaftliche Dynamik war in der zweiten Hälfte des 20. Jahrhunderts nicht größer als in Spanien, das so lange noch unter dem Franco-Regime litt; und sie war auch nicht größer als in Italien, dessen Wirtschaft mit Regierungswechseln im Jahresrhythmus zurechtkommen musste.

Einen wichtigen Unterschied gab es jedoch: Italien und Spanien taten sich vor allem in den 70er- und 80er-Jahren wesentlich schwerer damit, sozialen Frieden herzustellen und so für eine Verstetigung der wirtschaftlichen Entwicklung zu sorgen. Resultat war immer wieder aufs Neue folgender Kreislauf: Erst schossen die Löhne über das Finanzierbare hinaus, es entstand eine Lohn-Preis-Spirale. Italienische und spanische Unternehmen verloren daraufhin auf den Weltmärkten ihre Wettbewerbsfähigkeit. Es folgte eine Abwertung von Pesete und Lira, die die Wettbewerbsfähigkeit wiederherstellte – bis der nächste Lohnexzess folgte.

Mit der Einführung des Euro im Jahr 1999 wurde dieser Kreislauf unterbrochen, schließlich sind Abwertungen in Wirtschaftsräumen mit einheitlicher Währung unmöglich. Das Ventil, über das übermäßige Lohnsteigerungen ausgeglichen werden konnten, war verstopft. Die Währungsunion hätte also eigentlich dazu führen müssen, dass Reallohnsteigerungen, die deutlich über den Produktivitätsfortschritt hinausgehen, ausbleiben.

Stattdessen passierte etwas anderes: Die Lohnkosten stiegen einfach weiter – während Wechselkursabwertungen naturgemäß nicht stattfanden. Steigende Löhne wirkten einerseits stimulierend auf die Binnenkonjunktur – Irland und Spanien erlebten sogar, wie bereits mehrfach erwähnt, regelrechte Baubooms –, als Produktionsstandorte aber verloren alle späteren Euro-Krisenländer an preislicher Wettbewerbsfähigkeit. In Portugal stiegen die relativen Lohnstückkosten zwischen 1995 und 2008 um rund 16 Prozent, in Griechenland, Irland, Italien und Spanien lag der Zuwachs in der Größenordnung von 30 Prozent.[22]

Die späteren Euro-Krisenländer waren durchaus eine heterogene Gruppe: Die meisten problematischen Entwicklungen zeigten sich vor Ausbruch der Euro-Krise in einigen, nicht aber allen Ländern. So lag die Staatsverschuldung in Irland und Spanien vor 2008 deutlich unter deutschem Niveau, während sich zum Beispiel in Italien die Verschuldung des Privatsektors in Grenzen hielt und die Banken in der Finanzkrise bemerkenswerte Widerstandsfähigkeit zeigten; auch gab es weder in Griechenland noch in Italien oder Portugal größere Immobilienblasen.

Der größte gemeinsame Nenner – das, was alle späteren Krisenländer verband – war etwas anderes: die erwähnten ausufernden Lohnstückkosten. Hohe Staatsschulden dagegen waren eher Folge, Symptom und Verstärker der Krise, nicht aber – von Griechenland vielleicht abgesehen – eine ihrer zentralen Ursachen. Insofern wäre es wesentlich präziser, die Euro-Krise als Lohnstückkosten-Krise zu bezeichnen denn als Schuldenkrise.

Für Wirtschaftsstandorte wie den spanischen oder den griechischen bedeuteten stark steigende relative Lohnstückkosten zweierlei: Einerseits litt das Exportgeschäft der dort produzierenden Unternehmen, weil sie auf den Weltmärkten mit der billiger gebliebenen Konkurrenz aus anderen Ländern immer weniger mithalten konnten. Andererseits stiegen die Importe:

Erstens weil die durch überhöhte Lohnsteigerungen künstlich stimulierte Binnenkonjunktur die Nachfrage generell beförderte. Und zweitens weil wegen des Kostennachteils Waren und Dienstleistungen aus heimischer Produktion zunehmend ersetzt wurden durch Einfuhren aus dem Ausland. Das ging so weit, dass das sonnenverwöhnte Griechenland begann, in größerem Stil Tomaten einzuführen. Sogar aus Deutschland wurden Tomaten importiert, allein im Jahr 2007 rund 2623 Tonnen.[23]

Gedämpfte Exporte, gepaart mit einem Importsog: Die Folge waren immer höhere Leistungsbilanzdefizite. Die späteren Krisenländer lebten deutlich über ihre Verhältnisse.

In Deutschland war dieselbe Entwicklung zu beobachten – nur spiegelverkehrt. Sinkende relative Lohnstückkosten machten deutsche Ausfuhren preislich wettbewerbsfähiger. Zugleich blieben die Importe relativ schwach, weil die Produktion daheim gegenüber den von ausländischen Wettbewerbern angebotenen Waren und Dienstleistungen günstiger wurde – und weil die schwache Lohnentwicklung zum Investitionsstreik hinzukam und die Binnennachfrage zusätzlich dämpfte. Resultat waren zunehmend hohe Leistungsbilanzüberschüsse: Wir erwirtschafteten mehr, als wir selbst ausgaben, verkauften den Überschuss gegen Schuldscheine ins Ausland – und begnügten uns mit einem Leben *unter* unseren Verhältnissen.

Das eine gehört zum anderen – denn zum Tangotanzen braucht man zwei: Definitionsgemäß müssen sich die Überschüsse und Defizite in den Leistungsbilanzen weltweit ausgleichen. Für jeden, der über seine Verhältnisse lebt, muss es jemanden geben, der auf Kredit liefert – und somit (zeitweiligen) Verzicht übt. Im Jahr 2007 lieferten deutsche Produzenten Waren im Wert von knapp 135 Milliarden Euro in die GIIPS-Staaten, also Griechenland, Irland, Italien, Portugal und Spanien – bei einer Einfuhr von nicht einmal 89 Milliarden Euro.

Der deutsche Überschuss im Güterhandel mit diesen Ländern betrug also 51 Prozent.[24]

Wenn wir heute einfach nur beklagen, die späteren Krisennationen hätten über die Stränge geschlagen, dann machen wir es uns daher viel zu einfach. Zu glauben, die Krise habe ihre Wurzeln allein in den Krisenländern selbst und sei folglich auch allein dort zu lösen, ist, wie das »Wall Street Journal« zu Recht schreibt, »selbstgefälliger Quatsch«.[25]

Denn erstens haben wir von der Unvernunft anderer profitiert – nicht in Form steigender Durchschnittslöhne, sehr wohl aber in Form steigender Exporte, steigender Unternehmensgewinne und (seit 2005) einer steigenden Beschäftigung. Und zweitens stellt sich wie bei jedem anderen Kreditgeschäft die Frage, wer verantwortlich ist, wenn etwas schiefgeht: Nur der Kreditnehmer, der seine Verbindlichkeit aus eigener Kraft nicht mehr schultern kann? Oder nicht etwa auch der Kreditgeber, dem schon bei einer kursorischen Bonitätsprüfung hätten Zweifel kommen müssen?[26]

Zwar wären Deutschlands Lohnstückkosten auch ohne die Entwicklung in den späteren Euro-Krisenländern gesunken, und die Wettbewerbsfähigkeit in den Krisenländern hätte auch ohne die radikale Lohnzurückhaltung auf deutscher Seite gelitten. Aber die Trends hier wie dort haben sich wechselseitig beschleunigt und verstärkt. Schließlich ist nicht nur Deutschland für die Krisenländer ein wichtiger Konkurrent auf den Weltmärkten und zugleich ein wichtiger Abnehmer von Exporten.[27] Wichtige Kunden sind die Krisenländer auch für uns: Zusammengenommen exportiert Deutschland mehr in die GIIPS-Länder als in irgendeinen anderen Markt – weit mehr als nach China, Großbritannien oder in die USA und sogar mehr als nach Frankreich, unserem eigentlichen Hauptabnehmer.[28] Vor der Krise trugen die GIIPS-Staaten denn auch erheblich zu den wachsenden deutschen Leistungsbilanzüberschüssen bei, im Jahr 2007 etwa entfiel nicht weniger als ein Viertel des Gesamtüberschusses auf diese fünf Staaten.[29] Die Tatsache, dass in den späteren Krisenländern die Lohnkosten der Produktivität davoneilten, hat die Wirkung unserer Lohnzurückhaltung auf unseren Außenhandel also merklich verstärkt.

Das, was Deutschland erlebt hat, wird von Ökonomen auch »interne Abwertung« genannt. Wenn nämlich unsere Lohnstückkosten sinken, während die unserer Handelspartner steigen und – der Währungsunion wegen – eine Anpassung der Wechselkurse dennoch unterbleibt, dann ist das im Ergebnis dasselbe, als wenn die deutsche Währung fortwährend abgewertet worden wäre. Und so ist eine Situation entstanden, die jener des Jahres 1969 ähnelt – damals, als Herbert Giersch die überfällige Aufwertung der D-Mark forderte. Giersch allerdings hatte es in der damaligen Debatte noch vergleichsweise leicht. Denn immerhin konnte er darauf setzen, dass sich die politischen und wirtschaftlichen Eliten in der Bundesrepublik zumindest prinzipiell im Klaren darüber waren, was außenwirtschaftliche Ungleichgewichte bedeuten. Nichts Gutes nämlich.

Es gab Zeiten, da kamen wichtige neue Gesetze in Deutschland mit einer Handvoll Seiten aus und mit zwei, drei Dutzend Paragrafen. Das »Gesetz zur Förderung der Stabilität und des Wachstums der Wirtschaft«, 1967 von der ersten großen Koalition verabschiedet, ist so eines. Paragraph 1 legt gleich im ersten Satz fest, dass Bund und Länder »bei ihren wirtschafts- und finanzpolitischen Maßnahmen die Erfordernisse des gesamtwirtschaftlichen Gleichgewichts zu beachten« haben. Und direkt danach heißt es: »Die Maßnahmen sind so zu treffen, dass sie im Rahmen der marktwirtschaftlichen Ordnung gleichzeitig zur Stabilität des Preisniveaus, zu einem hohen Beschäftigungsstand und außenwirtschaftlichem Gleichgewicht bei stetigem und angemessenem Wirtschaftswachstum beitragen.«[30]

Manches in dem Gesetz hat sich inzwischen erübrigt oder überlebt.[31] Aber in Kraft ist es nach wie vor, einschließlich der Ziele, auf die es die Politik festlegt. Diese vier Ziele bilden zusammen das »Magisches Viereck« – magisch deshalb, weil es häufig nicht gelingt, alle Ziele gleichzeitig zu erreichen, und es zumindest kurzfristig zu Zielkonflikten kommen kann.

Dass stabile Preise und ein hoher Beschäftigungsstand wünschenswert sind, ist bis heute unumstritten. Beim »angemessenen Wirtschaftswachstum« gibt es leider schon verbreitete Zweifel (siehe Kapitel 8). Völlig aus dem Blick geraten dagegen ist das vierte Ziel: das außenwirtschaftliche Gleichgewicht.

Ganz allgemein kann ein außenwirtschaftliches Gleichgewicht interpretiert werden als Zustand, der von ausgeglichenen Handelsbeziehungen geprägt ist und einem stabilen Währungssystem. Im Besonderen ist damit gemeint, dass größere Überschüsse oder Defizite in der Leistungsbilanz vermieden werden sollten. Dieses Ziel war damals, in den 60er-Jahren, weithin unumstritten, in Deutschland und dem Rest der westlichen Welt. Schon zwei Jahrzehnte davor, im Jahr 1944, war auf der berühmt gewordenen Konferenz im amerikanischen Bretton Woods eine Institution geschaffen worden, zu deren wichtigsten Aufgaben es gehört, »die Dauer und das Ausmaß von Ungleichgewichten in den Zahlungsbilanzen der Mitglieder zu verringern«: der Internationale Währungsfonds (IWF).[32]

Das Ungleichgewicht in der deutschen Zahlungsbilanz ist, was Dauer und Ausmaß angeht, riesig. Ein geringer Leistungsbilanzüberschuss von vielleicht einem oder zwei Prozent der Wirtschaftsleistung kann für ein Industrieland wie Deutschland durchaus als normal betrachtet werden.[33] In Deutschland aber erreichte der Überschuss im Jahr 2005 erstmals mehr als fünf

Prozent – ein Wert, den es seit 1980 (ältere Statistiken liegen nicht vor) in keinem anderen großen Industrieland gegeben hat. Und die Überschüsse sind seit 2005 tendenziell weiter angeschwollen, auf bis zu 7,5 Prozent im Jahr 2013. Für den Rest der laufenden Dekade erwartet der IWF weiterhin hohe Überschüsse von jeweils mehr als fünf Prozent.[34]

Wir haben es hier also mit einem Phänomen zu tun, das historisch und im internationalen Vergleich völlig aus dem Rahmen fällt. Mit einem Phänomen, zu dessen Beseitigung Bund und Länder laut Stabilitäts- und Wachstumsgesetz beitragen müssten. Einem Phänomen, das sowohl von internationalen Institutionen (IWF, EU-Kommission) als auch von den Regierungen wichtiger Partnerländer (Frankreich, USA) angeprangert wird. In international führenden Medien stößt es ebenfalls auf Kritik. Paul Krugman, Nobelpreisträger und Kolumnist der linksliberalen »New York Times«, klagt über »diese deprimierenden Deutschen«. Und das konservative »Wall Street Journal« attestiert uns eine »neoviktorianische« Export-Besessenheit.[35]

Man sollte erwarten dürfen, dass sich Deutschlands politische und wirtschaftliche Eliten mit dem Phänomen angesichts einer derart breiten Kritik ernsthaft auseinandersetzen. Zu erkennen ist: nichts dergleichen. Die Abwehrfront, die sich in dieser Debatte in Deutschland gebildet hat, ist sehr breit, sie reicht von Andrea Nahles (»kein Handlungsbedarf«) bis zum Wirtschaftsflügel der Union. Ulrich Grillo, der Präsident des Bundesverbands der Deutschen Industrie (BDI), traf die Gemütslage der deutschen Wirtschafts- und Polit-Elite recht genau, als er Ende 2013 sagte: »Wir können stolz sein auf diese Ohrfeigen.«[36]

Konkret sind von deutscher Seite vor allem folgende Argumente zu hören:

- »Unser Export hilft Europa.«[37] Der Gedanke dahinter: Wenn Deutschland viel exportiert, dann profitieren davon auch die europäischen Partnerländer. Denn schließlich werden zahlreiche Vorleistungen, mit denen deutsche Exportprodukte hergestellt werden, von Unternehmen in anderen Ländern Europas erzeugt. Nur: Es geht ja nicht darum, dass Deutschland viel exportiert. Sondern darum, dass wir weitaus weniger importieren als exportieren. Dagegen – nur dagegen! – richtet sich die Kritik, die aus Brüssel und Paris, New York und Washington zu hören ist. Zwar sind mit den deutschen Ausfuhren auch die deutschen Einfuhren gestiegen, nur eben wesentlich langsamer. Wenn Kanzlerin Merkel, wie die Deutsche Presseagentur im November 2013 berichtete, es als »absurd« bezeichnet, »die Produktion zu drosseln und Abstriche an der Qualität der deutschen Produkte machen« zu wollen, dann richtet sie sich gegen Vorwürfe, die überhaupt nicht im Raum stehen.[38]

- »Die Kritik an den deutschen Leistungsbilanzüberschüssen ist unbegründet, weil diese nicht auf wirtschaftspolitischer Einflussnahme beruhen«, heißt es in einem vierseitigen Papier (»Zum deutschen Leistungsbilanzüberschuss«) des Bundeswirtschaftsministeriums, das im Herbst 2013 im politischen Berlin kursierte. Dagegen vorzugehen sei »eine Art planwirtschaftliches Eingreifen«. Das hätten die Väter des Stabilitäts- und Wachstumsgesetzes ganz anders gesehen. Ihnen ging es nicht allein darum, politische Maßnahmen zu verhindern, die außenwirtschaftliche Ungleichgewichte vergrößern. Vielmehr sahen sie es als Aufgabe der Politik an, solchen Ungleichgewichten aktiv entgegenzuwirken – sie unterschieden nicht danach, ob Ungleichgewichte Resultat politscher Eingriffe sind oder Ergebnis marktlicher Prozesse. Außerdem: Wenn Leistungsbilanzsalden wirklich gleichsam Schicksal sind und also hinzunehmen – taten dann etwa Griechenland und Spanien gut daran, ihren wachsenden Defiziten in den Nullerjahren tatenlos zuzusehen? Falls sie versucht hätten, dagegen anzugehen, hätte man ihnen dann allen Ernstes ebenfalls »planwirtschaftliches Eingreifen« vorwerfen sollen?

- Gerne wird auch darauf verwiesen, dass sich das Problem bereits erübrigt habe. Schließlich sei es nicht länger größtenteils der Handel mit den Euro-Partnern, bei dem der deutsche Leistungsbilanzüberschuss entsteht.[39] Letzteres stimmt zwar.[40] Doch liegt das keineswegs daran, dass wir den Krisenländern nun mehr Waren abkaufen würden als vor der Krise – im Gegenteil, im Jahr 2013 lagen unsere Güterimporte aus den GIIPS-Ländern sogar leicht, nämlich um gut zwei Milliarden Euro, unter dem Niveau des Jahres 2007. Der Rückgang des Handelsüberschusses gegenüber den Krisenländern ist vielmehr ausschließlich rückläufigen deutschen Exporten (minus 33 Milliarden Euro) geschuldet,[41] er reflektiert daher in erster Linie die schweren Konjunktureinbrüche in den Krisenstaaten – und darf nicht als ein strukturelles, nachhaltiges Zeichen der Gesundung missverstanden werden.
- Deutschlands »relativ hohe Ersparnis« ist eine »rationale Vorsorgeentscheidung« (Wirtschaftsministerium). Wir sorgen demnach vor für unsere Vergreisung, wir bauen Kapital auf, das wir später aufbrauchen können.[42] Dieses Argument ist das beste der Schönredner. Aber auch kein wirklich gutes. Dazu muss man sich klarmachen: Der Leistungsbilanzsaldo entspricht einerseits (im Wesentlichen) der Differenz zwischen Aus- und Einfuhren. Er entspricht aber zwingend immer auch der Differenz aus Ersparnissen und Investitionen. Bei einem Leistungsbilanzüberschuss wird Kapital ins Ausland exportiert, weil die heimischen Ersparnisse größer sind als die heimischen Investitionen. Anders formuliert: Wir übertragen einen Teil unserer Kaufkraft ins Ausland und bekommen dafür Schuldscheine – so wie ein Wirt Kaufkraft

überträgt, der seine Gäste anschreiben lässt. Nun hätte es natürlich sein können, dass der Leistungsbilanzüberschuss wächst, weil die Ersparnisse sich deutlich erhöhen, während die Investitionen konstant bleiben. Es ist aber etwas anderes passiert: Höhere Ersparnisse sind nur ein kleinerer Teil der Erklärung. Vielmehr reflektiert der deutsche Leistungsbilanzüberschuss in erster Linie den beschriebenen Investitionsstreik (siehe Kapitel 9) – und damit nicht etwa eine Stärke, sondern eine Schwäche: Die Entwicklung der deutschen Leistungsbilanz – von einem leichten Minus im Jahr 2000 hin zu einem gewaltigen Überschuss im Jahr 2013 – lässt sich zu fast zwei Dritteln durch sinkende Investitionen erklären. Wenn Staat und Privatwirtschaft, relativ zur Wirtschaftsleistung, im Jahr 2013 noch genauso viel investiert hätten wie im Jahr 2000, dann hätte der Leistungsbilanzüberschuss nicht 7,5 Prozent des BIP betragen, sondern 1,9 Prozent – wäre also völlig im Rahmen gewesen.[43]

Handle so, dass die Maxime deines Willens jederzeit zugleich als Prinzip einer allgemeinen Gesetzgebung gelten könnte: Der berühmte kategorische Imperativ ist das oberste moralische Prinzip in der Philosophie von Immanuel Kant. Gemessen daran verhalten wir Deutsche uns gegenüber dem Rest der Welt: unmoralisch. Solange wir nämlich keine Transaktionen mit Außerirdischen tätigen, müssen sich die Leistungsbilanzsalden weltweit ausgleichen. Jedem Euro Überschuss muss irgendwo auf der Welt ein Euro Defizit gegenüberstehen. Deutschland, mit anderen Worten, kann nur deshalb Leistungsbilanzüberschüsse haben, weil es woanders Leistungsbilanzdefizite gibt. Das wäre nicht weiter relevant – wenn die deutsche Volkswirtschaft klein wäre und die Überschüsse maßvoll. Doch Deutschlands Wirtschaft ist die viertgrößte der Welt und die mit Abstand größte in Europa. Und unser Leistungsbilanzüberschuss ist gigantisch. Und das auch noch über einen langen Zeitraum hinweg. Wir sind daher kein Modell und kein Vorbild. Im Gegenteil.

Als eines der reichsten Länder der Welt sollten wir versuchen, an der Spitze der Wertschöpfungskette zu bleiben. Wir sollten uns kontinuierlich bemühen, noch innovativer und noch produktiver zu werden – und uns dabei messen mit unseresgleichen, mit den USA, mit den skandinavischen Ländern, mit Japan und Südkorea, mit der Schweiz und Frankreich. Auf diese Weise hat die Bundesrepublik in der Nachkriegszeit einen zuvor unvorstellbaren Massenwohlstand hervorgebracht: Die regelmäßigen Aufwertungen der D-Mark wirkten abhärtend, sie zwangen Unternehmen zu Erfindungsreichtum und Effizienzsteigerungen und damit auch zu hohen Investitionen. Ein ansehnliches Produktivitätswachstum ermöglichte ähnlich ansehnliche Lohnzuwächse.

Inzwischen verfolgen wir ein grundlegend anderes Geschäftsmodell, eines, das geprägt ist von niedrigen Investitionen, erlahmendem Produktivitätsfortschritt und stagnierenden Reallöhnen. Es ist ein Geschäftsmodell, das einem selbstgewählten *downgrading* gleichkommt, es orientiert sich nicht an der Weltspitze – sondern daran, im Standortwettbewerb mit Polen, Tschechien oder Ungarn zu bestehen. Unsere (gemessen am Preis-Leistungs-Verhältnis) stetig günstiger werdenden Exporte verdrängen in den Abnehmerländern heimische Produktion, ohne dass im Gegenzug unsere Importe im gleichen Maße steigen. Sollten unsere Handelspartner auf die Idee verfallen, unsere Masche zu kopieren und ebenfalls auf »interne Abwertungen« zu setzen, entsteht eine Form der Konkurrenz, die einem klassischen Abwertungswettlauf ähnelt. Unser durch Lohnverzicht erkaufter Vorsprung geht dabei wieder verloren – es sei denn, wir verstärken unsere »internen Abwertungen« noch. Gewinner wird es dabei letztlich keine geben, jedenfalls nicht auf Arbeitnehmerseite.

Zu D-Mark-Zeiten hätte ein Geschäftsmodell, das auf internen Abwertungen beruht, nicht lange funktioniert. Terraingewinne wären durch externe Aufwertungen – also steigende D-Mark-Kurse – wieder eliminiert worden. Die Einführung des Euro aber hat es uns ermöglicht, das neue Geschäftsmodell über einen längeren Zeitraum hinweg aufrechtzuerhalten.

Doch nun droht ihm Ungemach, so oder so. Sollte die Währungsunion doch noch auseinanderbrechen, dann würden sich die einzelnen Währungen wieder an nationalen Gegebenheiten orientieren und nicht länger an einem europäischen Durchschnitt. Für uns hieße das: Die deutsche Währung – wie auch immer sie dann hieße – würde sofort drastisch aufwerten.[44] Mit dem deutschen Exportwunder wäre es dann sehr schnell vorbei.

Erhalten bleiben kann die Währungsunion nur, wenn die Krisenländer ihre Wettbewerbsfähigkeit zurückgewinnen – auch Deutschland gegenüber. Sie müssen folglich ihre Lohnstückkosten senken. Am besten, natürlich, durch ein höheres Produktivitätswachstum, aber eben auch, um die Anpassung zu beschleunigen, durch Bescheidenheit bei der Lohnfindung. Dieser Prozess ist bereits im Gange. Im öffentlichen Dienst der GIIPS-Staaten wurden die Gehälter teilweise drastisch gekürzt und in der Privatwirtschaft zumindest eingefroren.[45] Weitreichende Strukturreformen, die nicht zuletzt darauf abzielen, den Produktivitätsfortschritt zu beschleunigen, sind geplant oder bereits umgesetzt.

In den vier kleineren Krisenländern hat sich die preisliche Wettbewerbsfähigkeit denn auch schon wieder erheblich verbessert. Sie haben seit 2008 viel von dem Boden, den sie zuvor verloren hatten, wieder gutgemacht. 2014 dürften die relativen Lohnstückkosten jeweils nur noch um weniger als zehn Prozent über dem Niveau des Jahres 1995 liegen.

Man kann das Glas in dieser Hinsicht als halb leer betrachten: Ausgerechnet das große Italien zeigt noch keine nennenswerte

Besserung, und überdies ist fraglich, ob die Entwicklung in den anderen vier Ländern von Dauer sein wird. Womöglich sitzt der Schock dort so tief, dass die Lohnentwicklung selbst dann nicht wieder aus dem Ruder läuft, wenn sich die Konjunktur erholt hat und die Arbeitslosigkeit ein halbwegs erträgliches Maß erreicht. Wissen werden wir das freilich erst, wenn es so weit ist.

Umgekehrt lässt sich das Glas auch als halb voll betrachten. So ist der Trend zu ständig steigenden Lohnstückkosten

**Relative Lohnstückkosten**

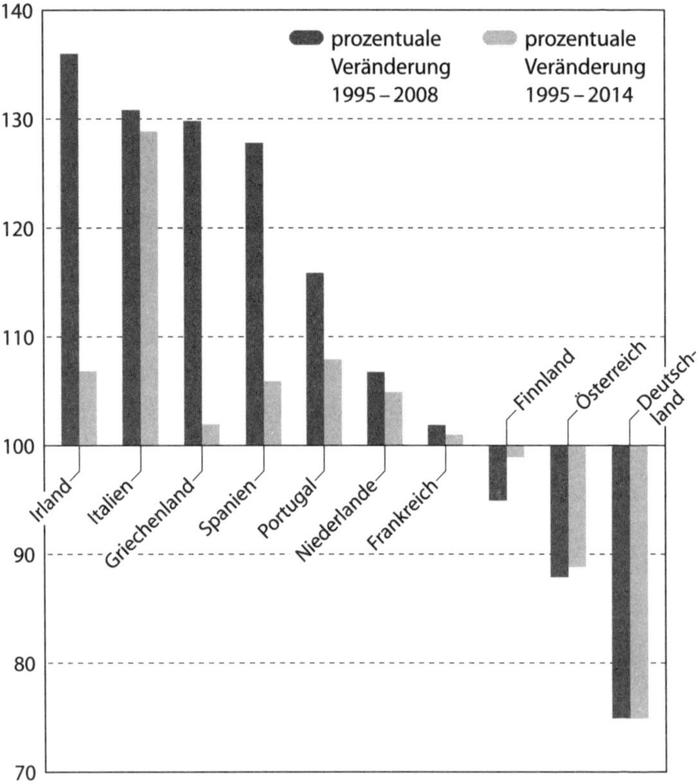


*Quelle: OECD, eigene Berechnungen*

eindeutig gebrochen, und die Reformen, die in den Krisenländern eingeleitet wurden, sind umfassender, als es die deutsche Agenda 2010 je war.

Wenn aber die Krisenländer an Wettbewerbsfähigkeit gewinnen, werden wir automatisch einen Teil der unseren einbüßen. Denn Wettbewerbsfähigkeit ist eine relative Größe: Was der eine gewinnt, muss der andere verlieren. Dass innerhalb der Euro-Zone einige Länder wettbewerbsfähiger werden, ohne dass andere Abstriche machen müssen, ist ein Ding der Unmöglichkeit. Es ist wie beim Fußball: Es können nicht alle gleichzeitig Europameister werden. Zu den Kosten der Euro-Rettung wird also auch gehören, dass die Dynamik unserer Exportwirtschaft nachlässt.

Es ist natürlich möglich, dass die Wettbewerbsfähigkeit der Euro-Zone insgesamt steigt, gegenüber dem Rest der Welt nämlich. Nur würde dann das passieren, was wir aus D-Mark-Zeiten kennen: Unsere Währung, jetzt also der Euro, würde aufwerten gegenüber den Handelspartnern außerhalb der Euro-Zone. Auch das würde auf Kosten unserer Exportdynamik gehen.

Das aber heißt: Selbst in einem optimistischen Szenario hat unser neues Geschäftsmodell, in dem Wettbewerbsfähigkeit in erster Linie durch Lohnverzicht abgesichert wird, seine besten Zeiten hinter sich. Naheliegend wäre es in dieser Situation natürlich, Einbußen bei der Wettbewerbsfähigkeit durch einen noch ausgeprägteren Lohnverzicht zu kompensieren. Das liefe auf den erwähnten Abwertungswettlauf hinaus. Der Anpassungsprozess in den Krisenstaaten würde dadurch unterminiert – und der Zusammenhalt der Währungsunion auf fahrlässige Weise gefährdet.

Das macht die Rückkehr zu unserem alten Geschäftsmodell umso wünschenswerter und umso notwendiger. Wir sollten uns eine Wirtschaft wünschen, die vorrangig durch hohe Produktivitätszuwächse wettbewerbsfähig bleibt und nicht durch langfristig stagnierende Reallöhne.

Die Betonung liegt hier auf »wünschen«. Eine notwendige – wenn auch nicht hinreichende – Bedingung dafür wäre nämlich ein Investitionsboom in der Privatwirtschaft, und den kann kein Politiker anordnen oder auch nur gezielt initiieren. Möglich und sinnvoll wäre nur, die Rahmenbedingungen für private Investitionen zu verbessern. Ob das helfen würde, ist ungewiss, immerhin konnten ja nicht einmal die drastisch gesunkenen Lohnstückkosten den beschriebenen Investitionsstreik verhindern.

Grundvoraussetzung wäre ohnehin zunächst einmal, dass die deutsche Politik anfängt, Problembewusstsein zu entwickeln. Dass sie erkennt: Ein hoher Exportüberschuss zeugt zwar von einer starken Exportwirtschaft, sagt aber für sich genommen rein gar nichts aus über die Verfassung der Volkswirtschaft als Ganzes. Und dass sie auch erkennt: So, wie unsere Überschüsse zustande kommen, sind sie eher ein Ausweis struktureller Schwächen als irgendetwas anderes.

Zuversicht ist hier unangebracht. Im März 2014 streute das Bundeswirtschaftsministerium erneut ein internes Papier in Berlin. Darin hieß es, »exzessive und dauerhafte (außenwirtschaftliche) Ungleichgewichte« seien »schädlich für die Stabilität der Eurozone«. In diversen Medienberichten war daraufhin zu lesen, in der Bundesregierung habe ein Umdenken eingesetzt. Kanzlerin Merkel ließ dementieren, ihr Regierungssprecher teilte mit, es gebe »keine grundsätzlich andere Haltung zu diesem Thema«.[46] Folglich muss weiter als Regierungslinie gelten, was das Bundesfinanzministerium Ende 2013 verkündete: »Der deutsche Leistungsbilanzüberschuss bietet keinen Anlass zur Sorge, weder für Deutschland noch für die Euro-Zone oder die Weltwirtschaft. Anderslautende Analysen können nicht nachvollzogen werden.«[47]

Wenn die »Financial Times« mit Blick auf die Diskussion schreibt, die Deutschen lebten offenkundig in einem »sonderbaren Paralleluniversum«[48]: Kann man es ihr verdenken?

# 11

## Läuft. Und läuft. Und …?

Wie wir uns in die Hände einiger weniger Konzerne begeben haben

»From Hitler Youth to Papa Ratzi«, titelte »The Sun«, als Kardinal Joseph Ratzinger zum Papst gewählt worden war. Für die englische Boulevardzeitung gehört die teils giftige, teils spielerisch-humorvolle Pflege antideutscher Ressentiments seit Langem zum Markenkern.

Aber die »Sun« kann auch anders. Im Januar 2013, als einmal mehr über einen möglichen EU-Austritt Großbritanniens spekuliert wurde, schrieb »Bild«: »Bitte geht nicht, ihr seid so schön crazy!« Die britische Konkurrenz retournierte den Liebesbeweis prompt – und präsentierte »zehn Gründe, warum wir Deutschland lieben sollten«. Die Liste barg ein paar Überraschungen, zum Beispiel Jägermeister (Platz drei) und Rudi Völler (Platz vier). Anderes war erwartbarer, etwa das Oktoberfest (Platz sechs) oder Heidi Klum und Claudia Schiffer, die sich den zweiten Platz teilen mussten.

Platz eins aber blieb den deutschen Autoherstellern vorbehalten: »We love Audi, BMW, VW and Mercedes«, erklärten die Boulevardjournalisten aus London.

Wir bewundern uns für vieles von dem, was uns absetzt von anderen Wirtschaftsnationen, und häufig – etwa beim Sparkassenwesen oder der Energiewende – stehen wir mit dieser Bewunderung recht allein da. Für unsere Autos gilt das sicher nicht, die Produkte aus Dingolfing und Sindelfingen, Zuffenhausen und Wolfsburg genießen weltweit Hochachtung. Dem Marktforschungsunternehmen Interbrand zufolge hatten Mercedes-Benz und BMW 2013 einen Markenwert von jeweils knapp 32 Milliarden Dollar. Sie waren demnach wertvoller als jede andere europäische Marke, wertvoller als Louis Vuitton und Prada, als Ikea und H&M. Und gleich auf Platz drei der Europa-Liga folgt, wenn man die Tochterunternehmen Audi und Porsche hinzurechnet, mit 25 Milliarden Dollar der Volkswagen-Konzern.[1]

Tatsächlich konnten die drei großen Autokonzerne in den vergangenen Jahren Erfolge feiern, die man getrost als spektakulär bezeichnen darf. Immer neue Umsatz- und Gewinnrekorde wurden vermeldet, BMW beispielsweise steigerte den Pkw-Absatz in dem Zehnjahreszeitraum zwischen 2004 und 2013 um 62 Prozent, der Gesamtumsatz legte gar um 72 Prozent zu.

Solche Nachrichten sind natürlich für sich genommen höchst erfreulich. Doch es gibt einen Haken dabei: Keine andere große Branche in Deutschland kann eine auch nur annähernd vergleichbare Entwicklung vorweisen. Wir können und sollten uns selbstredend nicht wünschen, dass die drei deutschen Auto-Hersteller weniger erfolgreich wären. Nur ändert das nichts daran, dass die deutsche Wirtschaft immer autolastiger wird. Und das ist ein Problem. Auf Neudeutsch würde man von einem Klumpenrisiko sprechen.

Zum Kanon des zeitgenössischen deutschen Eigenlobs gehört »German Mittelstand« fest dazu. Deutschlands Wirtschaft sei so stark, heißt es immer wieder, weil sie von mittelständischen, großenteils familiengeführten Unternehmen geprägt sei, angeblich mehr als 1000 dieser Firmen sind Weltmarktführer.

»Der industrielle Mittelstand in Deutschland ist besonders deshalb so erfolgreich, weil er sich auf die Fertigung individueller und hochwertiger Nischenprodukte spezialisiert hat«, schreibt der Bundesverband der Deutschen Industrie. »Häufig werden dabei regional eingegrenzte oder sehr spezialisierte Märkte bedient.«[2] Und es gibt sie ja tatsächlich, Firmen wie Herrenknecht, dessen Geräte im Tunnelbau unverzichtbar sind. Oder Otto Bock, den führenden Prothesenhersteller. Oder Schulze-Brakel, ein Unternehmen, das den Markt für Mikrofonüberzüge beherrscht.

Über solchen Erfolgsgeschichten gerät das große Bild leicht aus den Augen. Beispiel Maschinenbau, der wie keine andere der wichtigsten deutschen Industriebranchen mit mittelständischen Unternehmen in Verbindungen gebracht wird: In acht der zehn Jahre zwischen 2002 und 2011 lagen die Nettoanlageinvestitionen hier im negativen Bereich. So viele Beispiele es geben mag für ungeheuer erfolgreiche Unternehmen in der Branche: Am Standort Deutschland ist der Maschinenbau, als Ganzes betrachtet, auf dem Rückzug: Die Abschreibungen übertreffen die Neuinvestitionen, der Kapitalstock schrumpft – langsam zwar, aber mit beängstigender Stetigkeit.

In dieser Hinsicht ist der Maschinenbau geradezu typisch für die Industrie in Deutschland. Anfang der 90er-Jahre bildeten die Maschinenbauer zusammen mit der Metall- und der Autoindustrie so etwas wie ein Triumvirat: Alle drei Branchen trugen ziemlich genau ein Achtel zum heimischen Produktionswert der deutschen Industrie bei. Der Maschinenbau hat seine relative Stellung in den zwei folgenden Jahrzehnten halten können – wie auch die Metallindustrie.

Die Autoindustrie dagegen, sie ragt inzwischen deutlich heraus, sie ist in Deutschland seit der Wiedervereinigung nach und nach in eine dominierende Rolle hineingewachsen:

- Der Auto-Anteil am Produktionswert der deutschen Industrie ist zwischen 1991 und 2011 von gut 12 Prozent auf fast 19 Prozent gestiegen. 2011 übertrafen die Autohersteller und -zulieferer die anderen beiden Paradebranchen, also Maschinenbau und Metallindustrie, beim Produktionswert um jeweils rund 40 Prozent.[3]
- Mehr als die Hälfte des deutschen Leistungsbilanzüberschusses – 110 von 208 Milliarden Euro – wurde 2013 in der Autobranche erzielt. Auto- und Maschinenbau zusammen waren sogar für mehr als 99 Prozent des deutschen Leistungsbilanzüberschusses verantwortlich.[4] Manche anderen Branchen dagegen, die Mitte der 90er-Jahre noch zu den exportstärksten der deutschen Wirtschaft gehörten – wie Papier, Möbel und Bekleidung – haben ihre Bedeutung auf dem Weltmarkt fast gänzlich verloren.[5]
- Wie bereits gezeigt (siehe Kapitel 9), ist der Automobilbau die einzige unter den acht wichtigsten Industriebranchen, in der die Nettoinvestitionen seit der Jahrtausendwende noch im positiven Bereich lagen. Der Anteil des Fahrzeugbaus am industriellen Kapitalstock in Deutschland, der schon in den 90er-Jahren deutlich gestiegen war, hat sich dementsprechend in den Nullerjahren fast sprunghaft erhöht. 1991 entfielen 13,3 Prozent des Nettoanlagevermögens im verarbeitenden Gewerbe auf die Automobilbranche, 2011 waren es schon 18,7 Prozent – der Anteil ist also um mehr als 40 Prozent gewachsen.[6]

Am deutlichsten aber wird die zunehmende Dominanz des Autosektors in einem Bereich, der auch den Charakter von Investitionen hat, der aber erst mit der Umstellung der Volkswirtschaftlichen Gesamtrechnung im Herbst 2014 tatsächlich hinzugerechnet wird: Forschung und Entwicklung (FuE).

Der Koalitionsvertrag formuliert das Ziel recht unmissverständlich gleich auf den ersten Seiten: »Für neue Produkte, Verfahren und Beschäftigung braucht unsere Wirtschaft Innovationen. Wir wollen mit unseren privaten und öffentlichen Ausgaben für Forschung und Entwicklung zu den globalen Spitzenreitern gehören.«[7]

Beim privaten Engagement sind wir hier, so scheint es auf den ersten Blick, wieder auf dem richtigen Weg. Die Ausgaben der Wirtschaft für Forschung und Entwicklung in Deutschland sind in den vergangenen 20 Jahren deutlich gestiegen – in Milliardenbeträgen gemessen, aber auch relativ zur Wirtschaftsleistung. Mitte der 90er-Jahre hatten die FuE-Ausgaben der Wirtschaft zeitweise weniger als 1,5 Prozent des BIP betragen. Im laufenden Jahrzehnt hingegen wird mit rund zwei Prozent immerhin wieder das Niveau erreicht, das bereits Ende der 80er-Jahre zu verzeichnen gewesen war.[8]

Die Frage ist allerdings, wie dieser Anstieg zustande gekommen ist. Von einer Wirtschaftsnation, die den Anspruch hat, eine der führenden und wohlhabendsten der Welt zu sein und zu bleiben, sollte man eigentlich erwarten, dass sie ihr Heil dort sucht, wo andere nicht mithalten können: in Spitzentechnologien. In Branchen also, für die ein hoher FuE-Aufwand charakteristisch ist – der Pharmaindustrie beispielsweise, den Informationstechnologien oder der Luft- und Raumfahrt.

Die Wirklichkeit sieht anders aus. Der Anteil der FuE-Aufwendungen, der in Spitzentechnologien fließt, ist in Deutschland rückläufig, er liegt deutlich unter dem Durchschnitt aller Industrieländer. Dementsprechend sinkt auch Deutschlands internationale Bedeutung in diesem Bereich. Bei den FuE-Aufwendungen für »Bürogeräte/EDV« zum Beispiel – einem im digitalen Zeitalter nicht ganz unbedeutenden Sektor – hat sich unser Weltmarktanteil zwischen Mitte der 90er- und Ende der Nullerjahre glatt halbiert, von zehn auf fünf Prozent.[9]

Ganz anders sieht es bei den Autobauern und ihren Zulieferern aus. So konstatierten Wissenschaftsstatistiker in einer Studie aus dem Jahr 2013, dass »der FuE-Kapazitätszuwachs im deutschen Automobilbau herausragend hoch« ist. »Über die Hälfte des Zuwachses an FuE-Kapazitäten in Deutschland zwischen 1995 und 2008 entfiel auf den Automobilbau (…). Damit ist das ›deutsche Innovationssystem‹ immer stärker von diesem Industriezweig abhängig geworden.«[10]

Es ist denn auch wesentlich der Autobranche zu verdanken, dass Deutschland bei internationalen Vergleichen der FuE-Ausgaben einigermaßen gut dasteht. Das lässt sich zeigen am Beispiel Frankreich, einem Land, in dem die privaten FuE-Aufwendungen deutlich unter dem Industrieländer-Durchschnitt liegen. In Relation zur Wirtschaftsleistung geben Unternehmen in Deutschland ein Drittel mehr aus als Firmen in Frankreich. Würde man allerdings die Aufwendungen im Automobilbereich aus der FuE-Statistik herausrechnen, käme Deutschland über das magere französische Niveau nicht hinaus.[11]

Und so sieht denn auch die Rangliste der deutschen Unternehmen mit den höchsten FuE-Aufwendungen aus: Der Erstplatzierte (Volkswagen) war 2012 ein Autohersteller, der Zweitplatzierte (Daimler) ebenfalls. Auf Platz drei folgte ein Automobilzulieferer (Bosch), den fünften Platz belegte wiederum ein Autohersteller (BMW) und den neunten Platz erneut ein Zulieferer (Continental).[12]

Insgesamt steuerten allein die Autohersteller und -zulieferer in den Jahren 2008 bis 2013 knapp 32 Prozent zu den gesamten Aufwendungen des Wirtschaftssektors bei. Zum Vergleich: Elektronikindustrie, Maschinenbau und Pharmaindustrie sind in der FuE-Statistik die drei nächstgrößten Branchen. Selbst wenn

**Aufwendungen der Wirtschaft für Forschung und Entwicklung**
Verteilung in Prozent, 2008 bis 2013*

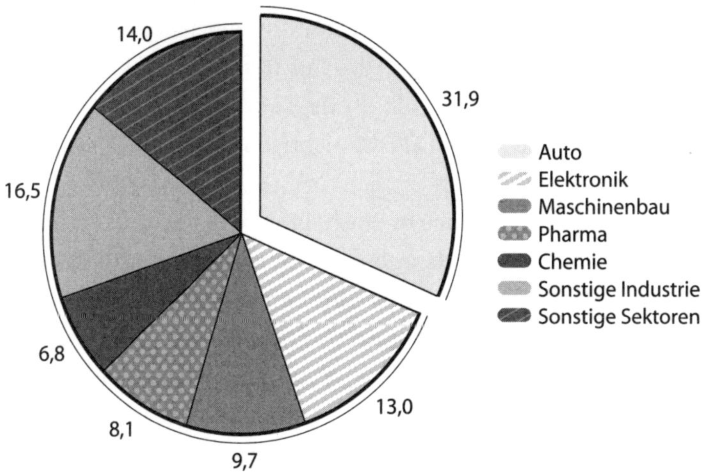


* Nur interne Aufwendungen
*Quelle: Stifterverband für die Deutsche Wissenschaft, eigene Berechnungen*

man alle drei zusammenrechnet, war ihr Anteil mit weniger als 31 Prozent kleiner als der der Autobranche allein.[13]

Wir machen halt einfach von dem, was wir gut können, noch mehr – mag man sich sagen. Und da ist durchaus etwas dran. In einer sich globalisierenden Welt ist es nur naheliegend, dass sich die Arbeitsteilung vertieft – und dass sich dabei jede Nation auf jene Dinge konzentriert, die sie, relativ betrachtet, am besten kann. Jene sechs Richtigen, von denen die deutsche Wirtschaft in den vergangenen drei Jahrzehnten profitiert hat (siehe Kapitel 5), haben ja genau dies forciert: Das, was andere besser oder zumindest günstiger können – T-Shirts herstellen, Kohle fördern –, überließen wir mehr denn je anderen. Dies ließ uns zugleich den Freiraum, uns auf das zu konzentrieren, was uns besonders liegt.

Arbeitsteilung ist aber kein Selbstzweck, auch mit ihr kann man es übertreiben. Und vielleicht tun wir das bereits. Anders ausgedrückt: Es gibt einen Zielkonflikt zwischen Spezialisierung und Diversifizierung. Alles auf wenige Karten zu setzen kann eine gewinnbringende Strategie sein – wenn sich denn die ausgewählten Karten als die richtigen erweisen. Sie ist aber auch hochriskant.

Übertrieben? Das mag so erscheinen. Wenn jeweils ein Fünftel des Produktionswerts und des Kapitalstocks der deutschen Industrie dem Autobereich zuzuordnen ist, so heißt das ja auch: Vier Fünftel entfallen auf andere Branchen. Allerdings ist die Autoindustrie, anders als etwa der Maschinenbau, ein wichtiger Kunde aller anderen wirklich schwergewichtigen Industriebranchen in Deutschland – der Metall- und Elektroindustrie, des Maschinenbaus, der Chemieindustrie.

Außerdem ist die Autobranche – das unterscheidet sie ebenfalls von allen anderen Bereichen – auf einige wenige Hersteller zugeschnitten. Natürlich sind manche der deutschen Autozulieferer selbst Großkonzerne. Bosch etwa erwirtschaftete 2013 mehr Umsatz als Bayer und Continental mehr als die Lufthansa, während ZF Friedrichshafen an SAP heranreichte.[14] Und die Zulieferer machen auch mit ausländischen Herstellern gute Geschäfte. Zum Beispiel Messring, ein Unternehmen, das fast alle Crashtest-Anlagen weltweit gebaut hat; oder Dürr, eine Firma, die den Weltmarkt für Autolackiermaschinen dominiert. Dennoch lässt sich kaum bestreiten, dass von den drei großen deutschen Herstellern fast die gesamte Autoindustrie auf Gedeih und Verderb abhängig ist – und damit letztlich auch die ganze deutsche Wirtschaft.

Die umsatzstärksten Konzerne in der Bundesrepublik waren 1970, in dieser Reihenfolge, VW, Siemens, Hoechst, Bayer und Daimler. VW hat sich an der Spitze gehalten. Hoechst, die damalige Nummer drei, ist heute Teil des französischen Pharmakonzerns Sanofi. Siemens und Bayer wiederum, 1970 Nummer zwei und vier, kamen 2013 nicht einmal gemeinsam auf den Umsatz von Daimler. Und in den vergangenen Jahren hat sich die Entwicklung noch beschleunigt. Was zur Jahrtausendwende undenkbar erschienen wäre, ist 2013 Realität geworden: Auch der kleinste unter den Großen Drei, BMW, hat einen höheren Umsatz erzielt als der Traditionskonzern Siemens.[15]

BMW, Daimler und Volkswagen: Allein diese drei Unternehmen trugen 2013

- gut ein Viertel zu den Gewinnen der 30 Dax-Konzerne bei,
- rund ein Drittel zu den Umsätzen und
- annähernd die Hälfte zu den Ausgaben für Forschung und Entwicklung.[16]

Die Großen Drei hatten auch Glück: Die Konkurrenz in der Branche hat es ihnen leicht gemacht. Misswirtschaft, sture Gewerkschaften und schließlich die Finanzkrise haben das amerikanische Pendant – das Trio aus Chrysler, Ford und General Motors – Ende der Nullerjahre an den Rand der Pleite gebracht. Japans größter Autokonzern wiederum hat sein unbedingtes Streben nach Wachstum teuer bezahlt: Toyota, einst für sein Qualitätsmanagement berühmt, kämpft mit einer Serie von Rückrufaktionen.

Fiat, PSA Peugeot Citroën und Renault entglitten derweil die Kosten. Zwischen 2005 und 2013 stiegen die Arbeitskosten in der französischen und italienischen Autoindustrie um jeweils 30 Prozent. Zugleich setzten die Hersteller weiter auf das margenschwache Massengeschäft und überließen die Premiumsparte den Deutschen. Zusammen war das ein toxischer Cocktail. Die Autoproduktion in Frankreich und Italien brach zwischen 2005 und 2013 um die Hälfte ein.[17]

Sosehr aber BMW, Daimler und Volkswagen von der Schwäche ihrer Wettbewerber profitiert haben mögen: Der Erfolg der Großen Drei hat auch viel mit klugem und weitsichtigem Management zu tun. BMW und Daimler sowie die VW-Töchter Audi und Porsche haben ihre Stellung im Markt für Premiumfahrzeuge gefestigt und sogar ausgebaut. Dieses Segment ist vergleichsweise klein, es macht etwa ein Zehntel des globalen Automarkts aus. Aber das Geschäft in diesem Bereich ist hochprofitabel, die Margen sind weit überproportional. Und es wächst besonders stark, nicht zuletzt dank des neuen Wohlstands im Mittleren und Fernen Osten.

Auch andere Hersteller sind in diesem Segment aktiv, General Motors mit Cadillac, Ford mit Lincoln. Die japanischen Wettbewerber kamen mit Marken wie Acura (Honda), Infiniti (Nissan) und Lexus (Toyota) auf den Markt. Anders als Audi und Porsche sind die Premiumtöchter der ausländischen Konkurrenz aber keine weitgehend eigenständig produzierenden und tüftelnden Firmen – was Experten als zentralen Grund dafür sehen, dass sie den Deutschen nicht Paroli bieten können. Und so kommen heute zwei von drei weltweit verkauften Autos der Premiumklasse von deutschen Herstellern. Zählt man Auslandstöchter wie Bugatti, Bentley und Rolls Royce hinzu, liegt der Anteil gar bei mehr als 70 Prozent.[18]

Beigetragen zu dem Erfolg der deutschen Premiumhersteller hat auch »Premium light«: die Ausweitung des Geschäfts auf Kleinwagen und auf Autos der Mittel- oder Kompaktklasse. Sie gelang, ohne die Wertigkeit der Marken zu beschädigen – eine durchaus beträchtliche Leistung. Und schließlich setzten die Großen Drei auf die richtigen Absatzmärkte, vor allem nämlich auf die beiden größten der Welt: die USA und China. Audi, BMW, Mercedes und Porsche sind in Amerika enorm erfolgreich. VW selbst ist dort zwar ein Nischenanbieter. Doch dafür ist man umso stärker in China positioniert. Schon seit den 80er-Jahren produziert Volkswagen dort – und erarbeitete sich so früh einen

Vorsprung. 2012, hat das »Handelsblatt« errechnet, erwirtschaftete VW allein nicht weniger als 43 Prozent des gesamten China-Umsatzes aller 30 Dax-Konzerne. Und der Anteil könnte noch wachsen, denn der Konzern baut ein halbes Dutzend neuer Werke in der Volksrepublik.[19]

Bei den Großen Drei ist die Siegesserie nicht makellos. Misserfolge und Fehlentscheidungen gibt es auch hier. Volkswagen etwa missriet der Einstieg ins Luxussegment mit dem Phaeton, und Daimler hat zu spät auf China gesetzt. Aber recht unzweideutig ist, dass die drei Konzerne bisher im neuen Jahrtausend auf die wirklich wichtigen strategischen Fragen die richtigen Antworten gefunden haben. Ob das jedoch immer so bleiben wird, ist ungewiss. Die Vergangenheit spricht eher nicht dafür.

Wer um die Jahrtausendwende herum geboren wurde, muss den Eindruck haben, dass ein Autohersteller in Deutschland nur dann kriseln kann, wenn er Opel heißt. Tatsächlich aber haben auch alle anderen deutschen Autobauer schlechte Zeiten erlebt:

- BMW kaufte 1994 den britischen Konkurrenten Rover (Mini, Land Rover), weil man eben nicht allein Premiumhersteller sein wollte – sondern glaubte, auf Masse setzen zu müssen. Resultat waren riesige Verluste, ein Großteil des Zukaufs wurde Jahre später wieder für wenig Geld veräußert.
- Strategische Weichenstellungen, die heute als schwere Fehler gelten, leistete sich auch Daimler. Vorstandschef Edzard Reuter versuchte zwischen Mitte der 80er- und Mitte der 90er-Jahre, aus dem Autohersteller einen »integrierten Technologiekonzern« zu machen, der bei diversen vermeintlichen Schlüsseltechnologien mitmischen und dadurch unabhängiger von der Autokonjunktur werden sollte. Mitte der 90er folgte der nächste Strategieschwenk. Jürgen Schrempp wickelte den »integrierten Technologiekonzern« wieder ab

und bastelte stattdessen an einer »Welt AG«, deren sichtbarstes Zeichen 1998 eine »Hochzeit im Himmel« (Schrempp) war: die Fusion mit dem amerikanischen Autobauer Chrysler. Kaum war Schrempp in den Ruhestand verabschiedet, wurde auch diese Strategie aufgegeben. Unter Nachfolger Dieter Zetsche wurden die Chrysler-Anteile 2007 wieder verkauft.

- Porsche, der heute so glänzend dastehende Sportwagenhersteller, war ein absatzschwaches, verlustreiches Unternehmen, als Wendelin Wiedeking 1992 an die Firmenspitze rückte. Und Audi hat ebenfalls schon Zeiten erlebt, in denen die Marke heruntergewirtschaftet war. Anfang der 80er-Jahre waren die sogenannten Volumenhersteller Ford und Opel die eigentlichen Audi-Konkurrenten, nicht die Premiumproduzenten BMW und Mercedes. Erst unter Entwicklungschef Ferdinand Piëch gelang es nach und nach, nicht mehr als das Auto »für den klassischen Hutträger« (Piëch) zu gelten.[20]
- Piëch wurde 1993 Vorstandschef des Mutterkonzerns Volkswagen – eines Unternehmens, das damals ebenfalls schwer angeschlagen war. Und das auch nicht zum ersten Mal. VW war Anfang der 70er-Jahre schon einmal malade gewesen. Heinrich Nordhoff, in den ersten Nachkriegsjahrzehnten die überragende und lange erfolgreiche Figur in Wolfsburg, hatte sich von den Verkaufsrekorden des Käfer blenden lassen. Zu lange hielt er an dem Modell und dessen Heckantrieb fest. Resultat war eine existenzbedrohende Krise.[21] Erst die Einführung des Golf im Jahr 1974 brachte die Rettung.

Vielleicht kommen diese Zeiten ja nicht wieder. Vielleicht bleibt es so wie in den vergangenen Jahren. Vielleicht werden die wenigen Männer und Frauen, die die wenigen Hersteller führen und kontrollieren, weiter mit Geschick und Weitblick agieren. Vielleicht. Vielleicht aber auch nicht.

Absehbar ist jedenfalls, dass das Umfeld rauer werden wird. Spanien etwa wird gerade ein ganzes Stück deutscher. In dem Land, in dem nicht nur die VW-Tochter Seat produziert, sondern auch Ford, General Motors, PSA Peugeot Citroën und Renault, werden die Lohnexzesse der Nullerjahre korrigiert. Und in der Autoproduktion wird eingeführt, was in Deutschland seit Mitte der 90er-Jahre praktiziert wird und nach Auskunft von Branchenvertretern vor wenigen Jahren in Spanien noch »undenkbar« war: moderne, flexible Formen der Arbeitsorganisation, Arbeitszeitkonten zum Beispiel.[22]

Nicht nur ausländische Produktionsstandorte, sondern auch ausländische Marken holen auf. Zu den Herstellern, die womöglich ein Comeback erleben, gehört Volvo. Der schwedische Traditionshersteller ist in seiner Zeit als Tochterfirma des amerikanischen Konzerns Ford fast verkümmert. Nun ist Volvo Eigentum des chinesischen Wettbewerbers Gerry, man hat wieder Geld für Investitionen und den IT-Konzern Apple als Partner gewonnen. Und das will man nutzen, um den deutschen Premiumherstellern Konkurrenz zu machen – auf deren Heimatmarkt.[23]

Auf diesem Heimatmarkt, der den deutschen Herstellern noch immer eine ordentliche Ertragsbasis verschafft, dürfte das Gerangel ohnehin nicht kleiner werden. Der Markt wird schrumpfen, dafür sorgt schon die demografische Alterung. Selbst bei guter Konjunktur und guter Arbeitsmarktlage wird der Autoabsatz in Zukunft wahrscheinlich nie mehr das Niveau erreichen, das in den vergangenen zehn Jahren Durchschnitt war.[24] Hinzu kommt, dass der zweitgrößte Automarkt der Welt, der amerikanische, nachhaltig schwächelt. Auch 2013 hatten dort die Absatzzahlen nicht wieder das Vorkrisenniveau erreicht.[25]

Damit aber wird der weltgrößte Automarkt, der chinesische, umso wichtiger für die deutschen Hersteller – und das ist eine Risikoklasse für sich.

Bisher haben die deutschen und andere ausländische Hersteller wesentlich davon profitiert, dass die chinesischen Produzenten keine konkurrenzfähigen Alternativen zu bieten hatten. Deren Marktanteile sind sogar rückläufig. Das muss aber längerfristig nicht so bleiben. In einer anderen deutschen Paradebranche, dem Maschinenbau, haben chinesische Unternehmen bereits aufgeholt. Eine ausführliche China-Studie, die der Branchenverband VDMA in Auftrag gegeben hat, kam Anfang 2014 sogar zu dem Schluss, es bestehe für die deutschen Maschinenbauer »trotz noch bestehender Technologie- und Qualitätsvorteile akuter Handlungsbedarf«.[26] Dass auch im Autobau eine solche Situation entstehen könnte, ist zumindest nicht ausgeschlossen. Immerhin haben Japaner und Südkoreaner bereits vorexerziert, dass aufstrebende Wirtschaftsnationen durchaus in der Lage sein können, das Autobauen zu lernen.

Und der Wille, diesen Lernprozess zu beschleunigen, ist auf chinesischer Seite offenkundig vorhanden. So hat der noch junge Hersteller Qoros gezielt Spitzenmanager von BMW und Volkswagen angeheuert – und als Ziel ausgegeben, von 2015 an nicht nur den heimischen Markt zu bedienen, sondern auch nach Europa und später nach Amerika zu exportieren. Einen anderen Weg geht der Staatskonzern Dongfeng: Er ist 2014 bei PSA Peugeot Citroën eingestiegen, dem französischen Autobauer, der zwar kriselt, aber immer noch zweitgrößter Hersteller Europas ist. Künftig sitzen die Chinesen bei PSA mit am Tisch und können aus erster Hand erfahren, wie Automobilbau heute funktioniert.[27]

Wenn aber selbst ausländische Fachleute und Beteiligungen nicht helfen sollten, könnte die chinesische Staatsregierung immer noch auf andere Ideen verfallen. Schon jetzt sind ausländische Produzenten, die in China selbst fertigen wollen, gezwungen, Gemeinschaftsunternehmen mit chinesischen Mehrheitseignern zu gründen. Diese Regelung hat chinesischen Herstellern zwar zu guten Geschäften verholfen, der erwartete Know-how-Transfer aber blieb aus, zu kompliziert und schnelllebig ist das Geschäft, heißt es in der Branche: »Die Entwicklung im Automobilbau ist so schnell, da nützt es fast nichts, an Baupläne für Autos zu kommen, die bald vom Band laufen«, sagte ein deutscher Automanager im Frühjahr 2014 der »Welt«.[28]

Aber heißt das wirklich, dass es keine Mittel und Wege gäbe, deutsche und andere ausländische Hersteller zu drängen, beim Know-how-Transfer nachzuhelfen? Immerhin wird die Verhandlungsposition von VW, BMW & Co. umso schwächer, je abhängiger sie werden vom chinesischen Markt.

Hebel für das chinesische Regime könnten etwa Regulierungen sein. Umweltschutzpolitik made in China, so verständlich sie ist, kann für die deutschen Hersteller leicht zu einem großen Problem werden. Chinesische Metropolen könnten dem Beispiel von Peking folgen und die Zahl der Autozulassungen beschränken, um die Luftverschmutzung einzudämmen. Im Gespräch sind in China ohnehin schon Normen für den $CO_2$-Ausstoß von Autos, die über das geplante europäische Niveau noch hinausgehen.[29]

Regulatorischen Risiken sind die deutschen Hersteller auch daheim ausgesetzt. Volumenhersteller gibt es in vielen europäischen Ländern, ihre Interessen werden sich daher stets auf die Unterstützung aus einer ganzen Reihe von EU-Hauptstädten verlassen können. Das ist im Premiumsegment anders, wo mit Audi und BMW, Mercedes und Porsche die einzigen bedeutenden Hersteller aus einem einzigen Land, Deutschland eben, stammen. Eine EU-Politik, die sich gezielt gegen große, schwere, PS-starke Autos richtet, ist daher eine ständige Gefahr.

Wenn strenge Abgasnormen und nicht die Nachfrage der Kunden über die Produktpalette bestimmen, wird sich das im Zweifel geschäftsschädigend auswirken. Und manche Autoexperten meinen gar, dass auch das Gegenteil, nämlich allzu laxe Emissionsvorschriften, Schaden anrichten könnten. Als zum Beispiel die EU-Kommission Anfang 2014 die für die Zeit ab 2020 avisierten Abgasnormen auf Druck der Bundesregierung entschärfte, konstatierte Ferdinand Dudenhöffer, Direktor des CAR – Center Automotive Research an der Universität Duisburg-Essen: »Premium lebt durch Innovation, und der Premiumkunde bezahlt für den Innovationsfortschritt. Dies haben die heute gültigen $CO_2$-Regulierungen der EU unter Beweis gestellt, die eine Innovationswelle von Treibstoff-Spartechnologien im Markt umgesetzt haben und den Innovationsvorsprung der deutschen Premiumhersteller weltweit deutlich gestärkt haben. Mit den gemilderten Regulierungen sinkt der Innovationsdruck in der Industrie erheblich. Fehlender Innovationsdruck lässt Innovationen spärlicher werden und macht innovative Unternehmen vergleichbarer mit Massenherstellern.«[30]

Zu scharfe oder zu laxe Regulierungen – zum Problem kann beides werden. Auch in dieser Hinsicht unterscheidet sich die deutsche Autobranche von anderen deutschen Großbranchen: Der Maschinenbau oder die Elektroindustrie sind dieser Herausforderung zumindest nicht in gleichem Maße ausgesetzt. Und selbst wenn es dieses regulatorische Risiko nicht gäbe: Deutschlands »Vorsprung durch Technik« (Audi-Werbeslogan) ist auch dann bedroht.

Zu Zeiten von Heinrich Nordhoff muss es vergleichsweise einfach gewesen sein, einen Automobilkonzern zu führen. Als Nordhoff 1948 an die Spitze von Volkswagen rückte, lebte der Hersteller vom Käfer-Verkauf. Als Nordhoff zwei Jahrzehnte später starb, war das Modell immer noch wichtigster Umsatzbringer des Konzerns. Der Käfer war in der Zwischenzeit modifiziert worden, aber im Kern unverändert geblieben.

Vom größten Erfolg bis zur größten Krise dauerte es seinerzeit schon nur eine Handvoll Jahre. 1965 erreichte der Käfer-Absatz seinen Höchststand – fünf Jahre später war ungewiss, ob Volkswagen überleben würde. Heute wandelt sich die Autobranche weitaus schneller, heutiger Erfolg garantiert künftigen Erfolg noch viel weniger als zu Zeiten Heinrich Nordhoffs. Die Kundenwünsche ändern sich, immer mehr junge Städter wollen zwar mobil bleiben, aber nicht unbedingt ein Auto besitzen. Unternehmen aus der IT-Branche drängen in den Markt, darunter die Giganten Apple und Google. Das amerikanische Wirtschaftsmagazin »Fortune« hält bereits das Silicon Valley für »den neuen Mittelpunkt der automobilen Innovation«. Dort, südlich von San Francisco, gibt es neuerdings zahllose Start-up-Unternehmen, die sich mit nichts anderem beschäftigen als damit, das Autofahren zu revolutionieren.[31]

Der technische Fortschritt hat sich schon jetzt dramatisch beschleunigt. Spitzenmanager von BMW etwa sagen selbst, dass neue Technologien »die Branche in den nächsten fünf Jahren weiter nach vorne treiben könnten als in den vergangenen 100 Jahren«.[32] Mag sein, dass die deutschen Autobauer das Tempo mitgehen können. Sicher ist es aber nicht. Das fahrerlose Fahren wurde zuletzt vor allem von Google forciert, im Mai 2014 stellte der kalifornische Suchmaschinenkonzern einen Zweisitzer ohne Lenkrad und Gaspedal als Prototypen vor. Ferdinand Dudenhöffer hält es bereits für möglich, dass Google »in den nächsten 10 bis 15 Jahren zum dominanten Spieler« in der Autobranche werden könnte.[33]

Die deutschen Traditionskonzerne wirken da eher wie Getriebene. Besonders deutlich wurde das beim Umgang des Volkswagen-Konzerns mit dem »Model S«, dem Elektro-Sportwagen des kalifornischen Newcomers Tesla. Er ist seit Mitte 2012 auf dem Markt. Monate später, gegen Ende des Jahres 2012, stellte die VW-Tochter Audi die Entwicklung des Elektro-Sportwagens R8 e-tron ein. Und im März 2013 erklärte Michael Müller, der Chef der VW-Tochter Porsche, es sei »leise geworden (...) um Elektroautos insgesamt«. Der Hype sei »wieder verflogen«, und es sei fraglich, »wie viele Käufer wirklich bereit sind, aus ökologischen Gründen erheblich mehr Geld auszugeben«.

Eine Menge, wie sich zwischenzeitlich gezeigt hat, jedenfalls in wohlhabenden Ländern wie Norwegen und den Niederlanden. In den USA und in der Schweiz wurden 2013 sogar mehr Model-S-Exemplare verkauft als Limousinen der S-Klasse von Mercedes, der 7er-Reihe von BMW oder des A8 von Audi.[34] Tesla, so scheint es, ist gelungen, woran Volkswagen mit dem Phaeton scheiterte: sich im Luxussegment zu etablieren.

Öffentlich wird zwar weiter gelästert über den neuen Konkurrenten. »Wir brauchen keine brennenden Autos«, sagte Ferdinand Piëch, inzwischen Aufsichtsratschef von VW, im Frühjahr 2014. Zuvor war über Unfälle berichtet worden, bei denen Tesla-Modelle auffällig schnell Feuer fingen.[35] Doch fast zeitgleich kündigte VW-Tochter Audi an, die Entwicklung des R8 e-tron wieder aufzunehmen.[36]

»Alle kennen die Tesla-Erfolge«, schrieb das »Manager Magazin« im Januar 2014 über die deutschen Premiumhersteller. »Alle wissen, dass sie die verschärften europäischen Abgasvorschriften ohne Elektrounterstützung spätestens ab 2021 nicht mehr einhalten können. Doch niemand legt richtig los. Alle warten darauf, dass die Kosten so niedrig und die Reichweiten so groß sind, dass die Modelle massentauglich werden. Alle haben Angst, zu früh zu investieren – und Milliarden zu verlieren.«[37]

So verständlich diese Angst ist, es kann darüber auch etwas anderes verloren gehen, etwas, das auf Dauer noch viel entscheidender ist – für die deutschen Autogiganten, für ihre Zulieferer, für die deutsche Wirtschaft insgesamt: der Vorsprung durch Technik.

Mercedes bereitete 2014 die Einführung des ersten Elektroautos vor, das in Großserie produziert werden soll: die »B-Klasse Electric Drive«. Die komplette Antriebseinheit baut der deutsche Konzern nicht selbst, er lässt sie sich zuliefern. Von einem amerikanischen Partner. Von Tesla.[38]

Für die Unternehmen selbst und für ihre Aktionäre mag die Sache am Ende gut ausgehen. Ob sich das auch für ihre Beschäftigten daheim und damit den Standort Deutschland sagen lassen wird, ist eine ganz andere Frage.

Der Boom der deutschen Premiumhersteller hat auch die heimische Produktion stabilisiert, 2013 lag sie bei 5,4 Millionen Autos – einem Niveau, das sie 15 Jahre zuvor schon erreicht hatte.[39] Viel mehr dürften es in absehbarer Zeit nicht werden, selbst unter günstigsten Umständen. Denn der Kapitalstock in der deutschen Autoindustrie ist zwischen 2005 und 2011 fast nicht mehr gewachsen, pro Jahr wurde netto in der gesamten Branche (ohne Berücksichtigung der FuE-Ausgaben) kaum mehr als eine halbe Milliarde Euro investiert.[40] Dafür flossen umso mehr Investitionen ins Ausland.

Dementsprechend steigt der Auslandsanteil der Produktion deutscher Autohersteller weiter stetig: In den 90er-Jahren war er bereits von 26 auf 42 Prozent gewachsen. 2010 wurde dann eine neue Wegmarke erreicht, damals bauten die deutschen Hersteller erstmals mehr im Ausland als in der deutschen Heimat. Und die Schere öffnet sich seither schnell, bis 2013 war der Anteil der Auslandsproduktion auf 61 Prozent geklettert.[41] Audi-Chef Rupert Stadler wirbt denn auch schon konsequenterweise gar nicht mehr mit dem alten Qualitätssiegel »Made in Germany«, der Manager spricht inzwischen lieber von »Made by Audi«.[42] Selbst die Kernstücke automobiler Ingenieurskunst, die Motoren, werden nicht mehr allein in Deutschland gefertigt, sowohl BMW als auch Daimler haben in China Motorenwerke gebaut. Porsche wiederum teilte im März 2014 mit, sein SUV-Modell Cayenne künftig komplett in der Slowakei bauen zu wollen – vor wenigen Jahren noch wäre das für den Sportwagenhersteller wohl undenkbar gewesen.

Der Ausbau der Produktionskapazitäten im Ausland hat bisher nicht dazu geführt, dass Produktion und Beschäftigung in Deutschland deutlich zurückgehen.[43] Doch mit jeder neuen Fabrik, die die deutschen Hersteller in den USA, in China, in Osteuropa eröffnen, machen sie sich unabhängiger vom Heimatstandort.

Betriebswirtschaftlich mag das genau die richtige Strategie sein für Konzerne, die sich beschleunigtem technologischem Wandel ausgesetzt sehen, einer alternden und bald auch schrumpfenden Bevölkerung in Deutschland und stärker werdenden Konkurrenten. Für die deutsche Wirtschaft dagegen, die so abhängig ist vom Automobil wie nie, wäre eine Abwanderung der Autoproduktion ein Desaster.

Und das Risiko wird immer konkreter. Wenn eine Fabrik erst einmal steht, ist es ein Leichtes, die Kapazitäten aufzustocken, BMW etwa macht das ja gerade mit seinem Riesenwerk im amerikanischen Spartanburg vor (siehe Kapitel 9). Produktionsverlagerungen werden so sehr viel einfacher möglich sein als in der Vergangenheit. »Wenn man es uns noch schwerer macht in Sachen Kosten und Flexibilität, dann müssen wir den Weg über die Grenzen suchen«, sagte Daimler-Chef Zetsche im Oktober 2013.[44]

Vor anderthalb Jahrzehnten hätte man dergleichen mit einigem Recht als leere Drohung abtun können. Heute nicht mehr.

# 12
## Die Weber des 21. Jahrhunderts
### Wie uns die IT-Revolution zu überrollen droht

Köhler verdienten ihren Lebensunterhalt damit, tief im Wald Holz zu Holzkohle zu verschwelen. Löher schälten Eichenrinde, die Lederer für das Gerben brauchten, von den Bäumen. Schiffreiter zogen am Flussufer mit Pferden Schiffe hinter sich her. Es gab die Wollschläger und die Korbflechter. Es gab die Radmacher, die Kutschräder fertigten, während die Wagner sich um die Karosserien der Gefährte kümmerten. Und dann waren da noch die Abtrittanbieter: Sie betrieben wandelnde Bedürfnisanstalten, ausgestattet mit Holzeimern und Umhängen, die als Blickschutz dienten.[1]

Manche dieser Berufsbezeichnungen sind bis heute geläufig – als Nachnamen. Die Berufe selbst dagegen sind ausgestorben. Die Zeit ist über sie hinweggegangen. Oder genauer: der technische Fortschritt. Vor der ersten industriellen Revolution gab es diese Berufe. Nachher nicht mehr.

Technologische Revolutionen haben das so an sich: Einerseits stellen sie gewaltige Chancen dar, den menschlichen Wohlstand in beinahe jeder Hinsicht drastisch zu heben. Andererseits schaffen sie riesige Herausforderungen. Weil sie disruptive Prozesse sind. Weil sie mühsam erlernte Fertigkeiten, die eben noch *state of the art* waren, entwerten. Weil am Ende in der Arbeitswelt kaum ein Stein auf dem anderen bleibt.

So war das schon in der ersten industriellen Revolution mit ihren Dampfmaschinen und den neu entstehenden Fabriken. Die Ablösung der Agrar- durch die Industriegesellschaft war – wie es heute, rund zwei Jahrhunderte später, Larry Summers rückblickend ausdrückt – »das Beste, was der Menschheit jemals widerfahren ist«. Aber zunächst einmal produzierte sie viele Verlierer, und es sollte mehrere Generationen dauern, ehe sie tatsächlich auch in der Breite Massenwohlstand schuf.

Heute befinden wir uns am Anfang einer neuen technischen Revolution: der digitalen. Man darf – und muss – annehmen, dass auch sie eingespielte Ordnungen durcheinanderwirbelt, lange gepflegte Gewissheiten zerstört und die Arbeitswelt tiefgreifend verändert.

Wenn in 100 oder 200 Jahren ein Geschichtskundiger auf das frühe 21. Jahrhundert zurückblickt, dann ist die Wahrscheinlichkeit hoch, dass er die digitale Revolution ähnlich beurteilen wird wie heute Larry Summers die industrielle, nämlich als Segen für die Menschheit. Die Frage ist eher, ob wir wieder Generationen brauchen, um auch die zwischenzeitlichen Revolutionsverlierer zu Gewinnern zu machen.

»Wir sehen das Computerzeitalter überall, nur nicht in den Produktivitätsstatistiken«, sagte Robert Solow 1987. Mit seinem Ausspruch wollte der Wachstumstheoretiker und Ökonomienobelpreisträger verdeutlichen, dass die moderne elektronische Datenverarbeitung zwar damals schon Einzug hielt in die amerikanische Arbeitswelt, dass die eigentlich zu erwartende Zunahme beim Produktivitätswachstum aber ausblieb.

In den bald 30 Jahren, die seit Solows berühmt gewordenem Diktum verstrichen sind, haben sich die Informationstechnologien bekanntlich in dramatischem Tempo weiterentwickelt. Zu einem nachhaltigen Anstieg des Produktivitätswachstums in den USA hat das jedoch bis heute nicht geführt. In Deutschland ist sogar ein anhaltender Rückgang des Produktivitätsfortschritts zu beklagen (siehe Kapitel 7).

Obwohl die Frage enorme Bedeutung hat für unseren zukünftigen Wohlstand, wird die Debatte darüber, welche Auswirkungen die digitale Revolution auf die gesamtwirtschaftliche Produktivität hat, fast ausschließlich von amerikanischen Experten geführt. Und bis vor Kurzem waren es die Skeptiker, die den Ton angaben. Die Revolution in den Informationstechnologien galt (oder gilt) ihnen, ganz im Sinne Solows, als enttäuschte Hoffnung. IT erfasse zwar, ähnlich wie die Elektrifizierung, praktisch alle Bereiche nicht nur des privaten, sondern auch des Wirtschaftslebens – habe aber längst nicht dasselbe wirtschaftliche Potenzial.

Die Menschheit sitze gerade auf einem »technologischen Plateau«, schrieb etwa der prominente Wirtschaftsprofessor Tyler Cowen 2011 in seinem vielbeachteten Buch »The Great Stagnation«, »und wir warten auf die nächste große Wachstumsrevolution«. Die Erfindungen, die zwischen 1880 und 1940 gemacht worden seien – das Auto, das Telefon, das Radio, die Schreibmaschine –, seien in der Tat große technologische Durchbrüche gewesen, die das Leben zumindest in den Industrienationen für immer verändert hätten. Seither aber sei im Grunde vergleichsweise wenig passiert: »Abgesehen vom scheinbar magischen Internet, ist das Leben materiell im Großen und Ganzen nicht so anders, als es 1953 war. Wir fahren immer noch Autos, benutzen Kühlschränke und Lichtschalter.«[2]

Regelrecht Pessimismus verbreitet sogar Robert J. Gordon von der Northwestern University in Illinois. Das Auto habe die Menschen sehr viel mobiler und damit letztlich produktiver gemacht, das fahrerlose Auto hingegen werde die Produktivität nicht nennenswert steigern (zumal wir ja weiter darin sitzen müssen). Auch *big data* werde überschätzt. Die digitalisierte Auswertung riesiger Mengen von Daten werde sich »größtenteils als Nullsummenspiel« erweisen, glaubt Gordon: Wenn es einer Firma gelinge, mittels *big data* ihren Kunden maßgeschneiderte Produkte zu bieten, werde sie allenfalls Marktanteile gewinnen, die die Konkurrenten dann ihrerseits mit *big data* zurückzuholen versuchten. Am Ende profitiere womöglich der Kunde – Produktivitätssprünge würden so allerdings nicht entstehen.[3]

Robert J. Gordon ist eine ernstzunehmende Stimme, er ist einer der international Führenden in der Produktivitätsforschung. Doch ist nicht zu übersehen, dass es langsam einsam um ihn herum wird in der amerikanischen Debatte über die Digitalisierung. Selbst Tyler Cowen hat zwischenzeitlich die Seiten gewechselt und glaubt nun, dass die digitale Revolution Amerika aus der »großen Stagnation« herausführen werde.[4]

Der Stimmungsumschwung hat mehrere miteinander verwobene Gründe. Erstens haben die Datenverarbeitungskapazitäten womöglich so etwas wie eine kritische Masse erreicht. Erik Brynjolfsson und Andrew McAfee vom Massachusetts Institute of Technology (MIT) verweisen darauf, dass es vor kaum mehr als einem Jahrzehnt herrschende Meinung war, das fahrerlose Auto werde technisch ebenso unerreichbar bleiben wie der laufende Roboter. Heute gibt es Autos von Google, die keinen Fahrer brauchen und nicht einmal Lenkrad und Bremspedal haben; und Roboter tragen Fußballturniere untereinander aus. Technologisch, so Brynjolfsson und McAfee, befänden wir uns derzeit an einem »Wendepunkt«, von dem an sich künstliche Intelligenz rapide ausbreiten werde.[5] »Maschinen, die reden können, die Probleme lösen können, die gehen können, die Dinge erledigen können«, sagt Brynjolfsson, »das ist eine richtig große Sache. Und wir stehen gerade einmal am Beginn dieser neuen Ära.«[6]

Zweitens wird langsam erkennbar, wohin die digitale Revolution uns überall führen könnte. Das Produktivitätswachstum im 20. Jahrhundert war stark auf die Industrie konzentriert. Beginnend mit der Erfindung des Fließbands vor ziemlich genau 100 Jahren, wurde die Arbeit im verarbeitenden Gewerbe immer stärker automatisiert und auf Effizienz getrimmt. Die gesamtwirtschaftliche Durchschnittsproduktivität wurde vor allem von überproportionalen Zuwächsen in der Industrie nach oben gezogen.

Die digitale Revolution könnte nun das Produktivitätswachstum in der Industrie noch beschleunigen, etwa durch den massenhaften Einsatz von Robotern und anderen IT-Produkten. Eine solche »Industrie 4.0« – wie das die deutsche Politik und die deutschen Wirtschaftsverbände gerne nennen – ist im Grunde allerdings nichts als die Fortführung längst bekannter industrieller Automatisierungsstrategien mit neuen Mitteln.

Was nun aber ansteht, ist die »Digitalisierung von praktisch allem« (Brynjolfsson). Wahrhaft revolutionär könnte sich die Digitalisierung, das zeichnet sich mittlerweile ab, in jenem Bereich der Wirtschaft auswirken, in dem viel mehr Menschen arbeiten als in der Industrie, der sich jedoch Produktivitätsfortschritten lange Zeit ziemlich hartnäckig entzogen hat: dem Dienstleistungssektor. Gerade das ist es, was die Digitalisierung zu dem macht, was sie ist: eine Jahrhundertchance.

Das Jahr 2014 wird wohl als das Jahr der digitalen Ernüchterung eingehen in die jüngere Geschichte der Bundesrepublik. Im Februar des Jahres verbreitete das Bundeswirtschaftsministerium noch gute Laune. »Im internationalen Vergleich verbessert sich die deutsche Digitale Wirtschaft im Ranking der führenden 15 Standorte auf einen guten Platz fünf«, wurde vermeldet.[7] Im Mai waren aus demselben Ministerium schon ganz andere Töne zu hören. Minister Sigmar Gabriel teilte mit, »dass der Informationskapitalismus die gesamte marktwirtschaftliche Ordnung zur Disposition stellt«.[8]

In den drei Monaten dazwischen hatte eine Debatte darüber begonnen, wie stark Google und andere amerikanische IT-Konzerne die Privatsphäre des Einzelnen und zugleich Geschäftsmodelle in einer kaum überschaubaren Zahl von Branchen bedrohen – nicht so sehr durch große Innovationsfreude als durch schiere Marktmacht. Diese wichtige Diskussion läuft noch, und sie wird, da einfache Lösungen nicht in Sicht sind, wohl eine Weile andauern.

Bisher vergleichsweise wenig Beachtung finden dagegen in Deutschland andere, ebenfalls zentrale Fragen, etwa: Was bedeutet es, wenn, erstmals in der Menschheitsgeschichte, eine technologische Revolution auf eine alternde Gesellschaft trifft? Kann eine Gesellschaft wie die deutsche die Umbrüche, die eine technologische Revolution mit sich bringt, ertragen und sogar vorantreiben? Will sie das überhaupt? Was bedeutet die digitale Revolution für Erwerbstätige? Wird es uns gelingen, einen Zuwachs an Produktivität zu erreichen, ohne das mit einem Zuwachs an Unterbeschäftigung zu bezahlen? Und schließlich, in Deutschland noch nicht einmal in Ansätzen diskutiert: Ist unser Bildungssystem für das, was auf uns zukommt, überhaupt das richtige?

Mit dem iPhone hat Apple 2007 das Geschäft mit internetfähigen Mobiltelefonen zum Massenmarkt gemacht. Das Bemerkenswerteste daran war aber eigentlich nicht das Produkt selbst. Sondern die Tatsache, dass der damalige Konzernchef Steve Jobs damit sehenden Auges ein anderes lukratives Geschäftsfeld zerstörte: den Verkauf des erfolgreichen und renditeträchtigen Musikplayers iPod. Im iPhone nämlich war eine Musikabspielfunktion von vornherein integriert.

Im eigenen Geschäft »kreative Zerstörung« im Sinne Joseph Schumpeters zu betreiben: Diese Kühnheit besitzen wenige Unternehmer oder Vorstandschefs. Als Gegenbeispiel zu Steve Jobs können die Manager von Eastman Kodak gelten, einem amerikanischen Konzern, der im Zeitalter der analogen Fotografie die Standards in der Filmherstellung setzte. Kodak experimentierte mit digitaler Fotografie, entwickelte sogar die erste digitale Spiegelreflexkamera. Doch die Manager brachten es nicht über sich, höchstselbst das lange Zeit noch gewinnbringende Geschäfte mit »Kodachrome« und »Kodacolor« zu unterminieren. Das taten dann andere. 2012 beantragte Kodak Gläubigerschutz. Heute existiert das Unternehmen zwar noch. Aber es ist nur ein Schatten seiner selbst – und hat sich aus dem Fotografie-Geschäft komplett zurückgezogen.

Vielleicht erweisen sich die etablierten Konzerne und mittelständischen Familienunternehmen in Deutschland als agil genug, um mithalten zu können bei dem, was kommt. Vielleicht können sich, zum Beispiel, in den für das ganze Land so wichtigen Autokonzernen wirklich jene durchsetzen, die nicht glauben, dass ein Auto für alle Zukunft einen Verbrennungsmotor, ein Lenkrad und ein Gaspedal haben muss.

Richtig ist jedenfalls, dass Steve Jobs, der seine größten innovativen Leistungen im sechsten Lebensjahrzehnt vollbrachte, eine Ausnahme ist. Technologische Revolutionen wurden in der Vergangenheit typischerweise von jungen Wilden vorangetrieben, von Leuten, die noch keine großen Besitzstände hatten, die sie hätten verteidigen wollen. Als Bill Gates 1975 das Unternehmen gründete, das er zunächst »Micro-Soft« nannte, war er 20 Jahre alt. Sergey Brin und Larry Page waren nur wenig älter, als sie 1997 für ihre Internet-Suchmaschine eine Domain namens google.com registrieren ließen. Mark Zuckerberg war sogar erst 19, als er 2004 mit Facebook online ging.

Die Gründerväter des Industriestandorts Deutschland waren, als sie sich ans Werk machten, kaum älter. Friedrich Krupp gründete die »Krupp Gußstahlfabrik« mit 24 Jahren. Robert Bosch, als er sich selbständig machte: 25 Jahre alt. Werner von Siemens, als er die »Telegraphen Bau-Anstalt von Siemens & Halske« gründete: 30 Jahre. Auch die wohl bedeutendsten deutschen Unternehmensgründer des zurückliegenden halben Jahrhunderts, fünf ehemalige IBM-Mitarbeiter, waren jung, als sie 1972 SAP schufen; Dietmar Hopp etwa war 32, Hasso Plattner 28. Carl Benz war, im Vergleich, schon sehr spät dran, als er seinen »Motorwagen Nummer 1« konstruierte: mit 41 Jahren nämlich.[9]

Was aber passiert mit einer Wirtschaftsnation, der die 20- und 30-Jährigen ausgehen – und in der demnächst zum ersten Mal die über 45-Jährigen die Mehrheit stellen? Wird die noch die nötige Innovationskraft, genügend Willen zu Aufbruch und Neuanfang mitbringen, um eine technologische Revolution voranzutreiben, statt von ihr überrollt zu werden? Man weiß es einfach nicht. Der Umstand, dass schon die geburtenstarken *baby boomer* in Deutschland nicht einen einzigen Unternehmensgründer von Weltrang hervorgebracht haben, stimmt zumindest skeptisch.[10]

Immerhin kann man nicht behaupten, dass die Politik nicht erkannt hätte, wie wichtig innovative Unternehmensgründer für eine florierende Wirtschaft auf Dauer sind. Und anders als früher nutzen inzwischen auch Großunternehmen das Potenzial, das in Start-ups steckt. Konzerne wie Axel Springer oder die Deutsche Telekom gehen sogar gezielt Allianzen ein mit IT-Gründern.

Die Gründerstatistiken stimmen ebenfalls hoffnungsfroh: Der Anteil derer, die sich aufgrund fehlender Jobchancen selbständig machen, sinkt. Dagegen ist die Zahl der Gründer, die Unternehmer werden, um eine explizite Geschäftsidee umzusetzen, zuletzt deutlich gestiegen. Allein 2013 sind so rund 462 000 neue Unternehmen in Deutschland entstanden. Der Anteil der Gründer, die mit Marktneuheiten an den Start gehen, wächst ebenfalls, 2013 lag er mit elf Prozent fast dreimal so hoch wie vier Jahre zuvor.[11] So weit die guten Nachrichten.

Der Köhler und der Löher, der Schiffreiter, der Sesselträger und der Abtrittanbieter: Die Tätigkeiten, die der technische Fortschritt zu Zeiten der ersten industriellen Revolution nach und nach verschwinden ließ, waren größtenteils Aushilfsjobs. Berufe, für deren Ausübung keine besondere Qualifikation nötig war.

Das war häufig so in der Wirtschaftsgeschichte der vergangenen 250 Jahre. Technischer Fortschritt war *skill biased*, wie es in der englischsprachigen Fachliteratur heißt: Er verdrängte geringqualifizierte Arbeit und begünstigte gut ausgebildete Erwerbstätige. Ob in der Landwirtschaft oder am Fließband – es war, im 20. mehr noch als im 19. Jahrhundert, vor allem einfache Arbeit, die automatisiert wurde.[12]

Nachgefragt wurden von Arbeitgebern dagegen zunehmend Hochqualifizierte – und weil das deutsche Bildungswesen bis heute kaum hinterherkommt, erhalten gut ausgebildete Arbeitskräfte erkleckliche »Bildungsprämien«. Nach den jüngsten verfügbaren Zahlen erzielen Arbeitnehmer ohne Berufsausbildung im Laufe ihres Arbeitslebens im Schnitt ein Bruttoeinkommen von knapp 1,1 Millionen Euro. Mit abgeschlossener Berufsausbildung sind es 1,3 Millionen, mit Abitur 1,6 Millionen, mit einem Fachhochschulabschluss 2,0 Millionen – und mit einem Universitätsabschluss gar 2,3 Millionen Euro.[13] Investitionen in Bildung werfen also regelmäßig hohe Renditen ab.

Regelmäßig – aber nicht immer. Auch qualifizierte Tätigkeiten können dem technischen Fortschritt zum Opfer fallen. Das ist zum Beispiel den »Computern« passiert. »Computer«, so wurden vom 17. bis ins 20. Jahrhundert hinein in Amerika und England Beschäftigte genannt, deren Aufgabe es war, mit Zettel und Stift mathematische Berechnungen anzustellen. Ähnlich war es mit den schlesischen Webern, denen Gerhart Hauptmann mit seinem berühmten Drama ein Denkmal setzte. Die Weber waren fingerfertige Handwerker, die in Manufakturen aus Garnen Gewebe fertigten – ein Beruf, der nach Erfindung des mechanischen Webstuhls durch einfache Industriearbeit in ausländischen Leinenfabriken verdrängt wurde.[14] Wirklich sicher waren auch qualifizierte Arbeitskräfte also nie vor dem technischen Fortschritt. Und in der digitalen Revolution gilt das mehr denn je.

Die ersten Roboter erledigen bereits einfache manuelle Dienstleistungen, sie saugen Staub und mähen Gras. Und der deutsche Hersteller Kuka erprobt Roboter für Krankenhäuser. Sie sollen Routinearbeiten übernehmen, die bisher größtenteils ausgebildetes Pflegepersonal verrichtet, wie Tabletts stapeln oder Medikamente ausgeben.[15]

Je größer und zugleich kostengünstiger die Datenverarbeitungskapazitäten werden, umso mehr bekommen auch Berufe Konkurrenz von Maschinen, die mit kognitiven Aufgaben betraut sind. Übersetzer, Aktienanalysten oder Steuerberater zum Beispiel. Oder Journalisten. Denn mit dem Verfassen zumindest einfacher Texte haben Computer längst begonnen. Welche Dimensionen das schnell erreichen könnte, deutet die Arbeit des Physikers und Sprachwissenschaftlers Sverker Johansson an. Von Johansson allein stammten Mitte des Jahres 2014 nicht weniger als 8,5 Prozent aller Einträge auf Wikipedia. Der Schwede hat sie größtenteils mit Hilfe einer selbst geschriebenen Software erstellt. An guten Tagen kommen zu den mehr als zwei Millionen Einträgen von Johansson bis zu 10 000 neue hinzu.[16]

Computer werden dem Menschen auch da überlegen, wo es um die schiere Menge an verarbeitbarem Wissen geht. Sie können in hoher Geschwindigkeit mehr Krankenakten oder Dokumente aus Gerichtsprozessen auswerten, als sie selbst ein erfahrener Fachmann jemals zu lesen imstande wäre. Damit werden zwar nicht gleich Ärzte, Juristen und ihr jeweiliges Assistenzpersonal überflüssig – wohl aber ein erheblicher Teil ihrer Arbeit.[17]

Bedarf an Wissenschaftlern, die Spitzenforschung betreiben, wird es wohl auf absehbare Zeit weiter geben. Aber gilt das auch für die klassische akademische Lehre, dem ein nicht kleiner Teil des Hochschulpersonals den Job verdankt? Was wird der auf Dauer den *massive open online courses* (MOOCs) entgegenzusetzen haben, die dem akademischen Nachwuchs unabhängig von Zeit und Ort den Zugang zu einem hochwertigen, interaktiven virtuellen Studium ermöglichen? Die größten Koryphäen, die besten Didakten werden künftig vielleicht nicht mehr zwei Dutzend Studenten vor Ort in Boston, Cambridge oder Berkeley unterrichten, sondern 2000 Studenten oder 200 000 in aller Welt. Diese globale Elite wird vermutlich ihre Einkommen steigern können – doch was ist mit dem Personal an FH- und Uni-Standorten wie Geisenheim, Schwetzingen, Vechta oder Wedel?

Wie viele Erwerbstätige insgesamt durch Computer ersetzt werden können, haben Carl Benedikt Frey und Michael A. Osborne von der Universität Oxford versucht für Amerika abzuschätzen. Ihr Ergebnis: Nicht weniger als 47 Prozent der Beschäftigten in den USA fanden sich 2010 in der »Hoch-Risiko-Kategorie« wieder, fast jeder Zweite arbeitete demnach in einem Beruf, der »potenziell automatisierbar« ist – »binnen vielleicht einem Jahrzehnt oder zwei«.[18] Jeremy Bowles von der London School of Economics hat diesen Ansatz auf die Beschäftigungsstruktur in Deutschland übertragen. Demnach droht hierzulande sogar ein noch etwas höherer Teil der Erwerbstätigen zumindest zwischenzeitlich zu den Verlierern der Digitalisierung zu gehören – nämlich 51 Prozent.[19]

So erschreckend diese Zahl auf den ersten Blick ist: Sie illustriert zunächst und vor allem, welches produktive Potenzial der Digitalisierung innewohnt. Dass bei einer echten technologischen Revolution Jobs, Professionen, ja ganze Berufsgruppen vernichtet werden, ist nur zu erwarten. Auf lange Sicht betrachtet, ist das sogar gut so, wie man sich leicht am Beispiel der ersten industriellen Revolution klarmachen kann. Die Produktivitätsgewinne in der Landwirtschaft, die im 19. Jahrhundert erzielt wurden, machten es möglich, dass für die Ernährung der Bevölkerung nicht länger rund 70 Prozent der Erwerbstätigen benötigt wurden. Der Anteil fiel stetig, heute reichen weniger als zwei Prozent, um mehr als genug Lebensmittel für alle herzustellen. Die, die vor zwei Jahrhunderten in der Landwirtschaft verblieben, waren um ein Vielfaches produktiver. Und die, die in die Städte zogen, wurden in einem sehr positiven Sinne »freigesetzt«: Sie konnten sich, wenngleich zu einem großen Teil zunächst unter beklagenswerten Bedingungen, um Dinge kümmern, für die zuvor schlicht die Zeit fehlte: den Bau von Maschinen und Eisenbahnen etwa, später die Herstellung von Medikamenten oder Autos.

Dass die zwischenzeitliche Verelendung der neuen, ungelernten Arbeitermassen so ausgeprägt war und so lange anhielt, hat seinen Grund nicht zuletzt darin, dass die damaligen Staatslenker so lange tatenlos zusahen. Und als die Verelendung schließlich endete, hatte dies, glaubt Erik Brynjolfsson, viel damit zu tun, dass die allgemeine Schulpflicht nicht nur Gesetz wurde, sondern auch wirklich durchgesetzt. »Dies«, sagt Brynjolfsson, »war die beste Idee, die die Politik jemals hatte.«

Was die beiden amerikanischen Arbeitsmarktökonomen Claudia Goldin und Lawrence F. Katz in einem gleichnamigen Buch ein »Rennen zwischen Bildung und Technologie« nennen:[20] Dieses Rennen gewann zu Zeiten der ersten industriellen Revolution – mit reichlich Verzögerung – am Ende die Bildung. Also der Mensch. Und nicht die Maschine.

Die Frage ist, ob uns das wieder gelingen wird. Wie verhindern wir, dass es uns geht wie Gerhart Hauptmanns Webern? Wie, mit anderen Worten, versetzen wir uns in die Lage, von der digitalen Revolution zu profitieren, statt von ihr bedroht zu werden?

Zu behaupten, darauf die richtigen Antworten parat zu haben, wäre vermessen. Aber es lässt sich zumindest aufzeigen, in welche Richtung es gehen dürfte:

- Nichts deutet darauf hin, dass die digitale Revolution nicht auch weiterhin einen *skill bias* hat. Zumindest im Durchschnitt dürften Erwerbstätige mit einer formal hochwertigen Qualifikation, also Akademiker, im Vorteil sein – und sei es nur deswegen, weil Studenten mehr Zeit damit verbringen, sich Lerntechniken anzueignen.
- Berufe, die soziale oder kreative Intelligenz erfordern, werden vermutlich eine bessere Zukunft haben als zum Beispiel solche, bei denen die routinemäßige Informationsverarbeitung oder das Abrufen von erlerntem Faktenwissen im Vordergrund steht. Menschen, deren Beruf es ist, andere zu überzeugen, zum Lachen zu bringen oder ihnen beizustehen, dürften von der Digitalisierung weitgehend verschont bleiben: Bis Computer einen subtilen Witz erzählen können, wird noch einige Zeit vergehen. Auch bis Roboter selbst Unternehmen zu gründen in der Lage sind, wird es wohl dauern. Und dass sie jemals Trost spenden können oder eine Paartherapie durchführen, ist zumindest zweifelhaft.[21]

- Lohnzurückhaltung hat Deutschland in den vergangenen zwei Jahrzehnten geholfen, wettbewerbsfähiger gegenüber Konkurrenten etwa aus Frankreich oder Italien zu werden (siehe Kapitel 10). Als Abwehrstrategie in der digitalen Revolution dagegen wird Lohnverzicht kaum taugen angesichts der Produktivitätssprünge, die die Digitalisierung mit sich bringen könnte. Erik Brynjolfsson glaubt, dass dies auch China & Co. nicht gelingen wird: »Selbst die Schwellenländer werden scheitern, sollten sie versuchen, gegen Robotor mit niedrigen Löhnen zu konkurrieren.«
- Wer als Erwerbstätiger einen Plan B und einen Plan C hat, ist deutlich im Vorteil. Die Zahl derer, die ihr ganzes Erwerbsleben lang in einem einzigen Beruf oder gar bei einem einzigen Arbeitgeber tätig sein können, wird deutlich sinken. Berufliche Anpassungsfähigkeit wird wichtiger werden, ebenso wie der Erwerb von Fertigkeiten, die vielseitig einsetzbar sind und frisch gehalten werden.

Ganz sicher auch nicht verkehrt: mit den Dingen umgehen können, die so viele Jobs bedrohen, mit Computern eben und dem Internet. Und damit fangen die Probleme in Deutschland schon an.

»Neuland« hat Angela Merkel im Juni 2013 das Internet genannt, und wohl nie zuvor oder danach ist die Kanzlerin für einen einzigen Ausspruch in Deutschland derart verhöhnt worden wie damals. Dabei stimmt, was sie sagte, für einen Großteil ihrer Altersgruppe. 28 Prozent aller 55- bis 64-Jährigen in Deutschland hatten im Jahr 2013 noch nie eine Suchmaschine im Internet verwendet, und sogar 46 Prozent hatten noch nie eine E-Mail mit Anhang verschickt.[22]

Schon bei einfachen Computerfertigkeiten hapert es, und das nicht nur bei den Älteren. So veröffentlicht die europäi-

**Grundlegende Computerkenntnisse,**
Verteilung in der Bevölkerung in Prozent, 2012

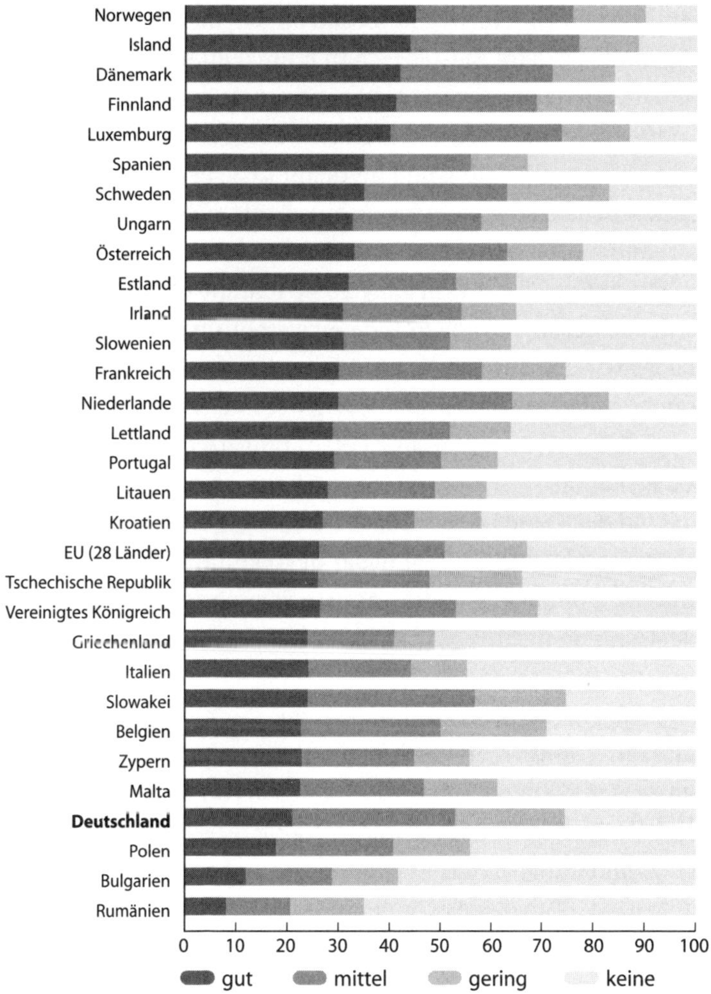


*Quelle: Eurostat*

sche Statistikbehörde Eurostat seit 2005 regelmäßig eine großangelegte, europaweite Umfrage, bei der 16- bis 74-jährige Bürger angeben sollen, welche Erfahrungen sie mit Computern haben, ob sie zum Beispiel schon einmal eine Computerdatei kopiert oder komprimiert haben, ob sie Geräte installiert oder Computerprogramme geschrieben haben. Auf Grundlage der Antworten werden die Computerkenntnisse der Befragten einer Gesamtbeurteilung unterzogen: gut, mittel, niedrig – oder nicht vorhanden.

Die jüngste dieser Erhebungen, sie stammt aus dem Jahr 2012, ist ernüchternd: In keinem anderen westeuropäischen Land war der Anteil der Bürger, die gute Grundkenntnisse in der Computeranwendung haben, so niedrig wie in Deutschland (21 Prozent). EU-weit schnitten nur Polen, Bulgarien und Rumänien schlechter ab.

Und der Trend ist kein guter: Im europäischen Durchschnitt steigt der Anteil der Bürger in der Bevölkerung, die mindestens mittlere Computergrundkenntnisse vorweisen können an – in Deutschland nicht.[23]

Tankwart zu werden ist keine einfache Sache, nicht in Deutschland. Hier muss man das lernen, hier ist »Tankwart« ein von Staats wegen anerkannter Ausbildungsberuf. Drei Jahre dauert die Lehre, und erst in der zweiten Hälfte dieser Zeit werden die Auszubildenden an das »Verkaufen von Kraftstoffen, Schmierstoffen, Kfz-Zubehör usw. unter Aufsicht« herangeführt. So heißt es ganz offiziell im »Berufsbild des Lehrberufs ›Tankwart‹«, das gültig ist, seit ein Wirtschaftsminister namens Ludwig Erhard es 1952 per Erlass in Kraft gesetzt hat.

Nach der Ausbildung landen die Absolventen direkt … im Niedriglohnsektor. In Ostdeutschland verdienen sie laut Tarif höchstens 7,66 Euro pro Stunde – brutto. Wenn der allgemeine gesetzliche Mindestlohn von 8,50 Euro kommt, winkt also eine deutliche Lohnerhöhung. Es wäre die erste seit 2004.[24]

»Tankwart« ist Teil des Systems der dualen Ausbildung – jenes deutschen Sonderwegs, für den sich die deutsche Politik und Teile der deutschen Wirtschaft feiern wie für keinen zweiten. Gerne lassen wir uns – seit Jahrzehnten schon und in jüngster Zeit ganz besonders – aus dem Ausland berichten, wie sehr die duale Ausbildung dort bewundert werde. Dass unser Modell dennoch bis heute außerhalb des deutschsprachigen Raums nirgendwo flächendeckend eingeführt wurde, stört uns nicht. Ersatzweise finden wir Bestätigung durch jene deutschen Konzerne, die eine duale Ausbildung mangels vorhandener Strukturen aus eigener Kraft ins Ausland mitnehmen. So wie, um nur ein Beispiel zu nennen, Audi. Der Autobauer hat es für die eigenen Beschäftigten auch in Belgien, China, Mexiko und Ungarn eingeführt.[25]

Bundesbildungsministerin Johanna Wanka betont »die Gleichwertigkeit von beruflicher und hochschulischer Bildung«[26], und ihr Professorenkollege, der vormalige Kulturstaatssekretär im Bundeskanzleramt Julian Nida-Rümelin, hat sogar angekündigt, ein ganzes Buch über den vermeintlichen »Akademisierungswahn« zu schreiben.[27] Eine solche innige Zuneigung zu einem System, das Facharbeiter und Handwerker hervorbringt, ist schon für sich genommen ein Kuriosum: Eine Volkswirtschaft, die hoch innovativ sein will und hoch produktiv, die ihren Wohlstand sichern will, indem sie die Spitze der Wertschöpfungskette erobert, indem sie ihre Spezialisierung dort sucht, wo andere nicht mithalten können – eine solche Wirtschaft lässt mehr als die Hälfte des Nachwuchses ein Ausbildungssystem durchlaufen, das mittlere Qualifikationen hervorbringt? Für die Politik gilt Ähnliches: Jeder junge Mensch, der sich für ein Studium statt für eine Lehre entscheidet, bringt dem Fiskus im Laufe seines Arbeitsleben durchschnittlich Hunderttausende Euro an Mehreinnahmen ein – und die Politik erklärt ebenjenem jungen Menschen, eine Berufsausbildung sei »gleichwertig«?

Verfechter der dualen Ausbildung argumentieren gerne, dass Akademiker zwar mehr verdienen als Facharbeiter – aber das eben nur im Durchschnitt. In industriellen Ausbildungsberufen liege das spätere Gehalt oft über dem Niveau, das etwa ein angehender Kulturwissenschaftler sich erhoffen könne. Das ist richtig und sagt doch nur aus, dass es eine Schnittmenge gibt, schließlich werden bei den Vergleichen die Topverdiener aus dem einen Ausbildungssystem mit den Niedriglöhnern aus dem anderen verglichen. Und die Schnittmenge ist nicht besonders groß.[28]

Noch kurioser erscheint die Propagandierung mittelmäßiger Berufsqualifikation zu einer Zeit, da jenes große Rennen zwischen Bildung und Technologie, zwischen Mensch und Maschine in eine ganz neue Runde geht. Noch nicht einmal halbwegs auf den aktuellen Stand der Informationstechnologien vermag das duale System große Teile des Nachwuchses zu bringen. In der bereits erwähnten Eurostat-Umfrage konnten zuletzt 46 Prozent der 20- bis 24-Jährigen in Deutschland von sich behaupten, im Umgang mit Computern gute Grundkenntnisse zu haben. Unter allen 28 EU-Ländern reicht es damit für Platz 26. Schlechter schneiden nur Großbritannien und Rumänien ab.[29]

Gerade bei den in Deutschland populärsten Ausbildungsberufen ist außerdem das Risiko beträchtlich, dass der eigene Job früher oder später der Digitalisierung zum Opfer fällt. Unter den Top 10 der 2013 neu abgeschlossenen Ausbildungsverträge finden sich zum Beispiel der Büro-, der Industrie-, der Groß- und Außenhandels- sowie der Bankkaufmann – alles Berufe, in denen Tätigkeiten ausgeübt werden, die zumindest zum Teil digitalisierbar sein dürften. Und dann sind da noch der Einzelhandelskaufmann und der Verkäufer. In ihren Branchen macht sich die Digitalisierung schon jetzt massiv bemerkbar: Onlineplattformen wie Amazon und Zalando setzen dem traditionellen Einzelhandel massiv zu; und es laufen schon Experimente mit Supermärkten, die keine Kassen und Kassierer mehr brauchen, weil in ihnen Kunden mit dem Smartphone selbst die Ware einscannen und auch bezahlen können.[30] Dennoch sind Einzelhandelskaufmann und Verkäufer die mit Abstand populärsten Ausbildungsberufe, 2013 entfielen allein auf diese beiden Ausbildungsgänge zusammen 9,4 Prozent der neu abgeschlossenen Verträge.[31]

Das duale System ist fraglos eine ehrenwerte Idee, die durchaus funktionieren kann. Den jungen Leuten bietet sie eine frühzeitige Spezialisierung auf einen klar abgegrenzten Beruf, und der Ausbildungsbetrieb kann dafür sorgen, dass sie im Praxisteil der Ausbildung Fertigkeiten erwerben, die in der Arbeitswelt tatsächlich nachgefragt werden. Beides kann ein Vorteil sein. Aber eben auch ein Nachteil.[32]

Ein Vorteil ist es, wenn der Strukturwandel behäbig ist, die internationale Konkurrenz mäßig und der technische Fortschritt stetig statt sprunghaft. So wie in den ersten Nachkriegsjahrzehnten, als es nicht unüblich war, im Teenageralter »zum Pütt« zu gehen oder »beim Daimler« anzutreten – und dann bis zur Rente dort zu bleiben. Stabile, eingespielte Beschäftigungsverhältnisse, die geprägt waren von wechselseitiger Loyalität: Das war zu Zeiten des ersten, des echten Wirtschaftswunders ein Wettbewerbsvorteil und auch ein Garant sozialer Stabilität.

Zusehends Brüche bekam die Dominanz dieses Modells bereits in den 70er-Jahren, als mit der beginnenden Globalisierung viele alte Industrien, der Kohlebergbau etwa, ihre internationale Wettbewerbsfähigkeit verloren. Und spätestens mit der Digitalisierung droht das System für viele Erwerbstätige zu einem regelrechten Risiko zu werden: Wir müssen davon ausgehen, dass es die allermeisten *Jobs*, die es im Jahr 2030 oder 2040 geben wird, heute noch nicht gibt. Dasselbe gilt für die meisten *Berufe* und vielleicht sogar die meisten *Firmen*. Und wir feiern und verteidigen ein System, das auf *einen* Job, *einen* Beruf, *eine* Firma ausgerichtet ist.

Dass fast alle namhaften deutschen Industriekonzerne die duale Ausbildung freudig ins Ausland tragen, hat einen guten Grund: Sie selbst profitieren davon, sie ziehen sich genau die Leute heran, die sie – zumindest vorerst – brauchen. Der Haken an der ganzen Sache: Die Arbeitgeber haben einen massiven Anreiz, im Praxisteil der Ausbildung, so weit es irgend geht, betriebsstatt berufsbezogene Fertigkeiten zu vermitteln. Das Kalkül für den einstellenden Chef lautet, auch wenn er es nicht zugeben wird: »Wenn ich schon in einen jungen Mitarbeiter Geld und Zeit investiere, um ihn auszubilden, dann will ich auch, dass er nach der Lehre bei mir bleibt und nicht zur Konkurrenz wechselt, sobald die ihm ein paar Euro mehr bietet.« Also wird so ausgebildet, dass die erworbenen Kenntnisse vorzugsweise nur im eigenen Betrieb von Nutzen sind. Arbeitgeber, die so denken, verhalten sich nur rational. Dass die Interessen der Firmen bei der dualen Ausbildung nicht deckungsgleich sind mit denen ihres Nachwuchses oder der Gesellschaft als Ganzes: Früher war das kein Problem. Heute ist es eines.

Zur stets drohenden betrieblichen Überspezialisierung kommt die berufliche Überspezialisierung noch hinzu: Mehr als 300 Ausbildungsberufe gibt es in Deutschland, darunter zum Beispiel den Investmentfondskaufmann, den Luftverkehrskaufmann, den Servicekaufmann im Luftverkehr – und auch den Kaufmann für Tourismus und Freizeit, für Verkehrsservice und für audiovisuelle Medien. Manche der Berufe, etwa der Kraftfahrzeugmechatroniker, werden überdies in verschiedenen Varianten angeboten. Und es kommen immer wieder neue Berufe hinzu, im Jahr 2013 etwa die Fachkraft für Metalltechnik und der Stanz- und Umformmechaniker.[33]

Dass auch nur der Wille besteht, diese Balkanisierung zurückzudrehen, wird man den Verwaltern des Systems kaum attestieren können. In nicht weniger als 39 Ausbildungsberufen wurden 2013 bundesweit weniger als zehn Neuverträge abgeschlossen. Jeweils genau drei Ausbildungsverträge wurden zum Beispiel unterzeichnet mit angehenden Wachsziehern, Gerätezusammensetzern und Edelsteinfassern. Es leben selbst Zombieberufe weiter, die gar nicht mehr angeboten oder nachgefragt werden. So wurde 2013 nicht ein einziger Ausbildungsvertrag abgeschlossen mit kommenden Flechtwerksgestaltern, Thermometermachern oder Figurenkeramformern.

Die berufliche Überspezialisierung zu reduzieren ist vor allem eine Frage des politischen Willens. Und auch die betriebliche Überspezialisierung kann kompensiert werden. Bosch ist ein Beispiel dafür: Der Autozulieferer hat sein seit den Gründertagen bestehendes fürsorgliches Verständnis für seine Mitarbeiter bis heute bewahrt – und investiert nach eigenen Angaben jährlich rund 190 Millionen Euro in die »Höherqualifikation« seiner Belegschaft. Im Durchschnitt besucht jeder Mitarbeiter weltweit nach einheitlichen Standards zwei Seminare im Jahr, allein 2013 kamen so 628 000 Weiterbildungstage zusammen.

Nur ist solche Fürsorge offenbar die Ausnahme. Im statistischen Durchschnitt ist es vielmehr so: Am Anfang des Erwerbslebens findet ein sehr hoher Anteil der vormaligen Auszubildenden einen Job – zwischen Mitte 20 und Mitte 40 liegt die Beschäftigtenquote sogar auf demselben Niveau wie bei Akademikern. Ab Mitte 40 aber beginnt die Beschäftigtenquote zu fallen, erst langsam, aber Mitte 50 dann deutlich. Die Beschäftigungsquote unter Akademikern sinkt dagegen nur geringfügig mit dem Alter.[34]

Ein halbes Jahrhundert ist es schon her, dass der amerikanische Managementguru Peter Drucker die »Wissensgesellschaft« entstehen sah, und ungefähr ebenso lange ist von »lebenslangem Lernen« die Rede. In die Rhetorik der deutschen Bildungspolitik haben diese Begriffe längst Aufnahme gefunden. Nur in der Praxis tut sich wenig, trotz aller Beteuerungen, wie wichtig Weiterbildung ist, um die Erwerbstätigen fit zu halten für neue Herausforderungen. Der Anteil der Beschäftigten, die angeben, sie hätten in den zurückliegenden vier Wochen an Bildungs- oder Weiterbildungsmaßnahmen teilgenommen, lag in Deutschland 2013 bei nur acht Prozent. Das ist weniger als im EU-Durchschnitt (zehn Prozent) – und viel weniger als zum Beispiel in den skandinavischen Ländern.

**Lebenslanges Lernen**

Anteile der Erwerbstätigen, die in den vier Wochen vor der Befragung an Bildungs- und Weiterbildungsmaßnahmen teilgenommen haben, in Prozent, 2013

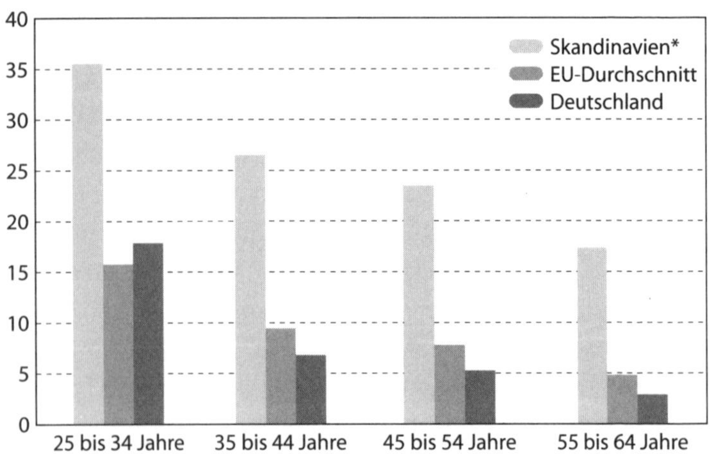


* Dänemark, Finnland, Island, Norwegen, Schweden (ungewichteter Durchschnitt)

*Quelle: Eurostat, eigene Berechnungen*

Der Mangel an Weiterbildung hat auch handfeste Konsequenzen. In Deutschland kommen, das zeigt PIAAC, der Pisa-Test für Erwachsene (siehe Kapitel 1), die 16- bis 65-Jährigen bei ihren Kenntnissen zur Alltagsmathematik kaum über den OECD-Durchschnitt hinaus – und beim Leseverständnis liegen sie sogar deutlich darunter. Dass Deutschland bei der Untersuchung nicht noch schlechter abgeschnitten hat, lag vor allem an den Jungen: Im Durchschnitt von 23 untersuchten OECD-Länder schnitten die 55- bis 65-Jährigen im Lesetest praktisch genauso gut ab wie die gerade noch oder noch immer in Ausbildung befindlichen 16- bis 24-Jährigen. In Deutschland dagegen ist die Kluft zwischen den Jungen und Alten so groß wie in keinem anderen Industrieland, Finnland ausgenommen. Was sich hier andeutet, ist: Wir bilden den Nachwuchs leidlich gut aus, wir packen viel Bildung in ihn hinein in den ersten 20, 25 Lebensjahren – und lassen ihn dann allein damit, was er daraus macht.[35]

Eine beträchtliche Minderheit fällt sogar weit zurück. So zeigten sich bei PIAAC 17,5 Prozent der Testpersonen in Deutschland »maximal in der Lage, kurze Texte mit einfachem Vokabular zu lesen und ihnen in stark begrenztem Maße Informationen zu entnehmen«. Ähnlich viele, nämlich 18,5 Prozent, kamen beim Mathe-Test »nicht über das grundlegendste Niveau hinaus, das einfaches Zählen, Sortieren und die Verwendung von Grundrechenarten erfordert«.[36]

Wenn eine deutsche Kanzlerin den EU-Partnern ankündigt, sie werde »alles daransetzen, dass (…) andere Länder dem (deutschen) Beispiel« in der beruflichen Bildung folgen (siehe Kapitel 1), dann sollten unsere Nachbarn das besser als das begreifen, was es in Wirklichkeit ist: eine Drohung.

Mit ein paar Computerkursen wird es nicht getan sein, bei Weitem nicht. Schließlich könnte die digitale Revolution Umwälzungen mit sich bringen, wie kein heute lebender Mensch sie je erfahren hat.

Manche Experten warten angesichts dieser Herausforderungen mit unkonventionellem Rat auf. Edmund Phelps etwa, ein Ökonomienobelpreisträger aus New York, sagt: »Lest mehr Abenteuerromane!« Schüler müssten ermutigt werden, loszustürmen, Gewohntes hinter sich zu lassen, Neues zu entdecken.

Oder Gerhard Fettweis. Der Professor für Nachrichtentechnik an der Technischen Universität Dresden mag schon gar nicht mehr über »Industrie 4.0« reden, er ist schon weiter, er will das »taktile Internet« vorantreiben. Die Reaktionsgeschwindigkeiten bei der Datenübertragung, glaubt Fettweis, werden es in Zukunft beispielsweise erlauben, funktionsfähige Airbags für Motorradfahrer zu installieren. Oder, binnen weniger als zehn Jahren, Verkehrssysteme in Innenstädten, in denen es keine Staus und keine Ampeln mehr geben wird, weil alle Autos fahrerlos sind und miteinander vernetzt. »Wir sind dabei«, sagt Fettweis über seine Forschung, »eine Revolution zu ermöglichen, die überall alles auf den Kopf stellen wird.«

Und wo bleibt da die Arbeitskraft, der Mensch? »Das wichtigste Gut ist Kreativität«, sagt Fettweis, und eine Idee, die zu fördern, hat er auch schon. Fettweis will, wie Phelps, früh ansetzen: »Design als Pflichtfach in Schulen, das wäre was.«

Aber bis dahin ist es ein weiter Weg. Die IT-Messe Cebit in Hannover, einst das Aushängeschild für Deutschlands Aufbruch ins Computerzeitalter, hat sich erst einmal für die Gegenrichtung entschieden. Sie hält die Jugend lieber fern von moderner Technik. Der Schülertag, den es früher immer gab, ist gerade abgeschafft worden. Kinder und Jugendliche unter 16 Jahren dürfen jetzt noch nicht einmal das Gelände betreten.[37]

# 13

## Sind wir noch zu retten?

### Was wir tun könnten – wenn wir denn wollten

»Wie sind Sie pleitegegangen?«, lässt Ernest Hemingway in »Fiesta« eine Romanfigur die andere fragen. Die Antwort: »Auf zweierlei Weise … allmählich und dann plötzlich.«

Ob Hemingway es nun wusste oder nur ahnte: Der Weg in den Konkurs ist in der Tat häufig kein gleichmäßiger, kein linearer. Der griechische Staat etwa hat sich in den Nullerjahren immer weiter verschuldet, für wenig Geld. Noch im Sommer 2009 musste die Regierung in Athen für zehnjährige Staatsanleihen nur rund 4,5 Prozent Zinsen zahlen. Dann kam eine neue Regierung ins Amt, und die gab im Herbst 2009 bekannt, dass ihre Vorgängerin EU-Partner und Kapitalmärkte hintergangen hatte: Die tatsächlichen Budgetdefizite seien um einiges höher als zuvor zugegeben. Die Gläubiger gerieten darauf in Panik, sie fürchteten, ihr Geld zu verlieren, weil Griechenland zahlungsunfähig werden könnte und auch die Euro-Partner nicht einspringen würden.

Die Angst vor der Pleite wirkte wie eine sich selbst erfüllende Prophezeiung: Die Zinsen, die die Geldgeber Griechenland abverlangten, verdoppelten sich binnen eines halben Jahres auf neun Prozent – ein Niveau, von dem klar war, das es den griechischen Staat überfordern würde. Es war ein sogenannter nichtlinearer Prozess, der da stattfand: Ein hoch verschuldetes Griechenland konnte sich an den Kapitalmärkten über Jahre hinweg so viel Kredit verschaffen, wie es wollte – ein noch etwas höher verschuldetes Griechenland dagegen faktisch gar keinen mehr.

Auch andere wirtschaftliche Entwicklungen verlaufen oft nichtlinear. Und oft spielen Meinungsumschwünge dabei eine entscheidende Rolle. Der Auslöser für die Hyperinflation in der Weimarer Republik 1923 zum Beispiel war nicht das Drucken von Geld. Richtig in Gang gekommen ist die Geldentwertung erst, als die sogenannte Umlaufgeschwindigkeit stieg, weil die Menschen versuchten, Geld möglichst schnell wieder loszuwerden – in der Erwartung, dass es wegen hoher Inflationsraten schon in naher Zukunft weniger wert sein werde. Damit aber heizten sie die Inflation erst richtig an. Um diesen Prozess auszulösen, reichte es, dass die Öffentlichkeit die Zusammenhänge zu verstehen begann.

Könnte so etwas auch mit der Deutschland-Blase passieren? Könnte es sein, dass die Luft nicht langsam entweicht, sondern ziemlich plötzlich? Könnte es sein, dass dem älter und kleiner werdenden Deutschland die Kräfte nicht etwa nur allmählich ausgehen? Könnte es sein, dass irgendwann in den kommenden Jahren binnen relativ kurzer Zeit aus dem vermeintlichen Hochleistungssportler ein Vollinvalide wird?

Es könnte sein.

Nicht nur bei Staatspleiten oder Hyperinflationen, auch beim Platzen von Blasen sind es Meinungsumschwünge, die der Auslöser sein können. Sie sind sogar charakteristisch dafür. In der Typologie von Hyman Minsky (siehe Kapitel 1) steht am Anfang eine Innovation, die eine gute Story verspricht und eine Neubewertung nötig macht – das ist Phase eins. In Phase zwei führt die Begeisterung über das neue Narrativ langsam zu einer Überbewertung. In Phase drei folgt die Euphorie, in der Zweifler weitgehend verstummt sind und die Einschätzungen der großen Mehrheit sich immer weiter von der wirtschaftlichen Realität entfernen.

Deutschland ist wohl spätestens mit dem Gewinn der Fußballweltmeisterschaft im Sommer 2014 in dieser, der dritten Phase angelangt. Wir Deutschen, schrieb der prominente »Stern«-Journalist Hans-Ulrich Jörges Tage nach dem Finalsieg, seien »in der glücklichsten Phase unsere Geschichte« angelangt, mit einer Wirtschaft, die »unverwüstlich, wandlungsfähig, weltweit einmalig« sei.[1]

Nun ist vieles vorstellbar. Die deutsche Wirtschaft könnte, unter dem Einfluss des Dauerdopings durch die EZB, noch ein paar Jahre ordentliche Wachstumsraten erzielen – und dann, wenn die Zinsen steigen, langsam hinübergleiten in die »neue Normalität«, in der das Wirtschaftswachstum selbst in guten Jahren kaum mehr ein Prozent erreicht (siehe Kapitel 7). Das wäre das harmloseste Szenario. Eine »sanfte Landung«, wie die Konjunkturforscher gern sagen.

Ebenfalls relativ harmlos ist ein zweites Szenario: Die Nullzinspolitik der EZB lässt die deutsche Wirtschaft überhitzen, es folgt eine mehr oder minder milde Rezession – und dann erst die neue Normalität.

Die Landung kann aber auch wesentlich härter ausfallen. Schwerwiegende Risiken gibt es viele. Dem großen China-Boom zum Beispiel könnte ein großer China-Crash folgen. Aus dem Immobilienhype in Deutschland könnte sich, wenn nicht bereits geschehen, eine klassische Blase entwickeln. Dem Aktienmarkt, ebenfalls durch die Nullzinspolitik angetrieben, könnte eine scharfe Korrektur ins Haus stehen. Die deutschen Autohersteller, von denen die heimische Wirtschaft so sehr abhängt (siehe Kapitel 11), könnte die Fortüne verlassen. Und schließlich könnte die Euro-Krise – von der EZB notdürftig beruhigt, aber nicht gelöst – wieder akut werden, mit der möglichen Folge, dass der gemeinsame Währungsraum doch noch auseinanderbricht.

Keines dieser Risiken wird sich zwangsläufig materialisieren. Allerdings ist durchaus denkbar, dass auf die lange Glückssträhne, auf die wir zurückblicken können (siehe Kapitel 5), eine ausgeprägte Pechsträhne folgt. So, wie vieles gutgegangen ist in den vergangenen Jahrzehnten, könnte plötzlich vieles schiefgehen.

Es kann aber natürlich auch sein, dass die Entwicklung weiter der Blasen-Typologie Hyman Minskys folgt. Für den aufsehenerregenden Absturz, der für die abschließende Phase fünf kennzeichnend ist, braucht es erfahrungsgemäß gar kein öffentliches Großereignis. Stattdessen wird laut Minsky in einer vorgelagerten vierten Phase bei den ersten erfahrenen Investoren die Skepsis so groß, dass sie sich allmählich aus dem Markt zurückziehen.[2]

Typisch ist hier zweierlei: In der allgemeinen Euphorie führen diese Desinvestitionen zunächst nicht zu einer Korrektur der Überbewertung – die Party geht also erst mal weiter. Und: Was genau der Auslöser für den Stimmungsumschwung ist, der aus den ersten Zweiflern Flüchtende macht, wird oft selbst im Nachhinein nicht offensichtlich. Es gibt zwar Wirtschaftskrisen, die einen eindeutigen Ausgangspunkt haben – wie die Große Depression mit dem »Schwarzen Freitag« oder die Finanzkrise von 2008/09 mit der Pleite von Lehman Brothers. Dagegen ist bis heute umstritten, was den Dot-com-Crash des Jahres 2000 losgetreten hat. Es könnten US-Präsident Bill Clinton und der britische Premier Tony Blair gewesen sein, die sich im März jenes Jahres gemeinsam gegen die Kommerzialisierung des menschlichen Genoms ausgesprochen hatten. Die Erklärung wurde damals zunächst als »Symbolpolitik« kritisiert – fiel aber, wie man heute weiß, zeitlich fast genau mit den historischen Rekordbewertungen der Internetaktien zusammen.[3]

Was der Auslöser sein könnte, der die Luft aus der Deutschland-Blase strömen lässt, ist naturgemäß völlig ungewiss. Erahnen lässt sich aber, wer die Marktteilnehmer sein werden, die als Erste handeln: Deutschlands Industrielle nämlich.

Sie sind es, die ohnedies schon angefangen haben, ihre Zelte hierzulande abzubauen (siehe Kapitel 9). Die Erkenntnis, dass die Energiekosten hoch, nicht prognostizierbar oder beides bleiben; dass die mühsam erreichte Flexibilisierung des Arbeitsmarkts von der Politik immer weiter zurückgedreht wird; dass das Fachkräftepotenzial sich noch schlechter entwickelt als ohnedies befürchtet – was immer der Auslöser sein mag, aus dem schleichenden könnte gar zu leicht ein Massenexodus werden.

Viele deutsche Industrieunternehmen bräuchten inzwischen nicht viel mehr tun, als quasi die Regler hier herunter- und sie an anderen Orten der Welt hochzufahren. »Das Gefährliche ist, dass das völlig geräuschlos geht«, sagt Gesamtmetall-Präsident Rainer Dulger. »Es wird nicht mehr im eigentlichen Sinne verlagert, weil jedes Unternehmen heute sowieso schon im Ausland vertreten ist. Es wird dann halt ausschließlich dort investiert.« Und zwar, so Dulger, »ohne dass das irgendjemand mitkriegt«.[4]

Dieses Buch zeichnet den Zustand und die Zukunft der deutschen Wirtschaft in düsteren Farben. Die deutsche Volkswirtschaft ist eine der wachstumsschwächsten der Welt (siehe Kapitel 2) und wird es bleiben. Während die Beschäftigung – dank einer aktuell hohen Zuwanderung – noch wächst, geht die Arbeitslosigkeit nicht mehr zurück, mehrere Millionen Menschen bleiben dauerhaft vom Arbeitsmarkt ausgeschlossen (siehe Kapitel 3). Und dabei waren und sind die Rahmenbedingungen eigentlich gut, Globalisierung, europäische Einigung und Mauerfall – um nur an drei Faktoren zu erinnern – brachten enorme Wachstumschancen mit sich. Zudem profitierte Deutschland erst davon, dass viele wichtige Handelspartner über ihre Verhältnisse lebten – und jetzt profitiert es von den Maßnahmen zur Schadensbegrenzung: Die über viele Jahre hinweg von der Geldpolitik künstlich extrem niedrig gehaltenen Zinsen kommen einem riesigen Konjunkturprogramm für die deutsche Wirtschaft gleich (siehe Kapitel 4 bis 6).

Deutschland wird in Zukunft mehr denn je auf eine dynamische Wirtschaft angewiesen sein: Angesichts der jetzt gerade einsetzenden Verrentung der geburtenstarken Jahrgänge wird allein Wirtschaftswachstum den Sozialstaat vor einer radikalen Schrumpfkur und Millionen Menschen vor Altersarmut bewahren können. Doch die Vorzeichen sind heute andere als noch vor wenigen Jahren. Die Rahmenbedingungen verschlechtern sich, der Protektionismus ist wieder auf dem Vormarsch, der Schwellenländerboom hat seinen Höhepunkt wohl hinter sich, die Globalisierung womöglich auch. Derweil hat Deutschland seine leicht zu mobilisierenden Wachstumsreserven bereits ausgeschöpft – und ist jetzt dringend darauf angewiesen, mehr Frauen, mehr Ältere und mehr Geringqualifizierte in Erwerbsarbeit zu bringen (siehe Kapitel 7 und 8).

Deutschland war einmal eine Wirtschaftsnation, der es gelang, hohe Investitionen in hohen Produktivitätsfortschritt umzusetzen und damit rasch steigenden, breiten materiellen Wohlstand zu schaffen. Inzwischen aber befinden sich, ablesbar an negativen Nettoinvestitionen, Staat und weite Teile der Industrie im Rückbau-Modus (siehe Kapitel 9). Das schwächt das ohnedies rückläufige Produktivitätswachstum und drückt das Potenzial für Einkommenssteigerungen. Dementsprechend mau war über sehr lange Zeit die Dynamik in der Binnenwirtschaft, Wachstumsimpulse kamen vor allem aus dem Exportgeschäft – und das auch nur dank strikter Lohndisziplin (siehe Kapitel

10). Dieses neue Geschäftsmodell wird, sobald sich die Krisenländer der Euro-Zone einigermaßen erholt haben, nicht mehr funktionieren. Hinzu kommen beträchtliche Risiken – wie die zunehmende Abhängigkeit der deutschen Volkswirtschaft von den drei großen heimischen Autoherstellern. Überaus fraglich ist zudem, ob Arbeitsmarkt und Bildungssystem in Deutschland anpassungsfähig genug sein werden, um den Herausforderungen zu begegnen, die die digitale Revolution mit sich bringen wird (siehe Kapitel 12 und 13).

Dieses Buch hat bewusst einen eklektischen und keinen enzyklopädischen Ansatz gewählt: Es hat sich auf den Versuch konzentriert, Bereiche auszuleuchten, die in der öffentlichen Debatte zumeist im Dunkeln bleiben. Andere zweifellos wichtige, aber ohnedies vielfach debattierte Problemfelder wurden weitgehend ausgespart. Hohe Energiekosten und eine Gefährdung der Versorgungssicherheit zum Beispiel könnten die wirtschaftlichen Schwierigkeiten dieses Landes erheblich verschärfen. Doch auch ohne Energiekrise braut sich über Deutschland ein perfekter Sturm zusammen.

Anliegen dieses Buches ist es hauptsächlich, eine Diagnose zu erstellen – nicht Therapien zu entwerfen. Dies deshalb, weil es wenig Erfolg versprechend ist, über Heilungsmöglichkeiten zu debattieren, solange noch nicht einmal Einigkeit darüber herrscht, ob der Patient überhaupt krankt ist und, wenn ja, woran er leidet.

Derzeit sind wir von einer adäquaten Problemanalyse jedenfalls weit entfernt. In der Bildungspolitik etwa wird im Jahr 2014 hauptsächlich über G8 und Inklusion gestritten – obwohl erkennbar ist, dass das Bildungswesen vor Herausforderungen ganz anderer Dimensionen steht. Aber die wirtschaftlichen Teilerfolge der vergangenen Jahre sind uns zu Kopf gestiegen.

Wir sonnen uns in dem demografischen Zwischenhoch, in dem wir uns befinden, und ignorieren die Gewitterwolken, die am Horizont schon sichtbar werden. »Wir können uns das leisten«, lautete im Mai 2014 vor laufenden Kameras die lapidare Antwort des Finanzministers auf die Frage nach den horrenden Kosten des Rentenpakets – und niemand, außer ein paar Ökonomen und Wirtschaftsvertretern, protestierte.

Folgerichtig werden wir von einer Großen Koalition regiert, von der wir uns das Märchen erzählen lassen, dass wir aus einer Position der Stärke heraus agieren. Von einer Koalition, die auf zentralen Politikfeldern – wie der Arbeitsmarkt- und der Rentenpolitik – stürmisch in die falsche Richtung marschiert und gerade deswegen auf hohe Zustimmungsraten kommt. Von einer Koalition, deren zentrale Projekte in ihren ersten Monaten samt und sonders auf Umverteilung abzielten und nicht auf das so dringend benötigte Wirtschaftswachstum.

»Allen Fortschritt verdanken wir den Unzufriedenen«, hat der italienische Literaturnobelpreisträger Salvatore Quasimodo gesagt, denn »Zufriedene lieben keine Veränderung«. Auch in Deutschland war das so: Nicht in der Euphorie zu Zeiten des Einheitsbooms wurden die zentralen Reformen des Arbeitsmarkts angegangen, sondern später, als die Verwerfungen in der Arbeitswelt immer größer wurden – von Mitte der 90er-Jahre an in Betrieben und Tarifverhandlungen und nach der Jahrtausendwende auch von der Politik.

Nur werden wir es uns dieses Mal nicht leisten können zu warten, bis akuter Problemdruck uns zwingt. Die Zeit drängt, denn wenn die Politik nicht handelt, könnten binnen Jahren parallel mehrere Entwicklungen ihren Lauf nehmen, die sich später als weitgehend irreversibel erweisen und unsere Probleme nur noch verschärfen würden:

- Mit jedem Jahr, das tatenlos verstreicht, verschwindet – quasi ab sofort und dann zwei Dekaden lang – jeweils ein geburtenstarker Jahrgang vom Arbeitsmarkt. Einmal in Rente, werden sich nur die wenigsten zurücklocken lassen ins Erwerbsleben.
- Gleiches gilt für potenzielle qualifizierte Zuwanderer. Wenn sie sich einmal entschieden haben, in ein anderes Land zu gehen – man denke an die Erfahrungen mit polnischen Akademikern in Großbritannien –, sind die Aussichten, sie von dort nach Deutschland zu locken, gering.
- Unter dem Eindruck von hohen Energiepreisen und wachsenden Nachwuchsproblemen drohen die ohnehin niedrigen Investitionsquoten im Inland weiter zu fallen, während die Produktion weiter ins Ausland abwandert. Wenn sie erst dort angekommen ist, wird sie sich nur schwer zurückholen lassen.

Was wir noch tun könnten, wenn wir denn wollten, ist keine triviale Frage. Denn: Wie viel qualifizierte Arbeitskräfte als Zuwanderer in unser Land kommen wollen und werden, entzieht sich, wie geschildert, weitgehend unserer Kontrolle. Auch ist es keine kleine Herausforderung, die Erwerbsbeteiligung von Frauen, Älteren und Geringqualifizierten weiter zu steigern (siehe Kapitel 7). Die Investitionsneigung der Unternehmen und der Produktivitätsfortschritt lassen sich ebenfalls nur indirekt und nur durch ein ganzes Bündel von politischen Maßnahmen und Rahmenbedingungen beeinflussen. Gar nicht absehbar schließlich ist, was alles getan werden müsste, um sicherzustellen, dass wir das Wettrennen zwischen Mensch und digitaler Technik nicht verlieren.

Nun lässt sich eine Vielzahl von Maßnahmen denken, die unter dem Strich mehr nutzen als schaden dürften. Und es gibt ja auch eine ganze Liste von Vorschlägen, die seit Jahren immer wieder vorgetragen werden. So können erwerbslose

Ehepartner in der Krankenversicherung beitragsfrei mitversichert werden – was für potenzielle Zweitverdiener, in der Regel Frauen, den Anreiz mindert, selbst mehr als nur einen Minijob anzunehmen. Würde die Beitragsfreiheit gestrichen, könnten im Gegenzug die Beiträge generell gesenkt und mehr Frauen auf den Arbeitsmarkt gelockt werden. Ebenfalls bereits vielfach gefordert wurde, entweder das Rentenalter weiter zu erhöhen oder es an die Lebenserwartung zu koppeln. Wichtig wäre hier nicht zuletzt eine zügige Einführung bis spätestens zum Jahr 2030. Nur dann ist gewährleistet, dass zumindest die Mehrheit der *baby boomer* an der Finanzierung der kommenden Lasten angemessen beteiligt wird.

Das Gros der gutgemeinten Vorschläge wird von der deutschen Politik seit Jahren ignoriert. So drängen EU-Kommission und OECD Deutschland schon lange, den Dienstleistungssektor zu liberalisieren, den Einzelhandel zum Beispiel, die freien Berufe und das Handwerk mit seinem Meisterzwang. Diese Bereiche sind hierzulande reguliert und verriegelt wie in kaum einem anderen Industrieland. Eine Liberalisierung könnte das gesamtwirtschaftliche Produktivitätsniveau deutlich heben.[5]

In Berlin ist man sich dessen durchaus bewusst. »Bei Dienstleistungen sind wir noch zu abgeschottet«, sagte Angela Merkel erst im Februar 2014 bei einem Besuch der OECD in Paris. Allein, es tut sich nichts. Denn, so die Kanzlerin, »es ist sehr schwer, das zu reformieren, weil einige Gruppen davon profitieren«.[6] Im Koalitionsvertrag ist denn auch noch nicht einmal die Absicht zu erkennen, für eine Liberalisierung zu werben, im Gegenteil: Es wird aktiver Widerstand angekündigt gegen Druck aus Brüssel, die freien Berufe zu öffnen und den Meisterzwang zu lockern.[7]

In einem Land, in dem nicht einmal ein als solcher erkannter Reformbedarf angegangen wird, handelt die Politik nur noch, wenn es gar nicht mehr anders geht. Und selbst dann operiert sie minimalinvasiv. Besichtigen lässt sich das zum Beispiel bei den fortwährenden Neujustierungen der Energiewende. Vor einem grundlegenden Systemwechsel scheut man hingegen zurück – obwohl Alternativen wie zum Beispiel das sogenannte Quotenmodell dem aktuellen Förderregime erkennbar überlegen sind.[8]

Man könnte daher versucht sein, grundlegende Lösungsansätze, die über die ohnedies vorliegenden und vielfach debattierten Maßnahmenkataloge hinausgehen, gar nicht erst zu entwickeln. Doch wer entweder von vornherein aufsteckt oder sich allein an dem orientiert, was unmittelbar mehrheitsfähig ist, der vergeht sich an künftigen Generationen. Wir müssen *jetzt* handeln, wenn wir unseren Kindern und Enkeln nicht von vornherein die Chance nehmen wollen, in einem ähnlichen materiellen Wohlstand zu leben, wie wir es selbst gewohnt sind.

Die folgenden zehn Punkte – zum Beispiel – könnten und sollten sofort in Angriff genommen werden:

1. Einführung eines Kinderwahlrechts. Um der sich abzeichnenden Gerontokratie entgegenzuwirken, bekommen Eltern bei Wahlen das Recht, treuhänderisch für ihre minderjährigen Kinder mitzustimmen. In den vergangenen 20 Jahren war es die Strategie des bürgerlichen Lagers in Deutschland, fiskalische Kurzsichtigkeit zu verhindern, indem die Budgethoheit der Parlamente daheim und bei den Euro-Partnern beschränkt wurde. Der Stabilitätspakt war ein Ausdruck dieses durchaus hehren Ansinnens, ebenso wie der europäische Fiskalpakt oder die Schuldenbremse. Diese Zwangsjackenstrategie hat bisher jedoch nur in Ausnahmefällen funktioniert. Auch in Deutschland selbst lässt sich die Tendenz beobachten, dass die Politik ihre alternde Klientel weiter zu bedienen versucht: Die Regeln für die offiziell ausgewiesene (explizite) Verschuldung werden umgangen, indem stattdessen die versteckte (implizite) Ver-

schuldung erhöht wird. Bestes Beispiel: das Rentenpaket. Ein Kinderwahlrecht könnte dieser Neigung entgegenwirken. Und es würde die Unwucht beseitigen, die darin besteht, dass ein Senioren-Ehepaar bei Wahlen zwei Stimmen hat, eine Alleinerziehende mit drei Kindern aber nur eine.

2. Tragfähigkeitsanalysen für alles. Die Bundesregierung lässt solche Analysen einmal pro Legislaturperiode erstellen und versucht die Ergebnisse so zu veröffentlichen, dass die Öffentlichkeit nichts davon bemerkt (siehe Kapitel 8). Besser wäre es, die Untersuchungen jährlich durchzuführen und zusätzlich bei allen bedeutenden Gesetzesvorhaben. Eine entsprechende Gesetzesinitiative für einen *Inform Act* hat Laurence Kotlikoff in den USA gestartet, mehr als ein Dutzend Nobelpreisträger unterstützen das Projekt.[9] In Deutschland wäre es wichtig, die Untersuchungen dem – naturgemäß parteiischen – Finanzministerium zu entziehen. Besser aufgehoben wäre diese Aufgabe in den Händen des Bundestags. Und am besten wäre es, der Wissenschaftliche Dienst des Bundestags würde damit betraut und mit entsprechender fachlicher Expertise ausgestattet.

3. Investitionsgebot für den Staat. Offenbar stoßen Ideen für neue Transferleistungen im ergrauenden Deutschland auf sehr viel mehr politische Unterstützung als in die Zukunft gerichtete Investitionsprojekte. Die öffentliche Hand jedenfalls desinvestiert seit mehr als einem Jahrzehnt, und das auch in Zeiten hoher unerwarteter Steuermehreinnahmen. Vorschläge wie der des Internationalen Währungsfonds, in der laufenden Legislaturperiode jährlich zusätzliche öffentliche Investitionen in Höhe von 0,5 Prozent des BIP zu tätigen, würde die Nettoinvestitionen zwar wieder so gerade eben in den positiven Bereich hieven.[10] Aber die weitere Entwicklung nach 2017 wäre dann wieder von

aktueller Kassenlage und politischen Opportunitäten abhängig. Eine ideale Lösung für dieses Problem ist nicht in Sicht. Vorstellbar wäre aber zum Beispiel, alle Gebietskörperschaften – also Bund, Länder und Kommunen – zu verpflichten, einen bestimmten Anteil ihres jährlichen Budgets – sagen wir fünf Prozent – für Investitionen aufzuwenden.[11]

4. Energiesubventionen in Forschung umlenken. Damit die Energiewende in Deutschland bewältigt wird und es auf Dauer auch gelingt, die weltweiten Emissionen deutlich zu senken, hat vor allem eines zu passieren: Erneuerbare Energien müssen wesentlich kostengünstiger werden. Der deutsche Ansatz – in erster Linie die Produktion von Solar- oder Windstrom zu subventionieren – mag schnelle Ergebnisse erzielen, ist aber extrem kostspielig und ineffizient. Auf mittlere und vor allem längere Sicht weit vielversprechender wäre es, entschlossen die Forschung und Entwicklung in den Bereichen Energieeffizienz und Erneuerbare zu fördern – und das am besten im Rahmen eines international abgestimmten Programms.

5. Weniger Berufe im dualen System. Die hohe Spezialisierung auf dem mittleren Qualifikationsniveau sollte zurückgedreht werden. Möglich und sinnvoll wäre es, verwandte Ausbildungsberufe zusammenzulegen und so die hohe Zahl von mehr als 300 Ausbildungsberufen zu reduzieren. Außerdem könnten Berufsgruppen gebildet werden, mit weitgehend identischer theoretischer Ausbildung an den Berufsschulen. Die Auszubildenden in diesen Gruppen würden dann etwa in den ersten beiden Lehrjahren einen einheitlichen Lehrplan haben. Eine solche Gruppe könnten, um ein Beispiel zu nennen, die kaufmännischen Ausbildungsberufe bilden.[12] Außerdem wäre es angesichts von beschleunigtem Strukturwandel und neuen

Informationstechnologien naheliegend, den schulischen Anteil an der Ausbildung zu erhöhen. Dadurch könnte gewährleistet werden, dass Absolventen ein breiteres Grundwissen mit ins Berufsleben nehmen, als das heute der Fall ist.

6. Freibeträge für lebenslanges Lernen. Arbeitgeber mögen es gut meinen mit ihren Beschäftigten. Doch sie haben Interessen, die nicht unbedingt deckungsgleich sind mit denen des Einzelnen und der Gesellschaft als Ganzes. Wichtig ist daher, dass individuelle Anreize geschaffen werden, vorhandene Fertigkeiten aufzufrischen und neue zu erwerben. Denkbar wären zum Beispiel hohe Freibeträge für Einkommensteuerzahler, die mindestens einmal jährlich an einem zertifizierten Weiterbildungsprogramm teilnehmen. Sinnvoll wäre es zudem, die Freibeträge mit dem Lebensalter zu erhöhen. Dadurch erhielten ältere Arbeitnehmer einen Anreiz, sich auf einen eventuellen Berufswechsel in der Spätphase des Erwerbslebens vorzubereiten – vom Bau ins Büro sozusagen.

7. Weg mit dem NC. Zulassungsbegrenzungen an deutschen Universitäten und Fachhochschulen hängen ab von Faktoren wie Mittelzuweisungen und gewachsenen Strukturen – aber nur sehr eingeschränkt von den Vorlieben der angehenden Studenten. Und gar nicht von den Engpässen am Arbeitsmarkt. Das führt dazu, dass zum Beispiel an bayerischen Universitäten 41 Prozent der ingenieurwissenschaftlichen Studiengänge mit einem Numerus clausus belegt sind, aber nur 15 Prozent der sprach- und kulturwissenschaftlichen.[13] Im Ergebnis studieren viele der angehenden Akademiker Fächer, für die sie eigentlich kein Interesse und im Zweifel kein besonderes Talent haben – und die dann am Ende noch nicht einmal besondere Chancen in der Berufswelt eröffnen. Besser wäre es gerade in Zeiten der

demografischen Alterung, zumindest in den MINT-Fächern (Mathematik, Informatik, Naturwissenschaften und Technik) sowie in den Rechts- und Wirtschaftswissenschaften die Mittelausstattung der Hochschulen an die Nachfrage der Studierenden anzupassen. Für die meisten anderen Fächer könnte ein zugangsfreies Probesemester eingeführt werden, an dessen Ende Auswahltests durchgeführt werden.[14]

8. Weniger Kündigungsschutz. Nicht zuletzt die digitale Revolution wird für einen beschleunigten Strukturwandel sorgen. Der wird nur mit einem flexiblen Arbeitsmarkt zu bewältigen sein. Gerade wenn Altes verdrängt wird, ist es wichtig, das Entstehen von Neuem nicht zu behindern. Vor allem im IT-Bereich ist es ja gar nicht mehr so, dass es kaum »Start-ups« in Deutschland gäbe; gerade Berlin hat sich zu einem für europäische Verhältnisse bedeutenden Zentrum für dieses Segment entwickelt. Doch nur wenige dieser neuen Firmen werden richtig groß, nur wenige wachsen über eine zweistellige Mitarbeiterzahl hinaus. Und einer der Gründe, der junge, noch kleine Firmen vom Wachstum abhält, ist das Risiko, Mitarbeiter im Notfall nicht oder nur zu hohen Kosten wieder entlassen zu können. Tatsächlich ist der deutsche Kündigungsschutz für regulär Beschäftigte im internationalen Vergleich sehr strikt, einem internationalen Ranking der OECD zufolge sind unter 34 Industrieländern nur die Niederlande, Portugal und die Tschechische Republik noch strenger.[15] Eine mögliche Lockerung bestünde darin, die Gültigkeit des gesetzlichen Kündigungsschutzes für Unternehmen mit weniger als 25 Mitarbeitern (bisher: zehn) auszusetzen. Alternativ oder ergänzend könnte ein Optionsmodell zugelassen werden, bei dem der Arbeitnehmer bei Abschluss des Arbeitsvertrags selbst festlegen kann, ob er im Fall einer späteren Entlassung auf den Kündigungsschutz besteht oder eine (höhere) Abfindung bevorzugt.

9. Alle Akademiker rein. Alle Ausländer, ob aus der EU oder von außerhalb, bekommen, wenn sie in Deutschland erfolgreich ein Studium absolviert haben, eine unbegrenzte Aufenthalts- und Arbeitserlaubnis. Die »Blue Card« (siehe Kapitel 7) wird modifiziert: Sämtliche Akademiker aus einem Nicht-EU-Land, die bereits einen Arbeitsvertrag mit einer deutschen Firma haben, dürfen einreisen, unabhängig vom Einkommen. Akademiker, die einen MINT-Abschluss haben, dürfen im Land bleiben und arbeiten, selbst wenn sie bei der Einreise keinen Job haben.

10. Niedrigere Einkommensteuersätze. Hohe Steuersätze wirken lähmend auf die Leistungsbereitschaft. Besonders problematisch in Deutschland ist, dass Geringverdiener so stark mit Steuern und Sozialabgaben belastet werden wie in kaum einem anderen Land der EU.[16] Um Arbeitsanreize zu schaffen, sollte der Einkommensteuertarif für alle Einkommensklassen deutlich gesenkt werden. Zur Finanzierung könnte die Mehrwertsteuer in mehreren Schritten auf, sagen wir, 25 Prozent steigen.

Dieses Zehn-Punkte-Programm ist natürlich kein umfassendes, abschließendes – das soll es auch gar nicht sein. Es soll nur deutlich machen, wie eine Politik aussehen würde, die konsequent darauf ausgerichtet ist, das Wachstumspotenzial unserer Wirtschaft zumindest zu erhalten und, wenn irgend möglich, nachhaltig zu erhöhen. Es soll illustrieren, dass der drohende Niedergang Deutschlands als große Wirtschaftsnation kein gänzlich unabwendbares Schicksal ist. Wir könnten eine Menge tun – wenn wir denn wollten.

Eine konsequente Wachstumspolitik wird in jeder alternden Gesellschaft umstritten sein und erst recht in einer, die zudem so selbstzufrieden und hochmütig ist wie die unsere. In einem Land, in dem eine große und stetig größer werdende

Minderheit altersbedingt nur einen begrenzten persönlichen Zeithorizont hat, wird naturgemäß die Neigung vorherrschen, noch eine Weile vom bereits Erreichten zu zehren. Wachstum demgegenüber heißt, zu neuen Ufern aufzubrechen, Wachstum bringt Unruhe mit sich, Wachstum bedeutet Aufbruch, Wandel, Kräfteverschiebungen. Veränderung eben.

Genau darum geht es aber: Veränderung. Denn es wird sich sehr vieles ändern müssen in Deutschland, damit manches so bleiben kann, wie es ist.

## Danke!

Zwischen der ersten Idee zu diesem Buch und seiner Fertigstellung lag fast auf den Tag genau ein Jahr. Dass es überhaupt entstehen konnte, habe ich einer Reihe von Menschen zu verdanken, die mich auf die ein oder andere Weise unterstützt haben; die mir mit Hinweisen und Diskussionen, Begeisterungsfähigkeit und konstruktiver Kritik zur Seite standen; und die weit mehr Geduld mit mir aufgebracht haben, als ich hätte erwarten können. Ich danke vor allem: Jan Dams, Thomas Exner, Karl und Marianne Gersemann, Martin Greive, Julia Hoffmann, Bernd Klöckener, Jan-Eric Peters, Barbara Wenner und Katja Wilke.

Alle etwaigen Fehler und Fehleinschätzungen in diesem Buch habe allein ich selbst zu verantworten.

Olaf Gersemann
Berlin, Juli 2014

## Anmerkungen

Die für dieses Buch genutzten Statistiken sind größtenteils öffentlich zugänglich und im Internet frei verfügbar. Vor allem für einige weiter zurückreichende Datenreihen gilt das aber nicht. Sie wurden dem Autor auf Anfrage bereitgestellt von Institutionen wie der Bundesagentur für Arbeit, dem Institut für Arbeitsmarkt- und Berufsforschung (IAB), der Organisation für wirtschaftliche Zusammenarbeit und Entwicklung (OECD) und dem Statistischen Bundesamt.

Wo immer in diesem Buch als Quelle eine Institution angegeben ist ohne Hinweis auf eine konkrete Veröffentlichung, handelt es sich um eigens zur Verfügung gestelltes Material.

Wörtliche Zitate ohne Quellenhinweis stammen aus persönlichen Konversationen des Autors mit den zitierten Personen.

### Einleitung

1 Statistisches Jahrbuch für das Deutsche Reich, Jahrgang 1929, S. 344 und 357, abgerufen unter digizeitschriften.de.

2 Die Zahlenangaben basieren auf der Datenbank des Maddison Project, das von Experten der Universität Groningen betrieben wird. Der Namensgeber, der 2010 verstorbene Ökonom Angus Maddison, hatte sich darauf spezialisiert, auch für weit zurückliegende Zeiträume international vergleichbare Wirtschaftsdaten zu sammeln und zu errechnen. Siehe http://www.ggdc.net/maddison/maddison-project/home.htm.

3 Maddison Project, a.a.O.

4 Im August 2008 zum Beispiel befragte die »Welt am Sonntag« acht namhafte deutsche Ökonomen, für wie wahrscheinlich sie eine Rezession halten. Die Antworten reichten von 10 bis 25 Prozent. Dabei ging die deutsche Wirtschaftsleistung damals bereits im zweiten Vierteljahr hintereinander zurück – die grobe, aber gebräuchliche Definition für eine Rezession war also längst erfüllt.

5 Levy/Peart (2011).

6 Beim »Ententest« wird ein unbekanntes Objekt anhand seiner sichtbaren Eigenschaften identifiziert. Den strengen Kriterien der Wissenschaftstheorie genügt diese Herangehensweise nicht. Aber dieses Buch erhebt diesen Anspruch nicht. Außerdem ist eine wissenschaftliche Methode zur (falsifizierbaren) Identifikation von Spekulationsblasen bisher nicht gefunden worden.

## Kapitel 1

1 Institut für Demoskopie Allensbach (2013), S. 5.

2 http://www.pewglobal.org/database/indicator/3/survey/all/.

3 Eine ausführliche Aufstellung ähnlicher Zitate findet sich unter http://economicsofcontempt.blogspot.de/2008/07/official-list-of-punditsexperts-who.html.

4 http://marginalrevolution.com/marginalrevolution/2008/02/was-there-a-hou.html.

5 Kindleberger/Aliber (2000), S. 25ff.

6 Vgl. Cowen (2011), S. 74ff.

7 Siehe etwa die Aussagen des konservativen Ökonomen Kevin Hassett in diesem Artikel der »New York Times« aus dem Jahr 2004: http://www.nytimes.com/2004/07/25/weekinreview/the-nation-the-perils-of-predicting-financial-bubbles.html.

8 http://www.businessweek.com/stories/2005-06-21/housing-bubble-or-bunk.

9 Ebd. Freddie Mac musste mit Milliardenspritzen vom amerikanischen Steuerzahler gerettet werden. Frank Nothaft behielt seinen Job.

10 Steinbrück (2013), S. VII.

11 Rürup/Heilmann (2013), S. 3.

12 2013 lag das Pro-Kopf-Einkommen in den USA bei 53 101 Dollar, in Deutschland bei umgerechnet 44 999 Dollar. Sollte die Wirtschaftsleistung in Amerika in den folgenden 20 Jahren auch nur um ein halbes Prozent pro Kopf und Jahr zulegen, käme man am Ende dieser Periode auf einen Wert von 58 671 Dollar. Um diesen Wert zu erreichen,

müsste das Pro-Kopf-Einkommen in Deutschland um jährlich gut 1,3 Prozent wachsen, also mehr als doppelt so schnell wie in den USA. Wenn man die tatsächliche Kaufkraft zugrunde legt – und das sollte man, wenn man versucht, den materiellen Wohlstand von Nationen zu vergleichen –, dann wird die Herausforderung für Deutschland noch größer. Kaufkraftbereinigt lag das deutsche Pro-Kopf-Einkommen 2013 nämlich statt bei 44 999 nur bei 40 007 Dollar. Um von diesem Niveau auf 58 671 Dollar, also den angenommenen amerikanischen Wert, zu kommen, müsste das deutsche Pro-Kopf-Einkommen um jährlich gut 1,9 Prozent wachsen, also sogar fast viermal so schnell wie in den USA. Und selbst dann hätten die Deutschen die Amerikaner nur ein-, aber nicht überholt – und erst recht noch nicht »abgehängt«. Die hier präsentierten Berechnungen basieren auf der zweimal jährlich aktualisierten »World Economic Outlook Database« des Internationalen Währungsfonds (Stand: April 2014). Die Datenbank ist frei zugänglich unter http://www.imf.org/external/ns/cs.aspx?id=28.

13 Bundesministerium für Wirtschaft und Technologie (2013), S. 18.

14 »Jüngere schneiden besser ab als Ältere«, Pressemitteilung des Bundesministeriums für Bildung und Forschung vom 8. Oktober 2013.

15 »PISA 2012: Schulische Bildung in Deutschland besser und gerechter«, Pressemitteilung des Bundesministeriums für Bildung und Forschung vom 3. Dezember 2013.

16 OECD (2013), S. 5, und Prenzel/Sälzer/Klieme/Köller (2013), S. 85.

17 Prenzel/Sälzer/Klieme/Köllner (2013), S. 348, 353f.

18 bmbf.de/de/1321.php

19 Siehe zum Beispiel »Schavan begrüßt Engagement der Wirtschaft als Partner der Exzellenzinitiative und der drei Eliteuniversitäten«, Pressemitteilung des Bundesministeriums für Bildung und Forschung vom 18. Oktober 2006.

20 hmc.harvard.edu.

21 www.topuniversities.com. Die drei deutschen Hochschulen in den Top 100 sind die Ruprecht-Karls-Universität Heidelberg (Platz 50), die Technische Universität München (53) und die Ludwig-Maximilians-Universität München (65).

22 OECD (2014), S. 21.

23 Weltbank (2013), S. 5.

24 OECD (2012), S. 41.

25 Ebd., S. 65f.

26 OECD (2013a), S. 20.

27 http://www.welt.de/wirtschaft/article124955601/OECD-sieht-in-Deutschland-kein-gutes-Beispiel-mehr.html.

28 »Merkel als erstes deutsches Regierungsoberhaupt bei der OECD«, dpa-Meldung vom 19. Februar 2014.
29 S. 8f., 18, 60 des Koalitionsvertrags, abrufbar zum Beispiel unter https://www.cdu.de/sites/default/files/media/dokumente/koalitionsvertrag.pdf.
30 Podiumsdiskussion beim WELT-Tarifforum am 20. Februar 2014 in Berlin.
31 Drost (2014) und »Haasis: Sparkassen sind Erfolgsmodell für Europa«. Pressemitteilung des Deutschen Sparkassen- und Giroverbands vom 28. September 2011.
32 Koalitionsvertrag, a.a.O., S. 114.
33 Rede beim IHK-Neujahrsempfang in Villingen-Schwenningen am 10. Januar 2013, http://www.bundesregierung.de/ContentArchiv/DE/Archiv17/Reden/2013/01/2013-01-10-merkel-ihk.html.
34 Buchan (2012), S. 34.
35 The Economist (2013), S. 3.
36 Regierungserklärung am 29. Januar 2014 im Deutschen Bundestag in Berlin, http://www.bundesregierung.de/Content/DE/Regierungserklaerung/2014/2014-01-29-bt-merkel.html.
37 https://www.destatis.de/DE/PresseService/Presse/Pressemitteilungen/2014/02/PD14_040_51.html.

## Kapitel 2

1 Siehe zum Beispiel http://content.time.com/time/specials/packages/article/0,28804,1902809_1902810_1905192,00.html.
2 Die Berechnungen wurden angestellt anhand der World Economic Outlook Database des Internationalen Währungsfonds vom April 2014, a.a.O.
3 Vgl. Sinn (2003), S. 215ff.
4 World Economic Outlook Database, a.a.O., und eigene Berechnungen.
5 Unterstellt ist hier ein Bruttoinlandsprodukt von 2680 Milliarden Euro. Angenommen wurde ferner, dass das verfügbare Einkommen der privaten Haushalte proportional zur Wirtschaftsleistung wächst, es also konstant rund 63 Prozent des BIP ausmacht.
6 World Economic Outlook Database, April 2014, a.a.O., und eigene Berechnungen.
7 Arbeitskreis Volkswirtschaftliche Gesamtrechnungen (http://www.vgrdl.de/Arbeitskreis_VGR/info.asp) und eigene Berechnungen.

## Kapitel 3

1 Sachverständigenrat zur Begutachtung der gesamtwirtschaftlichen Entwicklung (1977), S. I, 3f., und https://www.destatis.de/DE/ZahlenFakten/Indikatoren/LangeReihen/Arbeitsmarkt/lrarb003.html.
2 Der Spiegel (1977), S. 20.
3 Sachverständigenrat zur Begutachtung der gesamtwirtschaftlichen Entwicklung (1977), S. 64.
4 Ebd., S. 65.
5 Ebd., S. 65, 69.
6 Ebd., S. 67.
7 Der Spiegel (1977), S. 26.
8 Ebd., S. 6.
9 http://www.bundesregierung.de/Content/DE/Bulletin/2011/11/125-2-bmas-bt.html; http://www.bundesregierung.de/Content/DE/Bulletin/2013/11/102-1-bpr-bda.html; http://www.bundesregierung.de/Content/DE/Bulletin/2010/04/43-1-bmwi-regerkl-bt.html; http://www.bundesregierung.de/Content/DE/Bulletin/2011/01/05-1-bmwi-regerkl-bt.html.
10 Die Zahlen in diesem Abschnitt basieren auf Angaben aus: »Arbeitslose nach Rechtskreisen. Deutschland nach Ländern. Jahreszahlen 2013« sowie »Arbeitsmarkt in Deutschland. Zeitreihen bis 2012«. Beide Publikationen der Bundesagentur für Arbeit sind einsehbar unter www.statistik.arbeitsagentur.de. Zahlen für 2013 sind teilweise einer Pressemitteilung des Statistischen Bundesamtes vom 18. Februar 2014 entnommen, https://www.destatis.de/DE/PresseService/Presse/Pressemitteilungen/2014/02/PD14_053_13321.html.
11 http://www.rwi-essen.de/media/content/pages/publikationen/gemeinschaftsdiagnose/GD_2009-1.pdf.
12 http://www.welt.de/wirtschaft/article123279705/Arbeitgeber-nennen-Vollbeschaeftigung-moeglich.html.
13 http://www.faz.net/aktuell/wirtschaft/vollbeschaeftigung/schwerpunkt-arbeit-fuer-alle-vollbeschaeftigung-unglaublich-aber-wahr-12164794.html.
14 http://www.faz.net/aktuell/wirtschaft/menschen-wirtschaft/deutschlandreise-der-wirtschaft-geht-es-blendend-13012357.html.
15 Hamburgisches Weltwirtschaftsinstitut (2011), S. 4.
16 Ebd., S. 22f.
17 Ebd.
18 Podiumsdiskussion beim WELT-Tarifforum am 20. Februar 2014 in Berlin.

19 Alt (2014).
20 Eigentlich ist der Personenkreis noch größer. Denn mitgezählt wird in der Arbeitslosenstatistik nur, wer dem Arbeitsmarkt auch zur Verfügung steht. Eine alleinerziehende Mutter, die arbeiten will, dies aber mangels bezahlbarer Kinderbetreuungsangebote nicht kann, tut dies nicht. Dies hat eine pervers erscheinende Nebenwirkung: Je schlechter es um die Kinderbetreuung bestellt ist, umso mehr wird die offizielle Arbeitslosenstatistik entlastet.
21 Koalitionsvertrag, a.a.O., S. 63.
22 Eurostat-Datenbank (http://epp.eurostat.ec.europa.eu/portal/page/portal/statistics/search-database), abgerufen am 28. April 2014. Die für Deutschland ausgewiesene Arbeitslosenquote ist niedriger als jene, die von der Bundesagentur für Arbeit vermeldet wird. Grund ist, dass Eurostat in der Grundgesamtheit auch die 66- bis 74-Jährigen einbezieht, der Nenner ist also größer.
23 Ebd.
24 Der Spiegel (1977), S. 21, 26.
25 Institut für Arbeitsmarkt- und Berufsforschung.
26 In der Schweiz wurden 2012 insgesamt 7,738 Milliarden Stunden gearbeitet, das Land hatte Ende des Jahres 8,039 Millionen Einwohner. Daraus errechnet sich ein Arbeitsvolumen pro Kopf der Bevölkerung von 962,56 Stunden. In Deutschland lag das Arbeitsvolumen 2012 bei 57,973 Milliarden Stunden, der Bevölkerungsstand betrug Ende des Jahres 80,524 Millionen – was eine Pro-Kopf-Arbeitsleistung von 719,95 Stunden ergibt. IAB, www.destatis.de, http://www.bfs.admin.ch/bfs/portal/de/index/themen/03/02/blank/data/06.html und eigene Berechnungen.
27 In der Schweiz ist, umgerechnet in Euro, das Lohnniveau deutlich höher als in Deutschland; allerdings ist auch das Preisniveau erheblich höher: Die Leute verdienen mehr in der Schweiz, doch ist das Leben dort auch kostspieliger. Um dennoch einen aussagekräftigen Vergleich ziehen zu können, sollte man kaufkraftbereinigte Werte zugrundelegen. Dabei zeigt sich, dass das Pro-Kopf-Einkommen in der Schweiz 2012 um rund 15 Prozent über dem deutschen Niveau lag. Wenn aber zugleich das Pro-Kopf-Arbeitsvolumen um 34 Prozent höher war als in Deutschland, dann bedeutet dies, dass die Produktivität je Erwerbstätigenstunde in der Schweiz deutlich geringer gewesen sein muss. World Economic Outlook Database, April 2014, a.a.O., und eigene Berechnungen.
28 http://www.welt.de/wirtschaft/article124237668/IG-Metall-fordert-fuer-Familien-30-Stunden-Woche.html.

29 Institut für Arbeitsmarkt- und Berufsforschung, https://www.destatis.de/DE/PresseService/Presse/Pressemitteilungen/2014/02/PD14_053_13321.html.

30 Gewissermaßen anders verteilt ist auch die Arbeit, die von den offiziellen Statistiken *nicht* erfasst wird. So kommen Brautzsch/Drechsel/Schultz (2012) zu der Einschätzung, dass die Deutschen im Jahr 2010 unbezahlte Überstunden im Umfang von 1,4 Milliarden Euro geleistet haben. Man kann vermuten, dass mit der Ausbreitung des mobilen Internets dieses Volumen noch zunehmen wird. Betroffen wären dann in erster Linie Büroangestellte. An anderer Stelle geht aber das Arbeitsvolumen zurück. So hat die Agenda 2010 den – durchaus gewünschten – Effekt gehabt, die Schattenwirtschaft in Deutschland zurückzudrängen. Nach einer Untersuchung des Linzer Ökonomen Friedrich Schneider, der sich auf einschlägige Berechnungen spezialisiert hat, entsprach die deutsche Schattenwirtschaft im Jahr 2003 noch 17,1 Prozent des offiziell ausgewiesenen Bruttoinlandsprodukts. Bis 2013 ging dieser Anteil auf 13,2 Prozent zurück, siehe Schneider (2014), S. 10. Man darf daher annehmen, dass in Deutschland sehr viel weniger schwarz gearbeitet wird; in Arbeitsstunden pro Jahr gemessen, könnte sich der Rückgang durchaus im Milliardenbereich bewegen.

## Kapitel 4

1 http://www.kicker.de/news/fussball/chleague/startseite/585278/artikel_8_1-europa-steht-vor--einer-wachabloesung.html#omsearchresult.

2 »Hitzfeld über deutsche Champions-League-Finale: ›Wachablösung‹«. dpa-Meldung vom 3. Mai 2013.

3 »Beckenbauer hofft auf Krimi in Wembley – Wachablösung im Weltfußball«. dpa-Meldung vom 21. Mai 2013.

4 http://dipbt.bundestag.de/doc/btp/15/15032.pdf, S. 2493.

5 Prantl (2003).

6 http://www.taz.de/1/archiv/print-archiv/printressorts/digi-artikel/?ressort=a1&dig=2003/03/15/a0060&cHash=453a456ab3/.

7 Krebs/Scheffel (2013).

8 Ravallion (2009) und The Economist (2009). Wie groß die Mittelschicht ist, ist natürlich Definitionssache. Ravallion, damals ein führender Weltbank-Ökonom und heute Professor an der Georgetown University, wählte für das Jahr 2005 ein Einkommensintervall von kaufkraftbereinigt 2 bis 13 Dollar pro Person und Tag.

9 World Economic Outlook Database, April 2014, a.a.O.
10 Ebd.
11 Die Rangfolgen beziehen sich alle auf das Jahr 2005, siehe https://www.destatis.de/DE/Publikationen/Thematisch/Aussenhandel/Gesamtentwicklung/AussenhandelWelthandel5510006099004.pdf?__blob=publicationFile.
12 Vgl. zum Beispiel Taylor (2007).
13 Greenspan (2010), S. 202ff. und 240f., sowie Greenspan (2013), S. 61ff. Vgl. Ben Bernanke: The Global Saving Glut and the U.S. Current Account Deficit. Sandridge Lecture vor der Virginia Association of Economists in Richmond, Virginia, am 10. März 2005, abrufbar unter http://www.federalreserve.gov/boarddocs/speeches/2005/200503102/.
14 World Economic Outlook Database, April 2014, a.a.O.
15 Reiermann (2007).
16 Gersemann (2004). In Deutschland ist bei Hypothekenkrediten eine langjährige Zinsbindung Usus. In den USA gibt es das in diesem Ausmaß nicht – mit der Folge, dass niedrige Zinsen rasch weitergegeben werden an Hauskäufer, Anhebungen eben aber auch.

**Kapitel 5**

1 Weltbank (1984), S. 1.
2 Der Spiegel (1986), S. 123.
3 Ebd., S. 122.
4 http://www.welt.de/geschichte/article118317130/Wie-aus-Todfeinden-ziemlich-beste-Freunde-wurden.html.
5 Bhagwati (2002), S. 4.
6 Siehe zum Beispiel Lui (2007) und Subramanian/Wei (2007).
7 Welthandelsorganisation (2011), S. 17.
8 Der Spiegel (1980), S. 63.
9 Welthandelsorganisation (2011), S. 18f.
10 Ebd., S. 19ff., und Schott (1994).
11 World Economic Outlook Database, April 2014, a.a.O.
12 Vgl. http://ec.europa.eu/internal_market/top_layer/historical_overview/index_de.htm.
13 World Economic Outlook Database, April 2014, a.a.O, und eigene Berechnungen.
14 Datenbank der Unctad (http://unctadstat.unctad.org). In Relation zur globalen Wirtschaftsleistung lagen die ausländischen Direktinves-

titionen 2012 mit 1,9 Prozent kaum mehr als halb so hoch wie 2007 (3,6 Prozent) und weniger als halb so hoch wie im Jahr 2000 (4,4 Prozent).
15 Vgl. Donnan (2013).
16 http://ec.europa.eu/economy_finance/publications/publication13395_en.pdf, S. 4.
17 Evenett (2013), S. 68, 113.
18 Ebd. (2013), S. 69.
19 Die genannten und weitere Maßnahmen Deutschlands und anderer Länder sind abrufbar unter http://www.globaltradealert.org/site-statistics.
20 Gersemann/Greive (2013).
21 Greive (2014) und Greive (2014a).
22 Fogel (2010).
23 The Economist (2013a), S. 17.
24 Internationaler Währungsfonds (2013), S. 41ff.
25 Vgl. Åslund (2013) und Jost (2014).
26 Morgan Stanley (2014), S. 8.
27 Ebd., S. 4.
28 Ebd., S. 50.
29 Nomura Economics Research (2013). Von den 0,3 Prozentpunkten würden 0,15 Prozentpunkte auf Einbußen bei den deutschen Exporten nach China zurückgehen. Die andere Hälfte wären indirekte Effekte durch die Einbußen, die andere Länder erleiden würden, wie Hongkong, Malaysia, Singapur und Südkorea.
30 Statistisches Bundesamt.
31 Werres (2013), S. 61.
32 World Economic Outlook Database, April 2014, a.a.O. Konkret wird für die Jahre 2015 bis 2019 ein Wirtschaftswachstum von durchschnittlich 6,8 Prozent erwartet.
33 Internationaler Währungsfonds (2013), S. 44.
34 Ebd.
35 http://www.bcg.com/media/pressreleasedetails.aspx?id=tcm:12-144944.
36 Lee/Syed/Xueyan (2012), S. 16.
37 Eichengreen/Park/Shin (2013), Eichengreen/Park/Shin (2012) und Aiyar/Duval/Puy/Wu/Zhang (2013).
38 http://www.transparency.de/Corruption-Perceptions-Index.2164.0.html. Deutschland verbesserte sich zwischen 2003 und 2013 leicht, von Rang 16 auf Rang 12.
39 Åslund (2013), S. 1.

### Kapitel 6

1 http://www.bild.de/geld/wirtschaft/konjunktur/ifo-chef-wirtschaft-waechst-2014-33896152.bild.html.
2 Bundesministerium für Wirtschaft und Energie (2014), S. 7.
3 Deutsche Bundesbank (2014).
4 Vgl. etwa Dustmann/Fitzenberger/Schönberg/Spitz-Oenern (2014).
5 EZB Statistical Warehouse (http://sdw.ecb.europa.eu), abgerufen am 25. Juli 2014.
6 Dombret (2013).
7 Weidmann (2013).
8 Lautenschläger (2013).
9 Klodt (2013), S. 42ff.
10 EZB Statistical Warehouse, a.a.O., abgerufen am 25. Juli 2014.
11 http://www.cesifo-group.de/de/ifoHome/facts/Survey-Results/Konjunkturtest/Kredithuerde/Archiv/2014.html.
12 Stothard (2013). Der Autor unterstellt dabei, alle auslaufenden Kredite würden durch Kredite ersetzt, die mit zwei Prozent verzinst werden.
13 Dierig/Gersemann/Jost (2014).
14 Projektgruppe Gemeinschaftsdiagnose (2010), S. 75ff.
15 Experten der Brüsseler Denkfabrik Bruegel zum Beispiel haben die sogenannte Taylor-Regel angewandt. Diese Regel empfiehlt, den Leitzins danach auszurichten, wie weit erstens die erwartete Geldentwertung vom Inflationsziel und zweitens das tatsächliche vom potenziellen Wirtschaftswachstum abweicht. Ökonomen der Commerzbank hingegen haben den passenden Leitzins danach bemessen, wie die Bundesbank aller Erfahrung nach in einer vergleichbaren Situation entschieden hätte. Beide, Bruegel wie Commerzbank, kommen für Deutschland zu einem angemessenen Leitzinssatz von vier Prozent. Siehe http://www.bruegel.org/nc/blog/detail/article/1151-15-percent-to-plus-4-percent-taylor-rule-interest-rates-for-euro-area-countries/ und Solveen/Krämer (2013).
16 http://www.mopo.de/news/konjunktur-laut-clement-beeintraechtigt-deutsches--stabilitaetsopfer--wachstum,5066732,5845040.html.
17 Dies gilt vor allem dann, wenn das angelegte Geld schnell und ohne große Verluste zurück in Bares verwandelt werden soll. Im Vergleich zu anderen Staatsanleihen haben Bundesanleihen den Vorteil, dass ihr Markt besonders »liquide« ist – ganz einfach, weil es so viele von ihnen gibt. Vgl. Deutsche Bundesbank (2013), S. 56.
18 Bundesbank; vgl. Weidmann (2013) und Deutsche Bundesbank (2013), S. 53ff.

19 Deutsche Bundesbank (2013), S. 53, Projektgruppe Gemeinschaftsdiagnose (2014), S. 53, und Statistisches Bundesamt.
20 Deutsche Bundesbank (2013), S. 57f.
21 Vgl. Greive (2014b) und Schaefer/Brügelmann (2014).
22 www.bundesbank.de und www.destatis.de.
23 Weidmann (2013).
24 Brandmeir/Grimm/Heise/Holzhausen (2013), S. 46. Die Sparer in Italien und Spanien kamen dagegen 2012 auf einen Nettogewinn von 12,5 beziehungsweise 11,5 Milliarden Euro. Hauptgrund dafür ist laut Allianz, dass die Zinsen für Girokonten und Sparbücher in Deutschland im Zuge der Euro-Krise unter das Durchschnittsniveau im Euro-Raum gesunken sind. Das wiederum könnte daran liegen, dass Italiener und Spanier der Stabilität ihrer heimischen Banken stärker misstrauen – und ihr Geld lieber unters Kopfkissen legen würden, wenn die Kreditinstitute nicht eine gewisse Mindestverzinsung anbieten.
25 Der spätere Ökonomie-Nobelpreisträger Milton Friedman stellte in den 50er-Jahren die sogenannte permanente Einkommenshypothese auf. Danach orientieren sich Menschen bei ihren Spar- und Konsumentscheidungen nicht am aktuellen Einkommen, sondern an ihrem erwarteten Lebenseinkommen.
26 Statistisches Bundesamt (2013), S. 12.
27 Brandmeir/Grimm/Heise/Holzhausen (2013), S. 37f.
28 Gassmann (2014).
29 Schufa (2014), S. 11ff., und eigene Berechnungen.
30 Deutsche Bundesbank (2014a), S. 67; vgl. Weidmann (2013).
31 Auf Dauer ist das differenzierter zu sehen. Schließlich haben Preise auch eine wichtige Signalfunktion. Steigende Immobilienpreise führen zu Neubau- und Renovierungsaktivitäten, über die Preise sorgen Knappheiten für ihre eigene Beseitigung.
32 Statistisches Bundesamt (2013a), S. 10; Amt für Statistik Berlin Brandenburg: »Über 10 000 genehmigte Wohnungen im Jahr 2013 für Berlin«. Pressemitteilung vom 4. März 2014, http://www.hamburg.de/bsu/baugenehmigungen/.
33 https://www.destatis.de/DE/PresseService/Presse/Pressemitteilungen/2014/03/PD14_101_31111.html.
34 Statistisches Bundesamt (2014), S. 19.
35 Die Bundesbank schätzt den Bedarf auf 260 000 Wohneinheiten pro Jahr. Siehe Deutsche Bundesbank (2014a), S. 67.
36 Ebd. und Weidmann (2013).
37 Deutsche Bundesbank (2014a), S. 67.

38 http://www.tagblatt.de/Home/nachrichten/wirtschaft/ueberregionale-wirtschaft_artikel,-Experten-sehen-noch-keine-Ueberhitzung-Luxus-wohnungen-gefragt-_arid,194688.html.
39 Deutsche Bundesbank (2014a), S. 67. Nur vier Monate vorher hatten die Bundesbank-Fachleute die Überbewertung noch deutlich niedriger angesetzt – nämlich bei fünf bis zehn Prozent in Städten insgesamt und auf »bis zu 20 Prozent« in den »attraktiven Großstädten«. Siehe Deutsche Bundesbank (2013a), S. 13.
40 Deutsche Bundesbank (2013a), S. 13.
41 DZ Bank Research (2013), S. 5.
42 Die Deutsche Bundesbank schrieb dazu im Oktober 2013: »Unter der Annahme eines konstanten anfänglichen Eigenkapitals belastet die Annuität eines Hypothekarkredits mit zehnjähriger Zinsbindung bei einer hypothetischen Gesamtlaufzeit von 30 Jahren das Haushaltseinkommen gegenwärtig um rund ein Viertel weniger als im Sommer 2008, obwohl sich der Fremdfinanzierungsbedarf aufgrund der gestiegenen Kaufpreise deutlich erhöht hat.« Siehe Deutsche Bundesbank (2013a), S. 17.
43 F+B (2014); vgl. dazu auch Fabricius (2014).
44 Case/Shiller/Thompson (2012).
45 Calabria (2011) und Federal Reserve Bank of San Francisco (2007), S. 6ff.
46 Haimann (2014).
47 Deutsche Bundesbank (2014), S. 11.

## Kapitel 7

1 Techniker Krankenkasse (2013), S. 2, 8.
2 http://www.dgb.de/themen/++co++8cd230ba-828a-11e3-8ac7-52540023ef1a.
3 Institut für Arbeitsmarkt- und Berufsforschung.
4 Bundesministerium für Wirtschaft und Energie (2014a), S. 7, 12ff.
5 statistik.arbeitsagentur.de und eigene Berechnungen.
6 Institut für Arbeitsmarkt- und Berufsforschung.
7 Zwischen 2005 und 2012 stieg die Beschäftigung unter den 25- bis 34-Jährigen ohne Berufsabschluss um 30 000 Vollzeitäquivalente. Das entspricht einem Anteil von 0,86 Prozent des gesamten Zuwachses von 3,49 Millionen Vollzeitäquivalenten. Bundesministerium für Arbeit und Soziales (2014), S. 17, und eigene Berechnungen.
8 Bundesinstitut für Berufsbildung (2014), S. 284.

9 Institut für Arbeitsmarkt- und Berufsforschung und eigene Berechnungen. Das liegt natürlich auch daran, dass die Erwerbsbevölkerung insgesamt älter geworden ist – die meisten *baby boomer* haben schließlich inzwischen ihren 50. Geburtstag hinter sich.
10 Eurostat-Datenbank, a.a.O., abgerufen am 13. Juli 2014.
11 Bundesministerium für Arbeit und Soziales (2014)., S. 16ff. Die Angleichung unter den 55- bis 59-Jährigen an den Durchschnitt würde dagegen nur 110 000 Vollzeitstellen entsprechen, also nur einen Bruchteil ausmachen.
12 Dierig/Doll/Seidel (2012), Dowideit/Fründt/Greive/Hassel/Kaiser (2009) und Heckel (2013).
13 Institut für Arbeitsmarkt- und Berufsforschung. Selbst wenn man nicht die Zahl der Erwerbstätigen zugrundelegt, sondern – um den hohen Teilzeitanteil bei Frauen zu berücksichtigen – sogenannte Vollzeitäquivalente berechnet, ist der Zuwachs bei Frauen größer: nämlich 1,78 Millionen zwischen 2005 und 2012, gegenüber 1,71 Millionen bei Männern. Die Gesamtzahlen sind hier höher, da auch nicht sozialversicherungpflichtig beschäftigte Erwerbstätige berücksichtigt werden. Bundesministerium für Arbeit und Soziales (2014), S. 17.
14 Eurostat-Datenbank, a.a.O., abgerufen am 13. Juli 2014.
15 Ebd.
16 Keller/Haustein (2013), S. 876, 879.
17 Ebd., S. 871.
18 Für diesen Aspekt spricht auch die Tatsache, dass der Anteil der Frauen, die angeben, Teilzeit zu arbeiten, weil kein Vollzeitjob verfügbar war, tendenziell sinkt. 2005 betrug dieser Anteil 18 Prozent, 2013 dagegen weniger als 14 Prozent. Eurostat-Datenbank, a.a.O., abgerufen am 13. Juli 2014.
19 Keller/Haustein (2013), S. 869, 879.
20 Gersemann (2013), S. 32, und The Economist (2013), S. 3.
21 http://esa.un.org/unpd/wpp/index.htm. Eine Abspaltung Schottlands, die politisch zumindest nicht ausgeschlossen scheint, würde daran nichts ändern. Es würde nur einige Jahre länger dauern, ehe die Bevölkerung Großbritanniens größer ist als die deutsche.
22 http://www.ons.gov.uk/ons/taxonomy/index.html?nscl=Population.
23 https://www.destatis.de/DE/ZahlenFakten/Indikatoren/LangeReihen/Bevoelkerung/lrbev04.html?cms_gtp=151956_list%3D1&https=1.
24 Ebd.
25 Sachverständigenrat zur Begutachtung der gesamtwirtschaftlichen Entwicklung (2013), S. 315. Insgesamt wird die Zahl der über 65-Jährigen im Zeitraum 2007 bis 2018 um durchschnittlich 164 000 Personen pro

Jahr zulegen – und damit weniger als halb so schnell wie in den Jahren 1996 bis 2006. Ebd.

26 Deutsche Rentenversicherung Bund (2013), S. 64.

27 Ebd., S. 139. Diese Prognose erscheint sehr optimistisch, wenn man bedenkt, dass einerseits dann schon annähernd die Hälfte der *baby boomer* 60 Jahre und älter sein wird und dass andererseits das durchschnittliche Zugangsalter zur Altersrente bei 64 Jahren liegt – jenes Alter, das die ersten *baby boomer* im Jahr 2014 erreichen. Genau genommen ist die Verrentungswelle bei den geburtenstarken Jahrgängen sogar längst in Gang. Denn erstens ist das statistische Zugangsalter nur ein Durchschnittswert, ein erheblicher Teil eines Jahrgangs geht also früher in Rente als mit den für 2012 ausgewiesenen 64,0 Jahren. Zweitens gibt es auch noch die Renten wegen Erwerbsminderung, bei denen das Zugangsalter 50,7 Jahre beträgt. Bei Alters- und Erwerbsminderungsrenten zusammen betrug das Zugangsalter 2012 im Durchschnitt 61,1 Jahre.

28 Statistisches Bundesamt (2009), S. 40. Die Bevölkerungsvorausberechnung stammt aus dem Jahr 2009, eine jüngere Fassung gab es Mitte 2014 nicht. Die 2013 veröffentlichten Zensuszahlen ergeben, dass 2011 in Deutschland rund 1,5 Millionen Einwohner weniger lebten als bisher angenommen. Auf der anderen Seite sind vor allem in den Jahren 2012 und 2013 deutlich mehr Menschen nach Deutschland zugewandert, als in der Bevölkerungsvorausberechnung unterstellt. Gegeneinander aufgerechnet, dürften sich diese beiden Faktoren in ihrer Wirkung auf die Größe und die Altersstruktur der Bevölkerung ungefähr ausgleichen. Vgl. https://www.destatis.de/DE/PresseService/Presse/Pressemitteilungen/2013/05/PD13_188_121.html.

29 Zitiert nach Herbert (2001), S. 204.

30 https://www.destatis.de/DE/ZahlenFakten/Indikatoren/LangeReihen/Bevoelkerung/lrbev07.html.

31 Herbert (2001), S. 205ff.

32 Helmrich/Zika/Kalinowski/Wolter (2012), S. 4.

33 Vgl. Sinn (2013), S. 16.

34 Gathmann/Keller/Monscheuer (2014), S. 160ff.

35 Brenke/Neubecker (2013a), S. 12ff.

36 »BA-Chef Weise: Nur 7000 beantragen Blue Card – BA für mehr Zuwanderer«. dpa-Meldung vom 1. Januar 2014.

37 Ebd. und http://www.auswaertiges-amt.de/DE/EinreiseUndAufenthalt/LernenUndArbeiten/ArbeiteninD.html.

38 Bei denen, so zitiert die Deutsche Presse-Agentur (dpa) Weise, »sei häufig nicht die Ausbildung das Problem, sondern die mangelnde

Bereitschaft zum Umzug in Regionen mit einem besseren Arbeitsplatzangebot«. Ebd.

39 http://www.census.gov/topics/population.html und http://data.bls.gov/timeseries/JTS00000000JOL.

40 Tatsächlich schwankte die Zahl der offenen Stellen in den zurückliegenden zehn Jahren stets zwischen zwei und fünf Millionen. Siehe http://www.bls.gov/jlt/jlt_labstatgraphs_december2010.pdf.

41 Luft (2014).

42 Becker et al. (2013), S. 32.

43 Fuchs/Söhnlein/Weber (2011), S. 3.

44 Fuchs/Söhnlein/Weber (2011) haben errechnet, dass das Erwerbspersonenpotenzial bei einem Wanderungssaldo von null zwischen 2008 und 2040 von 44,7 auf 33,6 Millionen Personen sinkt. Bei einer Nettozuwanderung von 100 000 Personen pro Jahr läge das Erwerbspersonenpotenzial im Jahr 2040 bei 35,7 Millionen, bei einer Nettozuwanderung von 200 000 Personen bei 38,5 Millionen. Dabei ist jeweils bereits unterstellt, dass die Erwerbsquoten von Frauen und Älteren weiter deutlich steigen.

45 Fuchs/Söhnlein/Weber (2011), S. 3, und Sinn (2013), S. 18.

46 https://www.destatis.de/DE/ZahlenFakten/GesellschaftStaat/Bevoelkerung/Wanderungen/Tabellen/WanderungenAlle.html;jsessionid=3D264EE252BB53FD2A8823D9F5322367.cae2.

47 Fuchs/Söhnlein/Weber (2011), S. 3, und Sinn (2013), S. 18.

48 Bei einer Nettozuwanderung von 368 945 Personen im Jahr 2012 lag der Wanderungssaldo aus den süd- und osteuropäischen EU-Ländern bei 258 817 Personen oder 70 Prozent. Statistisches Bundesamt (2014a), S. 76.

49 Busch (2014), S. 10.

50 Ebd., S. 9ff. So kamen 2012 nur 0,9 Prozent der Erwerbstätigen in den EU-15-Ländern aus den zehn Beitrittsstaaten des Jahres 2004. In Deutschland lag der Anteil mit 1,0 Prozent geringfügig darüber.

51 Brenke/Neubecker (2013), S. 6.

52 Oxford Economics (2012), S. 10.

53 Eurostat-Datenbank, a.a.O., abgerufen am 19. April 2014.

54 Oxford Economics (2012), S. 10.

55 Jaramillo/Melonio (2011), S. 8.

56 Brenke/Neubecker (2013), S. 13.

57 Ebd.

58 Netto wanderten 2012 aus Südafrika 197 Personen zu, aus Indonesien 943, aus Kolumbien 989, aus Brasilien 1587 und aus Indien 6212. Zusammengenommen also kamen aus den fünf Ländern netto 9928

Menschen zu uns – das entspricht weniger als drei Prozent des gesamten Wanderungsüberschusses. Statistisches Bundesamt (2014a), S. 76f.

59 Siehe zum Beispiel http://www.atkearney.com/de/gbpc/global-business-drivers/war-for-talent.

60 Vgl. Gathmann/Keller/Monschauer (2014), S. 159.

61 Fuchs/Söhnlein (2013), S. 14.

62 Vgl. Fuchs/Söhnlein (2013), S. 25.

63 Projektgruppe Gemeinschaftsdiagnose (2014), S. 56.

64 Vgl. http://www.imf.org/external/np/speeches/2010/101010.htm.

65 Institut für Arbeitsmarkt- und Berufsforschung, Statistisches Bundesamt (2014b), S. 14, 52, und eigene Berechnungen.

66 Maddison (2001), S. 352.

67 Statistisches Bundesamt (2014b), S. 51, und eigene Berechnungen.

68 Zeuner (2013).

69 OECD (2014a), S. 224.

70 Ebd.

## Kapitel 8

1 http://www.denkwerkzukunft.de/index.php/presse/index/FAZ_Juni_2009.

2 Ankenbrand (2014).

3 http://www.christundwelt.de/detail/artikel/sind-wir-zu-satt-fuer-gott/.

4 http://www.wiwo.de/erfolg/trends/essay-wir-haben-genug/9211292.html.

5 http://www.tagesspiegel.de/meinung/gastkommentar-fuer-eine-kultur-des-weniger/4181722.html.

6 Ebd.

7 Eine wichtige Ausnahme ist der Staat, für dessen Leistungen es naturgemäß größtenteils keine Marktpreise gibt. Welche Wertschöpfung der Staat zum Bruttoinlandsprodukt beiträgt, weiß daher niemand. Hilfsweise fließen die staatlichen Aktivitäten mit ihren Kosten in die BIP-Berechnung ein.

8 Losse/Fischer/Steiner (2013), S. 41.

9 Deaton (2006), S. 107.

10 Ebd., S. 107ff.

11 Vgl. Deutscher Bundestag (2013), S. 45f.

12 OECD iLibrary (http://www.oecd-ilibrary.org), IEA $CO_2$ Emissions from Fuel Combustion Statistics, abgerufen am 14. Juli 2014; vgl. OECD (2014), S. 5.

13 Stand: 1. Januar 2013. Statistisches Bundesamt (2013b), S. 12.

14 Ross/Schmitz (2007).

15 Geyer/Knuf (2012).

16 Grabka/Westermeier (2014); »Ein Drittel der Bevölkerung kann sich unerwartete größere Anschaffungen nicht leisten«. Pressemitteilung des Statistischen Bundesamtes vom 27. Mai 2014.

17 Kresge (2013) und Dowideit (2012). Einer Umfrage von TNS Emnid aus dem März 2013 zufolge können sich immerhin 15 Prozent der Deutschen vorstellen, pflegebedürftige Angehörige ins Ausland zu schicken. http://konpress.de/wp-content/uploads/Emnid-Repräsentativbefragung-Pflege-im-Ausland-final.pdf, S. 10.

18 OECD (2013b), S. 309. In Österreich und Dänemark kommen zwölf Grundschüler auf einen Lehrer, in Polen, Schweden und Ungarn elf und in Luxemburg und Norwegen zehn. Alle Angaben beziehen sich auf das Jahr 2011.

19 https://www.destatis.de/DE/PresseService/Presse/Pressemitteilungen/2014/04/PD14_126_23611.html.

20 Ettel/Fründt (2014).

21 Dowideit (2014), S. 17.

22 Bund der Steuerzahler (2014), S. 27ff.

23 Trabandt/Uhlig (2013), S. 221ff.

24 http://dip21.bundestag.de/dip21/btd/17/038/1703853.pdf, S. 2.

25 Die Enquetekommission hat sich nicht auf den einen zusätzlichen Indikator verständigen können – und stattdessen ein Sammelsurium von 19 sogenannten $W^3$ Indikatoren präsentiert, dessen Sinn sich Nicht-Fachleuten auch auf den zweiten Blick nicht recht erschließen wird. Das fängt mit weithin unbekannten Indikatoren wie dem nationalen Vogelindex an – und hört bei Maßstäben, die bei jeder Nennung aufs Neue erklärt werden müssen, wie die P80/P20-Relation, nicht auf. Andere wichtige Maße für den menschlichen Wohlstand demgegenüber tauchen gar nicht in der langen Liste auf. Zum Beispiel die verfügbare Freizeit. Hier bekannte sich die zuständige Projektgruppe (zu Recht) zu kaum überwindlichen Messproblemen. Schließlich kann ein außenstehender Statistiker nicht objektiv einschätzen, welche Freizeit tatsächlich freiwilliger Art ist und welche unfreiwillige Unterbeschäftigung. Deutscher Bundestag (2013), S. 48, 234ff.

26 http://dip21.bundestag.de/dip21/btd/17/038/1703853.pdf, S. 2.

27 Vereinte Nationen (1987).

28 https://www.destatis.de/DE/ZahlenFakten/GesellschaftStaat/OeffentlicheFinanzenSteuern/OeffentlicheFinanzen/Schulden/AktuellQuartal.html.

29 Deutscher Bundestag (2013), S. 58, und eigene Berechnungen.

30 Alle Zahlen in diesem Beispiel beziehen sich auf das Preisniveau des Jahres 2013. Aus Gründen der Verständlichkeit wird von einer Geldentwertung in Form von Inflation abstrahiert. An den Aussagen ändert sich dadurch nichts.

31 Gelänge es, die Wirtschaftsleistung um 1,5 Prozent statt um 0,5 Prozent pro Jahr zu steigern, betrügen die zusätzlichen Staatseinnahmen bei einer Einnahmenquote von 45 Prozent 266 Milliarden Euro.

32 https://www.destatis.de/DE/ZahlenFakten/GesellschaftStaat/Bevoelkerung/Sterbefaelle/Tabellen/Lebenserwartung.pdf?__blob=publicationFile und eigene Berechnungen.

33 Es gibt natürlich auch noch andere Stellschrauben. Die fallen aber entweder nicht wirklich ins Gewicht, oder sie sind in Wirklichkeit nur eine Subkategorie der genannten Alternativen. Zu diesen Subkategorien zählt etwa der Versuch, das Rentensystem stärker über Steuern statt über Beiträge zu finanzieren.

34 Deutsche Rentenversicherung Bund (2013), S. 260, und http://www.deutsche-rentenversicherung.de/Allgemein/de/Navigation/6_Wir_ueber_uns/02_Fakten_und_Zahlen/02_kennzahlen_finanzen_vermoegen/1_kennzahlen_rechengroeßen/standardrente_rentenniveau_node.html.

35 Wie erwähnt, unterstellt diese Variante eine jährliche Nettozuwanderung von 200 000 Menschen. Und wie bereits dargelegt, ist ein solches Ausmaß zwar denkbar, aber keineswegs gewiss; zugleich hat die Politik kaum Einfluss auf die tatsächliche Höhe der Zuwanderung. Einen noch höheren Zustrom gleichsam einzuplanen kann daher kaum Grundlage seriöser Politik sein. Die theoretisch denkbare Lösungsalternative D – eine über 200 000 Menschen pro Jahr hinausgehende Zuwanderung – wird hier daher nicht betrachtet.

36 Statistisches Bundesamt (2009), S. 40. Der zwischenzeitliche Anstieg des Rentenalters von 65 auf 67 Jahre ist hier bereits berücksichtigt.

37 Dies lässt sich wie folgt berechnen: 100x525:5337 – 100 = 55,8 Prozent.

38 Die Standardrente entsprach 2008 noch 50,5 Prozent eines durchschnittlichen Jahresentgelts. Dieser Prozentsatz ist bei Alternative B zu multiplizieren mit 337:5525 = 0,642. Es ergibt sich ein Standardrentenniveau von 50,5 x 0,642 = 32,4 Prozent.

39 Selbst unter Einrechnung der Rente mit 67 verschieben sich die Zahlenverhältnisse dramatisch: Die Zahl der Menschen im Rentenalter steigt von 17 auf 22 Millionen; die Zahl derer, die die Renten durch ihre Arbeit finanzieren sollen, sinkt aber von 50 auf 42 Millionen. Um

angesichts dessen Renten und Rentenbeitragssätze konstant zu halten, müssten jene 42 Millionen deutlich mehr arbeiten, als es die 50 Millionen von heute tun.

40 Es ist nur eine grobe Abschätzung möglich, weil für eine genaue Berechnung zum Beispiel kalkuliert werden müsste, wie viele Beschäftigte durch die Ausweitung des Arbeitsvolumens an die Beitragsbemessungsgrenze stoßen würden.

41 Der Unterschied zwischen der Rente mit 67 und der Rente mit 70 ist, dass im ersten Fall die Relation von Rentenfinanzierern und Rentenempfängern von 1000 zu 337 auf 1000 zu 525 steigen würde – und dass sich im zweiten Fall der Anstieg auf 1000 zu 429 begrenzen ließe. Die Zahl der Rentenempfänger würde statt um fünf nur um zwei Millionen zunehmen; auf der Seite der Rentenfinanzierer würde der Rückgang nur fünf statt acht Millionen betragen. Tabellenanhang zu Statistisches Bundesamt (2009) und eigene Berechnungen.

42 Nun könnte es zwar sein, dass viel mehr Immigranten zu uns kommen als jene netto 200 000 pro Jahr, die in den oben genannten Berechnungen vorausgesetzt sind. Auch nicht auszuschließen ist, dass irgendein schreckliches Ereignis – eine neue Seuche, ein Krieg – die Lebenserwartung plötzlich sinken lässt. Es ist also durchaus denkbar, dass doch noch Lösungen außerhalb des beschriebenen Dreiecks möglich werden. Doch wahrscheinlich ist es nicht – und wünschenswert, siehe das Seuchenbeispiel, auch nicht unbedingt.

43 Vgl. http://www.econlib.org/library/Enc/FiscalSustainability.html.

44 Köcher (2014).

45 https://www.destatis.de/DE/ZahlenFakten/GesellschaftStaat/OeffentlicheFinanzenSteuern/OeffentlicheFinanzen/Schulden/AktuellQuartal.html.

46 Vgl. http://www.econlib.org/library/Enc/FiscalSustainability.html.

47 Merola/Sutherland (2012), S. 21.

48 Sachverständigenrat zur Begutachtung der gesamtwirtschaftlichen Entwicklung (2011), S. 168ff.

49 Bundesministerium der Finanzen (2014), S. 44–53.

50 http://www.bundesfinanzministerium.de/Content/DE/Pressemitteilungen/Briefmarken/2014/03/2014-03-20-PM3.html.

51 Werding (2014), S. xvi. Selbst in dem »pessimistischen« Szenario wird unterstellt, dass die Erwerbsbeteiligung von Frauen auf ein Niveau steigt (81 Prozent im Jahr 2030), das gegenwärtig in keinem einzigen EU-Land erreicht wird; zugleich wird angenommen, dass die Erwerbsbeteiligung von Männern dadurch nicht beeinträchtigt wird, vielmehr werden auch hier weitere Zuwächse unterstellt. Außerdem wird für

den Zeitraum 2030 bis 2060 ein Produktivitätswachstum (1,6 bis 2,0 Prozent im Jahr) einkalkuliert, das etwa doppelt so hoch liegt wie der durchschnittliche Zuwachs im Zeitraum 2005 bis 2013. A.a.O., S. xi.
52 Greive (2014c).

**Kapitel 9**

1 Projektgruppe Gemeinschaftsdiagnose (2014), S. 34, und eigene Berechnungen.
2 http://www.arbeitgeber.de/www/arbeitgeber.nsf/res/94B253EA6F237978C1257CCA0043ED77/$file/Stn-Rentenpaket_neu.pdf.
3 »Audi stößt Rekord-Investitionen von rund € 22 Mrd. bis 2018 an«. Pressemitteilung vom 27. Dezember 2013.
4 Jürgens (2014).
5 http://www.difu.de/sites/difu.de/files/archiv/presse/ersatzneubau-komm-bruecken_summary.pdf.
6 Doll, Fründt et al. (2013), S. 14.
7 Kommission Zukunft der Verkehrsinfrastrukturfinanzierung (2012), S. 11.
8 http://www.adac.de/infotestrat/adac-im-einsatz/motorwelt/Staubilanz2013.aspx.
9 »Standortvorteil mit Pflegebedarf«. Pressemitteilung des Instituts der deutschen Wirtschaft Köln vom 17. Februar 2014.
10 Doll, Fründt et al. (2013), S. 15.
11 Ebd., S. 16.
12 Doll, Heuzeroth et al. (2013).
13 Bundesministerium für Wirtschaft und Energie (2014), S. 16.
14 Kommission Zukunft der Verkehrsinfrastrukturfinanzierung (2012), S. IV.
15 KfW Bankengruppe (2014), S. 13ff., 67.
16 Bollmann (2014). Dass die genannte Behauptung falsch ist, lässt sich zum Beispiel erkennen, wenn man sich anschaut, wie sich das preisbereinigte Volumen der staatlichen Bauinvestitionen entwickelt hat: In jedem Jahr zwischen 2005 und 2013 war das Bauvolumen geringer als in jedem Jahr zwischen 1991 und 2003. Im Jahr 2013 lag es um 20 Prozent unter dem Niveau des Jahres 2000. Statistisches Bundesamt (2014c), S. 48, und eigene Berechnungen.
17 http://www.bmas.de/DE/Service/Presse/Reden/rede-14-02-26.html; vgl. http://www.n-tv.de/ticker/EZB-Direktor-Asmussen-fordert-Investitionen-in-deutsche-Infrastruktur-article11498646.html.

18 http://www.spd.de/linkableblob/96686/data/20130415_regierungsprogramm_2013_2017.pdf, S. 33, und http://www.cdu.de/sites/default/files/media/dokumente/regierungsprogramm-2013-2017-langfassung-20130911.pdf, S. 6.

19 Bundesministerium der Finanzen (2014), S. 26, und Bundesministerium für Wirtschaft und Technologie (2013), S. 17.

20 Nicht enthalten sind dagegen kleinere Anschaffungen wie Büroutensilien.

21 Eurostat-Datenbank, a.a.O., abgerufen am 21. Mai 2014, und eigene Berechnungen.

22 Sachverständigenrat zur Begutachtung der gesamtwirtschaftlichen Entwicklung (2013), S. 312.

23 OECD iLibrary, a.a.O., abgerufen am 14. Juli 2014. Die Zahlen beziehen sich auf das Jahr 2011.

24 Eurostat-Datenbank, a.a.O., abgerufen am 20. Mai 2014.

25 Sachverständigenrat zur Begutachtung der gesamtwirtschaftlichen Entwicklung (2013), S. 312. Vgl. Bundesministerium der Finanzen (2014), S. 30.

26 Deutscher Bundestag (2013), S. 145.

27 Delhaes (2014) und http://www.welt.de/politik/deutschland/article127342160/Ministerium-mitschuldig-am-Sanierungsstau.html.

28 Bundesministerium der Finanzen (2014), S. 32.

29 Sachverständigenrat zur Begutachtung der gesamtwirtschaftlichen Entwicklung (2013), S. 312.

30 World Economic Outlook Database, April 2014, a.a.O., und eigene Berechnungen.

31 Vgl. Internationaler Währungsfonds (2013a), S. 10.

32 https://www.kfw.de/KfW-Konzern/Service/Download-Center/Konzernthemen-%28D%29/Research/Indikatoren/KfW-Kreditmarktausblick/.

33 Die Industriebeschäftigung in Frankreich ist zwischen 2000 und 2013 dramatisch eingebrochen, nämlich um 22 Prozent. Entgegen der verbreiteten öffentlichen Wahrnehmung war aber auch in Deutschland die Zahl der Industriejobs 2013 kleiner als zur Jahrtausendwende. Das Minus beträgt fünf Prozent. Eurostat-Datenbank, a.a.O., abgerufen am 20. Mai 2014, und eigene Berechnungen.

34 Im Durchschnitt des verarbeitenden Gewerbes betrugen die Energiekosten im Jahr 2012 rund 2,1 Prozent des Bruttoproduktionswerts. In der Chemie wurden 4,6 Prozent erreicht, in der Metallindustrie 5,4 Prozent. In Maschinenbau und der Herstellung elektrischer Ausrüstungen betrug der Anteil 1,0 Prozent. Statistisches Bundesamt (2014d), S. 283ff.

35 Wisdorff (2014).
36 Siehe zum Beispiel http://www.bmwi.de/BMWi/Redaktion/PDF/Publikationen/renaissance-der-industrie,property=pdf,bereich=bmwi2012,sprache=de,rwb=true.pdf.
37 http://www.continental-corporation.com/www/download/portal_com_de/themen/ir/new_veranstaltungen/hv/folder_hv_2014_de/download_kanal/rede_degenhart_2014_de.pdf.
38 http://www.bmwgroup.com/d/0_0_www_bmwgroup_com/investor_relations/corporate_events/hauptversammlung-2014.html; siehe auch https://www.press.bmwgroup.com/deutschland/pressDetail.html?title=erster-spatenstich-für-neues-bmw-group-werk-in-brasilien&outputChannelId=7&id=T0160404DE&left_menu_item=node__4088.
39 https://www.basf.com/group/hauptversammlung-2014/index.
40 Adam (2013), S. 20, und eigene Berechnungen.
41 Schwartz/Gerstenberger (2014), S. 1f.
42 Ernst & Young (2013), S. 14. Für einen der 30 Dax-Konzerne, nämlich BMW, lagen keine Angaben vor.
43 Direktinvestitionen sind, grob gesagt, Finanztransaktionen mit dem Ziel, im Ausland eigene Unternehmen aufzubauen oder zu erwerben. Nicht erfasst werden aber zum Beispiel Sachinvestitionen bereits bestehender ausländischer Tochterunternehmen.
44 Unctad-Datenbank, a.a.O., abgerufen am 24. Juni 2014, und eigene Berechnungen.
45 Deutscher Industrie- und Handelskammertag (2014), S. 6.
46 Unctad (2014), S. 205, Unctad-Datenbank, a.a.O., abgerufen am 15. Juli 2014, und eigene Berechnungen.
47 Institut der deutschen Wirtschaft Köln (2014).
48 Zwischen 2005 und 2013 waren die Direktinvestitionen in Frankreich im Durchschnitt um knapp 17 Prozent höher als in Deutschland. Unctad (2014), S. 205, Unctad-Datenbank, a.a.O., abgerufen am 15. Juli 2014, und eigene Berechnungen.
49 International Energy Agency (2013).
50 http://www.bmwgroup.com/d/0_0_www_bmwgroup_com/produktion/produktionsnetzwerk/produktionsstandorte/werk_spartanburg.html.
51 Vgl. Brücker/Brunow/Fuchs/Kubis/Mendolicchio/Weber (2013), S. 6f.
52 »Bosch eröffnet neue Fertigung in Cluj/Rumänien«. Pressemitteilung der Bosch-Gruppe vom 9. Mai 2014.
53 https://www.basf.com/group/hauptversammlung-2014/index.
54 Stifterverband für die Deutsche Wissenschaft (2013), S. 52.

## Kapitel 10

1 Der Spiegel (1969), S. 52ff.
2 Unctad-Datenbank, a.a.O., abgerufen am 15. Mai 2014.
3 Handelsblatt (2013).
4 Wenn in Deutschland über die Höhe von Exporten berichtet wird oder über Exportquoten, dann werden in aller Regel nur die Ausfuhren von Waren einbezogen, nicht aber auch die Ausfuhren von Dienstleistungen. In den hier genannten Zahlen sind dagegen auch Dienstleistungen enthalten. Dies zum einen, weil das sachgerechter ist. Und zum anderen, weil weit zurückreichende internationale Zeitreihen nur für Exportquoten verfügbar sind, in denen auch Dienstleistungen berücksichtigt sind.
5 http://www.porsche.com/germany/aboutporsche/pressreleases/?pool=germany&id=A5AEBD2366CC9235C1257C9B00316A3A.
6 Statistisches Bundesamt (2014e), Seite 5, und eigene Berechnungen.
7 Ebd.
8 Dustmann/Fitzenberger/Schönberg/Spitz-Oener (2014), S. 182.
9 Vgl. zum Beispiel http://www.bild.de/geld/wirtschaft/gehalt/groesstes-plus-seit-22-jahren-35924956.bild.html.
10 Posen (2013).
11 http://www.iab.de/de/informationsservice/presse/presseinformationen/tb2011.aspx.
12 Brändle/Heinbach/Maier (2011).
13 Vgl. etwa Sachverständigenrat zur Begutachtung der gesamtwirtschaftlichen Entwicklung (2011a), S. 335ff., und Dustmann/Fitzenberger/Schönberg/Spitz-Oener (2014), S. 171ff.
14 von Borstel/Wisdorff (2014).
15 Hauptmann/Schmerer (2012).
16 Yalcin/Zacher (2011), S. 18, 24. Siehe auch Dustmann/Fitzenberger/Schönberg/Spitz-Oener (2014), S. 173f.
17 Das arbeitgebernahe Institut der deutschen Wirtschaft Köln unternimmt dies zum Beispiel in Schröder (2013).
18 Zur Erläuterung des Indikators siehe http://www.oecd.org/economy/outlook/eosources-notestostatisticalannextables38-54externaltrade-andpayments.htm#t_42.
19 Dustmann/Fitzenberger/Schönberg/Spitz-Oener (2014), S. 174ff.
20 Deutscher Industrie- und Handelskammertag (2014), S. 11.
21 Maddison (2001), S. 185f.
22 Zypern wird hier nicht näher betrachtet, weil es gleich in mehrfacher Hinsicht ein Sonderfall ist und zudem ökonomisch für die gesamtwirt-

schaftliche Entwicklung der Euro-Zone nur eine geringfügige Rolle spielt. Italien wird dagegen zu den Krisenländern gezählt. Das Land hat zwar keine Kredite aus den Rettungsfonds ESM und EFSF erhalten. Seine Gläubiger hatten ihm, ablesbar an stark steigenden Renditen italienischer Staatsanleihen, jedoch das Vertrauen entzogen. Italien war daher auf dem Weg in die Staatspleite – bis Mario Draghi, der Präsident der Europäischen Zentralbank, im Juli 2012 andeutete, dass die EZB nötigenfalls selbst als Aufkäufer von Staatsanleihen auftreten werde.

23 Im Zuge der Euro-Krise fielen die deutschen Tomaten-Exporte nach Griechenland bis 2010 um fast 90 Prozent. Seit 2011 werden laut Statistik praktisch gar keine deutschen Tomaten mehr nach Griechenland geliefert. Online-Datenbank Genesis des Statistischen Bundesamtes (https://www-genesis.destatis.de/genesis/online), abgerufen am 15. Juni 2014. Vgl. http://www.ekathimerini.com/4dcgi/_w_articles_wsite6_1_14/03/2012_432978.

24 Online-Datenbank Genesis des Statistischen Bundesamtes, a.a.O., abgerufen am 14. Juni 2014.

25 Zhong (2013).

26 Griechenland und Portugal hatten schon zur Jahrtausendwende Leistungsbilanzdefizite von mehr als fünf Prozent und Spanien seit 2004. World Economic Outlook Database, April 2014, a.a.O.

27 2011 war Deutschland für Italien der wichtigste Exportmarkt, für Griechenland, Portugal und Spanien jeweils der zweitwichtigste und für Irland der viertwichtigste. Koch/Rees (2013), S. 3.

28 Umgekehrt importieren wir, Stand 2013, aus keinem einzelnen Land so viel wird aus den sogenannten GIIPS-Staaten. https://www-genesis.destatis.de/genesis/online/logon?language=de&sequenz=tabelleErgebnis&selectionname=51000-0003, und eigene Berechnungen.

29 Deutschland hat im Jahr 2007 Waren im Wert von 184,5 Milliarden Dollar in die GIIPS-Staaten ausgeführt. Dem standen Einfuhren in Höhe von 121,9 Milliarden Dollar gegenüber. Daraus ergibt sich ein Überschuss von 62,6 Milliarden Dollar. Der deutsche Leistungsbilanzüberschuss insgesamt betrug in jenem Jahr 248 Milliarden Dollar. Online-Datenbank Genesis des Statistischen Bundesamtes, a.a.O., abgerufen am 14. Juni 2014, World Economic Outlook Database, April 2014, a.a.O., und eigene Berechnungen.

30 http://www.gesetze-im-internet.de/bundesrecht/stabg/gesamt.pdf.

31 Konkret hat sich etwa die »konzertierte Aktion« (Paragraf 3) zwar nicht als Begriff überlebt, aber als Institution. Auch ist der Grundgedanke des Gesetzes – die Wirtschaft lasse sich mittels einer keyne-

sianischen »Globalsteuerung« nach Belieben lenken – heute eine Minderheitenmeinung. Als Institution noch existent ist der in Paragraf 18 vorgesehene »Konjunkturrat für die öffentliche Hand«. Er wurde zuletzt von Michael Glos, dem damaligen Bundeswirtschaftsminister, auf dem Höhepunkt der Finanzkrise im Januar 2009 einberufen. Siehe »Konjunkturrat für die öffentliche Hand am 15. Januar 2009.« Pressemitteilung des Bundesministeriums für Wirtschaft und Technologie vom 14. Januar 2009.

32 http://www.imf.org/external/pubs/ft/aa/index.htm#art1.

33 Der Grund dafür ist, dass die in Kapitel 9 erwähnte »Grenzleistungsfähigkeit« des Kapitals in ärmeren Ländern typischerweise höher ist. Daher ist es für Schwellen- und Entwicklungsländer auch nur normal, wenn sie moderate Defizite in ihren Leistungsbilanzen aufweisen.

34 World Economic Outlook Database, April 2014, a.a.O. Die einzige Phase, in der die Bundesrepublik zuvor über mehrere Jahre hohe Leistungsbilanzüberschüsse erzielte, waren die Jahre 1986 bis 1989. Damals lagen die Überschüsse vier Jahre lang bei rund vier Prozent. Es gibt durchaus Länder, die noch höhere Leistungsbilanzüberschüsse erzielen. Die aber basieren dann meist auf hohen Erlösen aus dem Export von Öl – wie im Fall von Kuweit, Norwegen oder Saudi-Arabien.

35 Zhong (2013) und http://www.nytimes.com/2013/11/04/opinion/krugman-those-depressing-germans.html?_r=0.

36 http://www.welt.de/wirtschaft/article121972488/Deutschland-verspielt-das-Wachstum-von-morgen.html.

37 »Wissmann: Exportüberschuss ist Ergebnis harter Arbeit«. Pressemitteilung des Verbands der Automobilindustrie vom 13. November 2013. Vgl. Lauk (2014) und Folkerts-Landau (2013).

38 »Merkel verteidigt Wirtschaftsmodell mit Handelsüberschüssen«. dpa-Meldung vom 21. November 2013.

39 Siehe zum Beispiel Weidmann (2013).

40 Der Anteil des deutschen Leistungsbilanzüberschusses, der auf die Euro-Zone entfällt, hat sich zwischen 2008 und 2012 halbiert, von 62 auf 31 Prozent. Folkerts-Landau (2013), S. 3.

41 Online-Datenbank Genesis des Statistischen Bundesamtes, a.a.O., abgerufen am 14. Juni 2014, und eigene Berechnungen.

42 Siehe zum Beispiel auch Busch/Grömling/Matthes (2011).

43 Die Bruttoinvestitionen Deutschlands sind laut IWF zwischen 2000 und 2013 von 22,3 auf 16,7 Prozent des BIP gesunken, also um 5,6 Prozentpunkte. In der gleichen Zeit wurde aus einem Leistungsbilanzdefizit von 1,7 Prozent des BIP ein Überschuss von 7,5 Prozent, gerundet beträgt die Veränderung 9,3 Prozentpunkte. Der Anteil

der Investitionen an dieser Veränderung beträgt 5,6:9,3 = 61 Prozent. World Economic Outlook Database, April 2014, a.a.O., und eigene Berechnungen.

44 Die Experten der amerikanischen Investmentbank Morgan Stanley taxierten den Wechselkurs, der für Deutschland eigentlich angemessen wäre, im Mai 2014 auf 1,53 Dollar je Euro. Für Italien dagegen wäre ein Kurs von 1,18 Dollar je Euro fundamental angemessen, für Griechenland sogar nur 1,02 Dollar.

45 Vgl. Deutsche Bundesbank (2014b).

46 »Brüssel und Berlin streiten erneut um deutsche Exportstärke«. dpa-Meldung vom 5. März 2014.

47 Frankfurter Allgemeine Zeitung (2013).

48 Wolf (2013).

### Kapitel 11

1 http://www.interbrand.com/de/best-global-brands/2013/Best-Global-Brands-2013-Brand-View.aspx.

2 Bundesverband der Deutschen Industrie (2013), S. 17.

3 Der Anteil der Autoindustrie am inländischen Produktionswert ist zwischen 1991 und 2011 von 12,3 auf 18,7 Prozent gewachsen. Die Metallindustrie legte weniger stark zu, von 12,8 auf 13,7 Prozent; der Maschinenbau schließlich steigerte sich von 12,5 auf 13,1 Prozent. Online-Datenbank Genesis des Statistischen Bundesamtes, a.a.O., abgerufen am 22. Juni 2014, und eigene Berechnungen.

4 Die Ausfuhren von Kraftwagen und Kraftwagenteilen erreichten 2013 einen Wert von 190 Milliarden Euro. Dem standen Einfuhren im Wert von 80 Milliarden gegenüber. Im Maschinenbau beliefen sich die Exporte auf 163 Milliarden Euro und die Importe auf 66 Milliarden. Zöge man die sich ergebenden Überschüsse in diesen Bereichen vom Leistungsbilanzsaldo ab, so bliebe in der Leistungsbilanz ein Überschuss von zwei Milliarden Euro übrig.

5 Yalcin/Zacher (2011), S. 22.

6 Statistisches Bundesamt und eigene Berechnungen.

7 Koalitionsvertrag, a.a.O., S. 11.

8 OECD iLibrary, a.a.O., abgerufen am 28. Juni 2014.

9 1995 flossen 33 Prozent der FuE-Ausgaben von Unternehmen in Deutschland in Spitzentechnologien; 2008 waren es noch 28 Prozent. Der Durchschnitt der Industrieländer betrug 2008 rund 42 Prozent. Gehrke/Schasse/Kladroba/Stenke (2013), S. 58ff., 105.

10 Ebd., S. 61.

11 2011 entsprachen die FuE-Ausgaben der Wirtschaft in Deutschland 1,96 Prozent des BIP, in Frankreich 1,44 Prozent. Ohne Autoindustrie betrugen die Werte 1,33 beziehungsweise 1,34 Prozent. Der Industrieländer-Durchschnitt betrug 1,6 Prozent. OECD iLibrary, a.a.O., abgerufen am 28. Juni 2014, und eigene Berechnungen.

12 The 2013 EU Industrial R&D Scoreboard (http://iri.jrc.ec.europa.eu/scoreboard13.html).

13 In diesen Angaben sind nur die internen Ausgaben enthalten. Hinzuzurechnen wären eigentlich die externen Ausgaben, für die aber bis Mitte 2014 nur Zahlen bis 2011 vorlagen. Würde man die externen Ausgaben tatsächlich mit berücksichtigen, läge der Anteil der Autoindustrie noch höher, da hier der Anteil der externen Ausgaben überdurchschnittlich ist. Stifterverband für die Deutsche Wissenschaft (2013), S. 8, und eigene Berechnungen.

14 Die Welt (2014).

15 Die Welt (2014), Der Spiegel (1971), S. 32, und Ernst & Young.

16 Vor Steuern und Zinsen erwirtschafteten die drei großen Autokonzerne im Geschäftsjahr 2013 knapp 27,3 Milliarden Euro Gewinn; alle 30 Dax-Unternehmen zusammen kamen auf 103,6 Milliarden – woraus sich ein Anteil von 26 Prozent ergibt; im Vorjahr war der Anteil noch wesentlich höher. Der Umsatz von BMW, Daimler und VW erreichte 2013 zusammen 391,1 Milliarden Euro, bei Dax-30-Umsätzen von insgesamt 1231,5 Milliarden Euro – woraus sich ein Anteil von 32 Prozent errechnen lässt. Die FuE-Ausgaben der Großen Drei schließlich lagen 2013 bei gut 18,4 Milliarden Euro. Die FuE-Ausgaben aller 24 Dax-Konzerne, für die Zahlen vorliegen, betrugen 37,1 Milliarden Euro. Keine Angaben liegen vor für Allianz, Commerzbank, Deutsche Bank, Deutsche Post, Munich Re und SAP. Im Jahr zuvor kamen diese sechs Unternehmen auf FuE-Ausgaben in Höhe von rund 3,2 Milliarden Euro. Ernst & Young, The 2013 EU Industrial R&D Scoreboard, a. a. O., und eigene Berechnungen.

17 Dudenhöffer (2014), S. 29.

18 Ebd., S. 26ff.

19 Sommer (2013).

20 Der Spiegel (1984), S. 60.

21 Der Spiegel (1971).

22 Buck (2013).

23 Doll/Tauber (2014) und Schnell/Schneider (2014).

24 Vgl. zum Beispiel Commerzbank (2013).

25 Vgl. Lev-Ram (2014).

26 Euro Asia Consulting (2014), S. 8.
27 Doll/Tauber (2014).
28 Ebd.
29 Vgl. Freitag (2013).
30 Dudenhöffer (2014), S. 30.
31 Vgl. Lev-Ram (2014), S. 41.
32 Foy (2013).
33 Tauber (2014).
34 LMC Automotive, Dudenhöffer (2014), S. 30. Der Absatzerfolg von Tesla in Ländern wie den USA und Norwegen erklärt sich auch durch großzügige staatliche Kaufprämien. Solange und soweit deutsche Premiumhersteller bei Elektroautos hinterherhinken, können solche Subventionen als weiteres regulatorisches Risiko für die Konzerne betrachtet werden.
35 http://www.wiwo.de/technologie/auto/elektroautohersteller-in-der-kritik-warum-vw-chefkontrolleur-piech-tesla-fuer-ueberfluessig-haelt/9573478.html.
36 http://www.tz.de/auto/audi-r8-e-tron-doch-kleinserie-zr-3330495.html.
37 Freitag (2014).
38 http://www.daimler.com/dccom/0-5-1625161-49-1625169-1-0-0-1625162-0-0-135-0-0-0-0-0-0-0-0.html.
39 VDA.
40 Statistisches Bundesamt (2014c), S. 73, und eigene Berechnungen. Die Ausgaben für Forschung und Entwicklung wurden erst mit der Umstellung auf die neue Systematik der Volkswirtschaftlichen Gesamtrechnung im Herbst 2014 von der amtlichen Statistik als Investitionen ausgewiesen.
41 VDA und eigene Berechnungen; vgl. Deutsche Bank Research (2014).
42 http://www.audi.com/content/dam/com/DE/investor-relations/financial-events/annual-general-meetings/2013/audi_hv_2013_rede_stadler_teil2.pdf.
43 Die Zahl der Beschäftigten in der gesamten Automobilindustrie lag 2013 bei 756 000. Zehn Jahre zuvor waren es 798 000 gewesen. VDA.
44 Fasse (2013).

## Kapitel 12

1 Vgl. Palla (2010).
2 Cowen (2011), S. 7ff.
3 Gordon (2014), S. 34.
4 Cowen (2013), S. 5.
5 Brynjolfsson/McAfee (2014), S. 11ff.
6 Gersemann (2014).
7 Bundesministerium für Wirtschaft und Energie (2014b), S. 7.
8 Gabriel (2014).
9 Durchbrüche in der Grundlagenforschung stammen ebenfalls regelmäßig von relativ jungen Menschen. Isaac Newton etwa hatte sein »Annus mirabilis« 1666, im Alter von 23 Jahren. Und Albert Einstein soll gesagt haben, dass ein Mensch, dem bis zum 30. Geburtstag kein großer Beitrag zur Wissenschaft gelungen ist, nie Erfolg auf diesem Feld haben wird. Einstein selbst war 1905, im »Einsteinjahr«, 26. Seither ist das Alter, in dem Wissenschaftler ihre Durchbrüche erzielen, zwar tendenziell gestiegen. Aber noch immer liefern zum Beispiel Nobelpreisträger aus den Naturwissenschaften den Beitrag, für den sie später geehrt werden, typischerweise ab, bevor sie 40 sind. Jones/Reedy/Weinberg (2014), S. 2ff.
10 Die SAP-Gründer sind keine *boomer*, sie wurden alle in den 30er- und 40er-Jahren geboren.
11 Metzger (2014), S. 6ff.
12 Acemoglu (2002) und Katz/Margo (2013).
13 Schmillen/Stüber (2014), S. 7.
14 Schwab-Felisch (2012), S. 74ff.
15 Fasse/Höpfner (2013).
16 Jervell (2014).
17 Frey/Osborne (2013), S. 17.
18 Ebd., S. 38.
19 http://www.bruegel.org/nc/blog/detail/article/1394-the-computerisation-of-european-jobs/.
20 Goldin/Katz (2009).
21 Vgl. Frey/Osborne (2013), S. 26.
22 Eurostat-Datenbank, a.a.O., abgerufen am 21. Juli 2014.
23 Ebd.
24 http://www.boeckler.de/wsi-tarifarchiv_2269.htm#t.
25 http://www.audi.com/content/dam/com/DE/investor-relations/financial-events/annual-general-meetings/2013/audi_hv_2013_rede_stadler_teil2.pdf.

26 »Berufliche und akademische Bildung sind gleichwertig«. Pressemitteilung des Bundesministeriums für Bildung und Forschung, 21. Februar 2014.
27 http://www.julian.nida-ruemelin.de/uber-jnr/.
28 Nur zwei der zehn Ausbildungsberufe mit den meisten Neuzugängen im Jahr 2013, der Kraftfahrzeugmechatroniker und der Industriemechaniker, haben direkt etwas mit industrieller Fertigung zu tun. http://www.bibb.de/dokumente/pdf/naa309_2013_tab67_2be.pdf.
29 Eurostat-Datenbank, a.a.O., abgerufen am 21. Juli 2014.
30 http://www.welt.de/print/die_welt/wirtschaft/article121308720/Die-Kasse-im-Supermarkt-stirbt-aus.html.
31 Vgl. http://www.bibb.de/dokumente/pdf/naa309_2013_tab67_2be.pdf.
32 Vgl. Hanushek/Wößmann/Zhang (2012), und Sachverständigenrat zur Begutachtung der gesamtwirtschaftlichen Entwicklung (2009), S. 293.
33 Bundesinstitut für Berufsbildung (2014), S. 99.
34 Hanushek/Wößmann/Zhang (2012), S. 41.
35 OECD (2013c), S. 71, 75, 107.
36 Ebd., S. 269; vgl.: »Erstes ›PISA‹ für Erwachsene: Deutschland und Österreich im Mittelfeld«. Pressemitteilung der OECD, 8. Oktober 2013.
37 http://files.messe.de/007-14/media/downloads/besucher/tickets-nutzungshinweise.pdf.

## Kapitel 13

1 Jörges (2014).
2 Brunnermeier/Oehmke (2013), S. 1221ff.
3 Vgl. a.a.O., S. 1221ff., 1245, und http://www.heise.de/tp/artikel/6/6668/1.html.
4 Wisdorff (2014).
5 Siehe zum Beispiel Europäische Kommission (2014), S. 25ff., und OECD (2014b), S. 36ff., 77, 110.
6 Müller-Dröge (2014).
7 Koalitionsvertrag, a.a.O., S. 16f.
8 Das Quotenmodell wird seit Jahren unter anderem von den Wirtschaftsweisen gefordert. In ihm würden Betreiber von Windparks oder Solaranlagen nicht mehr durch Einspeisevergütungen subventioniert; stattdessen könnten sie »Grünstromzertifikate« verkaufen. Die Stromversorger ihrerseits müssten mittels solcher Zertifikate belegen,

dass ein vorgeschriebener Anteil des von ihnen verkauften Stroms aus erneuerbaren Energien stammt. Zu den Vorteilen dieses Modells gehört, dass es im Vergleich zum EEG-Modell wesentlich leichter steuerbar ist. Vgl. Sachverständigenrat zur Begutachtung der gesamtwirtschaftlichen Entwicklung (2013), S. 429f.

9 http://www.theinformact.org.

10 Internationaler Währungsfonds (2014), S. 21. In den Jahren 2012 und 2013 lagen die Bruttoinvestitionen des Staates jeweils um 0,2 Prozent des BIP unter dem Niveau der Abschreibungen. Eine Erhöhung der Investitionen um 0,5 Prozent hätte die Nettoinvestitionen folglich auf plus 0,3 Prozent erhöht. OECD (2014c), S. 26.

11 Idealerweise würde eine solche Regel an den Netto-, nicht an den Bruttoinvestitionen ansetzen – was die Angelegenheit aber kompliziert werden ließe, denn dann müssten die Abschreibungen für jede noch so kleine Kommune ermittelt und nachgerechnet werden. Zudem ist eine pauschale Regel auch unbefriedigend. Eine florierende Metropolregion, die viele Zuzügler anlockt, wird zumindest auf Dauer ein höheres Investitionsniveau brauchen als Kommunen, in denen die Bevölkerung stark schrumpft.

12 Vgl. Sachverständigenrat zur Begutachtung der gesamtwirtschaftlichen Entwicklung (2009), S. 293f.

13 Herdin/Hachmeister (2014), S. 14. Bundesweit sind an Universitäten und Fachhochschulen 45 Prozent der ingenieurwissenschaftlichen Studiengänge mit einem Numerus clausus belegt und 40 Prozent der sprach- und kulturwissenschaftlichen. Ebd.

14 Vgl. http://www.welt.de/wirtschaft/karriere/bildung/article126972099/Der-NC-ist-Relikt-einer-fehlgeleiteten-Planwirtschaft.htm.

15 OECD (2014b), S. 36.

16 Europäische Kommission (2014), S. 15.

## Literaturverzeichnis


Acemoglu, Daron (2002): Technical change, inequality, and the labor market, in: Journal of Economic Literature, Vol. 40, März 2002, S. 7–72.

Adam, Nina (2013): Germany's Biggest Firms Turn Away From Home, in: The Wall Street Journal Europe, 13. Oktober 2013, S. 1, 20.

Aiyar, Shekhar, Romain Duval, Damien Puy, Yiqun Wu und Longmei Zhang (2013): Growth Slowdowns and the Middle-Income Trap. IMF Working Paper. WP/13/71. Washington, D.C., März 2013.

Alt, Heinrich (2014): Jeder kann einen Beitrag zum Wohlstand leisten. Gastbeitrag in: Die Welt, 27. Februar 2014, S. 10.

Ankenbrand, Hendrik (2014): »Die Jungen sind egoistischer als die Alten«. Interview mit Kurt Biedenkopf, in: Frankfurter Allgemeine Sonntagszeitung, 26. Februar 2014, S. 23.

Åslund, Anders (2013): Why Growth in Emerging Economies Is Likely to Fall. Peterson Institute for International Economics Working Paper WP 13–10. Washington, D.C., November 2013.

Becker, Sven, et al. (2013): Der deutsche Traum, in: Der Spiegel, 25. Februar 2013, S. 30–40.

Bhagwati, Jagdish (2002): The Unilateral Freeing of Trade versus Reciprocity, in: ders. (Hrsg.), Going Alone. The Case for Relaxed Reciprocity in Freeing Trade. The MIT Press. Cambridge/London 2002, S. 1–30.

Bollmann, Ralph (2014): Das Märchen von der maroden Infrastruktur, in: Frankfurter Allgemeine Sonntagszeitung, 13. Oktober 2013, S. 24–25.

Borstel, Stefan von, und Flora Wisdorff (2014): »Das ist unsägliches Rumschwadronieren«. Interview mit Reiner Hoffmann, in: Welt am Sonntag, 27. April 2014, S. 34.

Brändle, Tobias, Wolf Dieter Heinbach und Michael F. Maier: Tarifliche Öffnung in Deutschland: Ausmaß, Determinanten, Auswirkung, in: Zeitschrift für Arbeitsmarktforschung, Vol. 44, Nr. 1–2, Juni 2011, S. 163–172.

Brandmeir, Kathrin, Michaela Grimm, Michael Heise und Arne Holzhausen (2013): Allianz Global Wealth Report 2013. München, September 2013.

Brautzsch, Hans-Ulrich, Katja Drechsel und Birgit Schultz (2012): Unbezahlte Überstunden in Deutschland, in: Institut für Wirtschaftsforschung Halle (Hrsg.), Wirtschaft im Wandel, Jahrgang 18 (10), S. 308–315.
Brenke, Karl, und Nina Neubecker (2013): Struktur der Zuwanderungen verändert sich deutlich, in: DIW Wochenbericht, Nr. 49/2013. Berlin, Dezember 2013, S. 1–21.
Brücker, Herbert, Stephan Brunow, Johann Fuchs, Alexander Kubis, Concetta Mendolicchio und Enzo Weber (2013): Fachkräftebedarf in Deutschland. Zur kurz- und langfristigen Entwicklung von Fachkräfteangebot und -nachfrage, Arbeitslosigkeit und Zuwanderung. IAB-Stellungnahme 1/2013. Nürnberg 2013.
Brunnermeier, Markus K. und Martin Oehmke (2013): Bubbles, Financial Crises, and Systemic Risk, in: Handbook of the Economics of Finance, Volume 2, Part B, North Holland 2013, S. 1221–1288.
Brynjolfsson, Erik, und Andrew McAfee (2014): The Second Machine Age. Work, Progress, and Prosperity in a Time of Brilliant Technologies. W. W. Norton. New York/London 2014.
Buchan, David (2012): The Energiewende – Germany's gamble. Oxford Institute for Energy Studies, SP 26. Juni 2012.
Buck, Tobias (2013): Car industry creates model for solution to Spain's crisis, in: Financial Times, 4. November 2013, S. 3.
Bund der Steuerzahler (2014): Aktion Frühjahrsputz 2014. Ein Ratgeber zum Sparen. Berlin, März 2014.
Bundesinstitut für Berufsbildung (2014): Datenreport zum Berufsbildungsbericht 2014. Vorversion. Bonn, April 2014.
Bundesministerium der Finanzen (2014): Monatsbericht März 2014. Berlin, März 2014.
Bundesministerium für Arbeit und Soziales (2014): Fortschrittsbericht 2013 zum Fachkräftekonzept der Bundesregierung. Berlin 2014.
Bundesministerium für Wirtschaft und Energie (2014): Jahreswirtschaftsbericht 2014. Soziale Marktwirtschaft heute – Impulse für Wachstum und Zusammenhalt. Berlin, Februar 2014.
Bundesministerium für Wirtschaft und Energie (2014a): Fachkräfteengpässe in Unternehmen. Berlin, Januar 2014.
Bundesministerium für Wirtschaft und Energie (2014b): Monitoring-Report Digitale Wirtschaft 2013. Berlin, Februar 2014.
Bundesministerium für Wirtschaft und Technologie (2013): Schlaglichter der Wirtschaftspolitik. Monatsbericht Dezember 2013. Berlin, Dezember 2013.
Bundesverband der Deutschen Industrie (2013): Industrielle Wertschöpfungsketten. Wie wichtig ist die Industrie? Berlin, März 2013.
Busch, Berthold (2014): Zehn Jahre Osterweiterung der Europäischen

Union. iw-Trends – Vierteljahresschrift zur empirischen Wirtschaftsforschung, Nr. 1/2014. Köln, März 2014.
Busch, Berthold, Michael Grömling und Jürgen Matthes (2011): Lebt Deutschland auf Kosten südeuropäischer Länder?, in: Wirtschaftsdienst, Nr. 8/2011, Hamburg 2011, S. 537–542.
Calabria, Mark (2011): Fannie, Freddie, and the Subprime Mortgage Market. Cato Institute Briefing Papers No. 120. Washington, D.C., März 2011.
Case, Karl E., Robert J. Shiller und Anne K. Thompson (2012): What Have They Been Thinking? Homebuyer Behavior in Hot and Cold Markets, in: Brookings Papers on Economic Activity, Fall 2012, S. 265–298.
Commerzbank (2013): Sector Report Germany. Industry in Focus. Frankfurt am Main. Dezember 2013.
Cowen, Tyler (2013): Average is Over. Powering America Beyond the Age of the Great Stagnation. Dutton, New York 2013.
Cowen, Tyler (2011): The Great Stagnation. How America Ate All the Low-Hanging Fruit of Modern History, Got Sick, and Will (Eventually) Feel Better. Dutton, New York 2011.
Deaton, Angus (2006): The Great Escape: A Review of Robert Fogel's The Escape from Hunger and Premature Death, 1700–2100, in: Journal of Economic Literature, Vol. XLIV, März 2006, S. 106–114.
Delhaes, Daniel (2014): Die Mär von der Geldnot, in: Handelsblatt, 23. April 2014, S. 1.
Der Spiegel (1986): Das Weltklima gerät aus den Fugen, 11. August 1986, S. 122–134.
Der Spiegel (1984): Weg von der Mutter, 23. Januar 1984, S. 60–67.
Der Spiegel (1980): »Das muss ganz und gar freiwillig sein«. Interview mit Otto Graf Lambsdorff, 21. Juli 1980, S. 62–63.
Der Spiegel (1977): Arbeitzeit-Verkürzung: Rettende Rechnung?, 24. Januar 1977, S. 20–28.
Der Spiegel (1971): »Auf uns blickt die ganze Wirtschaft«, 13. September 1971, S. 30–41.
Der Spiegel (1969): Export als Ersatz-Nationalismus. Interview mit Herbert Giersch, 19. Mai 1969, S. 52–57.
Deutsche Bank Research (2014): Zukunft des Automobilstandorts Deutschland. Frankfurt am Main, April 2014.
Deutsche Bundesbank (2014): Perspektiven der deutschen Wirtschaft – Gesamtwirtschaftliche Vorausschätzungen für die Jahre 2014 und 2015 mit einem Ausblick auf das Jahr 2016, in: Monatsbericht Juni 2014, S. 11–30.
Deutsche Bundesbank (2014a): Die Preise für Wohnimmobilien in Deutschland im Jahr 2013, in: Monatsbericht Februar 2014, S. 65–70.
Deutsche Bundesbank (2014b): Zur Entwicklung der Nominallöhne im

Euro-Raum vor dem Hintergrund der makroökonomischen Anpassungsprozesse, in: Monatsbericht Mai 2014, S. 23–27.
Deutsche Bundesbank (2013): Die Entwicklung staatlicher Zinsausgaben in Deutschland, in: Monatsbericht September 2013, S. 47–67.
Deutsche Bundesbank (2013a): Die Preissteigerungen bei Wohnimmobilien seit dem Jahr 2010: Einflussfaktoren und regionale Abhängigkeiten, in: Monatsbericht Oktober 2013, S. 13–30.
Deutsche Rentenversicherung Bund (2013): Rentenversicherung in Zeitreichen. DRV-Schriften Band 22. Berlin, Oktober 2013.
Deutscher Bundestag (2013): Schlussbericht der Enquete-Kommission »Wachstum, Wohlstand, Lebensqualität – Wege zu nachhaltigem Wirtschaften und gesellschaftlichem Fortschritt in der Sozialen Marktwirtschaft«. Drucksache 17/13300. Berlin, Mai 2013.
Deutscher Industrie- und Handelskammertag (2014): Auslandsengagement steigt – besonders in Europa. Auslandsinvestitionen in der Industrie. Frühjahr 2014. Berlin, März 2014.
Dierig, Carsten, Olaf Gersemann und Sebastian Jost (2014): Die Zombiewirtschaft, in: Welt am Sonntag, 6. Juli 2014, S. 29.
Dierig, Carsten, Nikolaus Doll und Hagen Seidel (2012): Deutsche Firmen sehen alt aus, in: Welt am Sonntag, 28. Oktober 2012, S. 35.
Die Welt (2014): Die WELT-Rangliste der deutschen Wirtschaft, 30. Juni 2014, S. 18–19.
Doll, Nikolaus, Steffen Fründt, Ernst-August Ginten, Thomas Heuzeroth, Birger Nicolai, Andre Tauber und Daniel Wetzel (2013): Bodenlos, in: Welt am Sonntag, 12. Mai 2013, S. 13–17.
Doll, Nikolaus, Thomas Heuzeroth, Yashar Nasrollahi, Birger Nicolai und Daniel Wetzel (2013): Wo Deutschland am verwundbarsten ist, in: Die Welt, 25. September 2013, S. 14.
Doll, Nikolaus und Andre Tauber (2014): China will Europas Automarkt aufmischen, in: Die Welt, 6. März 2014, S. 12.
Dombret, Andreas (2013): Eingangsstatement zum Finanzstabilitätsbericht 2013. Frankfurt am Main, 14. November 2013.
Donnan, Shawn (2013): Into uncharted waters, in: Financial Times, 25. Oktober 2013, S. 9.
Dowideit, Anette (2014): Notfall Krankenhaus, in: Welt am Sonntag, 2. Februar 2014, S. 13–17.
Dowideit, Anette (2012): Oma wohnt jetzt in der Slowakei, in: Welt am Sonntag, 28. Oktober 2012, S. 40.
Dowideit, Anette, Steffen Fründt, Martin Greive, Florian Hassel und Tobias Kaiser (2009): Rente mit 69 – aber wie?, in: Welt am Sonntag, 26. Juli 2009, S. 22–23.

Drost, Frank M. (2014): Sparkasse als Exportschlager, in: Handelsblatt, 31. März 2014, S. 28–29.
Dudenhöffer, Ferdinand (2014): Lassen sich »Hochkosten«-Standorte durch Premiumbranchen absichern?, in: ifo-Schnelldienst, 6/2014, März 2014, S. 26–30.
Dustmann, Christian, Bernd Fitzenberger, Uta Schönberg und Alexandra Spitz-Oener (2014): From Sick Man of Europe to Economic Superstar: Germany's Resurgent Economy, in: Journal of Economic Perspectives, 28(1), S. 167–188.
DZ Bank Research (2013): Immobilienblase in Deutschland. Phantom oder reale Bedrohung? DZ Bank Wirtschaftsbrief Nummer 371, 4. November 2013.
Eichengreen, Barry, Donghyun Park und Kwanho Shin (2013): Growth Slowdowns Redux: New Evidence on the Middle-Income Trap. NBER Working Paper 18673. Cambridge, Massachusetts, Januar 2013.
Eichengreen, Barry, Donghyun Park and Kwanho Shin (2012), When Fast Growing Economies Slow Down: International Evidence and Implications for China, Asian Economic Papers 11, S. 42–87.
Ernst & Young (2013): Entwicklung der Dax-30-Unternehmen im Geschäftsjahr 2012. 2013.
Ettel, Anja, und Steffen Fründt (2014): Ausgepikst, in: Welt am Sonntag, 2. Februar 2014, S. 29–30.
Euro Asia Consulting (2014): Implications of Chinese Competitor Strategies for German Machinery Manufacturers. Shanghai/München, Februar 2014.
Europäische Kommission (2014): Bewertung des nationalen Reformprogramms und des Stabilitätsprogramms. Brüssel, Juni 2014.
Evenett, Simon J. (2013): What Restraint? Five Years of G20 Pledges on Trade. Centre for Economic Policy Research. London 2013.
Fabricius, Michael (2014): Zeit der Panikkäufer, in: Welt am Sonntag, 23. Februar 2014, S. 43–44.
Fasse, Markus (2013): Warnsignale aus München, in: Handelsblatt, 30. Oktober 2013, S. 16.
Fasse, Markus, und Axel Höpfner (2013): »Der Roboter ist ja ein Gesamtpaket«. Interview mit Till Reuter, in: Handelsblatt, 10. Dezember 2013, S. 24.
F+B (2014): F+B-Wohn-Index Deutschland 2014. Quartalsbericht I-2014.
Federal Reserve Bank of San Francisco: The Suprime Mortgage Market. 2007 Annual Report. San Francisco 2007.
Fogel, Robert (2010): $123,000,000,000,000: China's estimated economy by the year 2040. Be warned, in: Foreign Policy, Januar/Februar 2010, S. 70–75.
Folkerts-Landau, David (2013): Deutsche Leistungsbilanzüberschüsse – Kri-

tik nicht stichhaltig, in: Deutsche Bank Research (Hrsg.), Standpunkt Deutschland. Frankfurt am Main, Dezember 2013.
Foy, Henry (2013): Innovators face fight to win heart and minds. FT Special Report: The Future of the Car, in: Financial Times, 20. November 2013.
Frankfurter Allgemeine Zeitung (2013): Berlin weist amerikanische Kritik an Deutschlands Exportstärke zurück, 1. November 2013, S. 11.
Freitag, Michael (2014): Batterieschaden, in: Manager Magazin, Januar 2014, S. 20–22.
Freitag, Michael (2013): Mit Vollgas ins Risiko, in: Manager Magazin, Dezember 2013, S. 56–61.
Frey, Carl Benedikt, und Michael A. Osborne (2013): The future of employment: How susceptible are jobs to computerisation? Working Paper, Stand: 17. September 2013. Oxford 2013.
Fuchs, Johann, und Doris Söhnlein (2013): Projektion der Erwerbsbevölkerung bis zum Jahr 2060. IAB-Forschungsbericht 10/2013. Nürnberg 2013.
Fuchs, Johann, Doris Söhnlein und Brigitte Weber (2011): Rückgang und Alterung sind nicht mehr aufzuhalten. IAB-Kurzbericht 16/2011. Nürnberg 2011.
Gabriel, Sigmar (2014): Die Politik eines neuen Betriebssystems, in: Frankfurter Allgemeine Zeitung, 16. Mai 2014, S. 9.
Gassmann, Michael (2014): Konsum ist supergeil, in: Welt am Sonntag, 15. Juni 2014, S. 29.
Gathmann, Christina, Nicolas Keller und Ole Monscheuer (2014): Zuwanderung nach Deutschland – Problem und Chance für den Arbeitsmarkt, in: Hamburgisches Weltwirtschaftsinstitut (Hrsg.), Wirtschaftsdienst, 94. Jahrgang, Heft 3, Hamburg 2014, S. 159–164.
Gehrke, Birgit, Ulrich Schasse, Andreas Kladroba und Gero Stenke (2013): FuE-Aktivitäten von Wirtschaft und Staat im internationalen Vergleich. Studien zum deutschen Innovationssystem 2-2013. Hannover/Essen, Februar 2013.
Gersemann, Olaf (2014): »Wir erleben die größte Innovation der Geschichte«. Interview mit Erik Brynjolfsson, in: Die Welt, 15. Februar 2014, S. 10.
Gersemann, Olaf (2013): Vom »kranken Mann des Euro« zum »widerwilligen Hegemon Europas«, in: Welt am Sonntag, 16. Juni 2013, S. 32–33.
Gersemann, Olaf, und Martin Greive (2013): Der transatlantische Traum, in: Welt am Sonntag, 10. Februar 2013, S. 31.
Gersemann, Olaf (2004): »Rezept für eine Weltrezession«. Interview mit Robert Shiller, in: Wirtschaftswoche, 30. September 2004, S. 26.
Geyer, Steven, und Thorsten Knuf (2012): »Die Wähler sind klug«. Interview mit Katrin Göring-Eckardt, in: Berliner Zeitung, 24. Dezember 2012, S. 6.

Goldin, Claudia, und Lawrence F. Katz (2009): The Race Between Education and Technology. The Belknap Press. Cambridge/London 2009.
Gordon, Robert J. (2014): The demise of U.S. economic growth: Restatement, rebuttal, and reflections. NBER Working Paper No. 19895. Februar 2014.
Gordon, Robert J. (2012): Why innovation won't save us, in: The Wall Street Journal, 22. Dezember 2012, S. C3.
Grabka, Markus M., und Christian Westermeier (2014): Anhaltend hohe Vermögensungleichheit in Deutschland, in: DIW-Wochenbericht 9/2014. Berlin, Februar 2014, S. 151–164.
Greenspan, Alan (2013): The Map and the Territory. The Pinguin Press. New York 2013.
Greenspan, Alan (2010): The Crisis. Brookings Papers on Economic Activity, Spring 2010, S. 201–261.
Greive, Martin (2014): Freihändel, in: Welt am Sonntag, 2. März 2014, S. 31.
Greive, Martin (2014a): Freihandelsabkommen ist Gabriels Verliererthema, in: Die Welt, 11. März 2014, S. 5.
Greive, Martin (2014b): Die Null muss stehen, in: Die Welt, 13. März 2014, S. 10.
Greive, Martin (2014c): Nackte Kaiser, in: Welt am Sonntag, 11. Mai 2014, S. 37.
Haimann, Richard (2014): Banken gehen wieder auf Risiko, in: Die Welt, 9. April 2014, S. 15.
Hamburgisches Weltwirtschaftsinstitut (2011): Wege zur Vollbeschäftigung. Hamburg 2011.
Handelsblatt (2013): Deutschlands Kraftzentren, 14. November 2013, S. 6.
Hanushk, Eric A., Ludger Wößmann und Lei Zhang (2012): Das Pro und Contra der dualen Berufsausbildung über die Erwerbslebenszyklen in einer sich wandelnden Welt, in: ifo-Schnelldienst 1/2012, S. 40–42.
Hauptmann, Andreas, und Hans-Jörg Schmerer (2012): Wer profitiert vom deutschen Exportboom? IAB-Kurzbericht 20/2012. Nürnberg 2012.
Heckel, Margaret (2013): Aus Erfahrung gut. Wie die Älteren die Arbeitswelt erneuern. Edition Körber-Stiftung. Hamburg 2013.
Helmrich, Robert, Gerd Zika, Michael Kalinowski und Marc Ingo Wolter (2012): Engpässe auf dem Arbeitsmarkt: Geändertes Bildungs- und Erwerbsverhalten mildert Fachkräftemangel. BIBB-Report, Heft 18. Bonn, Mai 2012.
Herbert, Ulrich (2001): Geschichte der Ausländerpolitik in Deutschland. Saisonarbeiter, Zwangsarbeiter, Gastarbeiter, Flüchtlinge. C. H. Beck. München 2001.
Herdin, Gunvald, und Cort-Denis Hachmeister (2014): Der CHE Numerus Clausus-Check 2013/14. CHE-Arbeitspapier Nr. 178. Gütersloh, April 2014.
Institut der deutschen Wirtschaft Köln (2014): In guter Gesellschaft, in: iw-dienst, 15. Mai 2014, S. 1–2.

Institut für Demoskopie Allensbach (2013): Voller Zuversicht ins neue Jahr. Allensbacher Kurzbericht. Allensbach, Dezember 2013.

International Energy Agency (2013): World Energy Outlook 2013. Paris, November 2013.

Internationaler Währungsfonds (2014): Germany. Staff Report for the Article IV Consultation. Washingon, D.C., Juni 2014.

Internationaler Währungsfonds (2013): World Economic Outlook, October 2013: Transitions and Tensions. Washington, D.C., Oktober 2013.

Internationaler Währungsfonds (2013a): Germany. 2013 Article IV Consultations. Washington, D.C., Juli 2013.

Jaramillo, Adriana, und Thomas Melonio (2011): Breaking even or breaking through: reaching financial sustainability while providing high quality standards in higher education in the Middle East and North Africa. Washington, D.C., August 2011.

Jervell, Ellen Emmerentze (2014): For Him, 10.000 Articles Is a Day's Work, in: The Wall Street Journal Europe, 15. Juli 2014, S. 27.

Jörges, Hans-Ulrich (2014): Das Ende der deutschen Angst, in: Stern, 17. Juli 2014, S. 10.

Jones, Benjamin, E. J. Reedy und Bruce A. Weinberg (2014): Age and scientific genius. NBER Working Paper 19866, Januar 2014.

Jost, Sebastian (2014): Ende einer Party, in: Welt am Sonntag, 2. Februar 2014, S. 34.

Jürgens, Isabell (2014): Risse, Rost und brüchiger Beton, in: Berliner Morgenpost, 1. April 2014, S. 9.

Katz, Lawrence F., und Robert A. Margo (2013): Technical Change and the Relative Demand for Skilled Labor: The United States in Historical Perspective. Working Paper, Stand: September 2013.

Keller, Matthias, und Thomas Haustein (2013): Vereinbarkeit von Familie und Beruf. Ergebnisse des Mikrozensus 2012, in: Statistisches Bundesamt (Hrsg.), Wirtschaft und Statistik. Wiesbaden, Dezember 2013, S. 862–881.

KfW Bankengruppe (2014): KfW-Kommunalpanel 2014. Frankfurt am Main, Mai 2014.

Kindleberger, Charles P., und Robert Z. Aliber (2000): Manias, Panics, and Crashes. A History of Financial Crises. Fünfte Auflage. John Wiley & Sons, Inc. Hoboken, New Jersey, 2000.

Klodt, Henning (2013): Keynes oder Mises? Wer hat die bessere Therapie für die Schuldenkrise, in: Deutsches Institut für Wirtschaftsforschung (Hrsg.), Vierteljahrshefte zur Wirtschaftsforschung, 82. Jahrgang, 02.2013, S. 39–49.

Koch, Alexander, und Andreas Rees (2013): German companies towing Europe. UniCredit Economic Special. München, März 2013.

Köcher, Renate (2014): Generationenkrieg fällt aus, in: Wirtschaftswoche, 31. März 2014, S. 40.
Kommission Zukunft der Verkehrsinfrastrukturfinanzierung (2012): Bericht der Kommission. Dezember 2012.
Krebs, Tom, und Martin Scheffel (2013): Macroeconmic Evaluation of Labor Market Reform in Germany. IMF Working Paper WP/13/42. Washington, D.C., Februar 2013.
Kresge, Naomi (2013) : Germany Is Exporting Its Grandmas, in: Business Week, 29. September 2013, S. 20–22.
Lauk, Kurt (2014): Unser Export nutzt allen, in: Handelsblatt, 24. März 2014, S. 48.
Lautenschläger, Sabine (2013): Eingangsstatement zum Finanzstabilitätsbericht 2013. Frankfurt am Main, 14. November 2013.
Lee, Il Houng, Murtaza Syed und Xueyan Lui (2012): Is China Over-Investing and Does it Matter? IMF Working Paper WP/12/277. Washington, D.C., November 2012.
Lev-Ram, Michal (2014): The End of Driving, in: Fortune, Europe edition, 30. Juni 2014, S. 36–42.
Levy, David M., und Sandra J. Peart (2011): Soviet growth and American textbooks: An endogenous past, in: Journal of Economic Behavior and Organization, Volume 78, Nr. 1–2, S. 110–125.
Liu, Xuepeng (2007): GATT/WTO Promotes Trade Strongly: Sample Selection and Model Specification, in: Review of International Economics, Volume 17, No. 3, 2007, S. 428–446.
Losse, Bert, Konrad Fischer und Marisa Steiner (2013): »Politische Heiligtümer«. Streitgespräch zwischen Karl-Heinz Paqué und Ernst Ulrich von Weizsäcker, in: Wirtschaftswoche, 15. April 2013, S. 38–41.
Luft, Stefan (2014): Dort lasst euch ruhig nieder, in: Frankfurter Allgemeine Zeitung, 20. Januar 2014, S. 7.
Maddison, Angus (2001): The World Economy. A Millenial Perspective. OECD Development Centre Studies. Paris 2001.
Merola, Rossana, und Douglas Sutherland (2012): Fiscal Consolidation: Part 3. Long-Run Projections and Fiscal Gap Calculations. OECD Economics Department Working Papers No. 934.
Metzger, Georg (2014): KfW-Gründungsmonitor 2014. Gründungstätigkeit wiederbelebt – Impulse aus dem Nebenerwerb. Frankfurt am Main, Mai 2014.
Morgan Stanley Research (2014): ContagEM. Could it be worse than the 1990s for DM? Morgan Stanley Blue Paper, März 2014.
Müller-Dröge, Hans Christian (2014): »Merkel reagiert auf Kritik und räumt Schwächen ein«, in: Handelsblatt, 20. Februar 2014, S. 10.

Nomura Economic Research (2013): European exposure to China. Juli 2013.
OECD (2014): Deutschland. Den Vorsprung sichern: Inklusives Wachstum durch Wettbewerbsfähigkeit. Paris 2014.
OECD (2014a): Economic Outlook, Volume 2014/1. Paris 2014.
OECD (2014b): Going for Growth. Interim Report. Paris 2014.
OECD (2014c): Wirtschaftsberichte: Deutschland. Paris 2014.
OECD (2013): PISA 2012. Ergebnisse im Fokus. Paris 2013.
OECD (2013a): Economic Policy Reforms: Going for Growth 2013. Paris 2013.
OECD (2013b): Bildung auf einen Blick 2013. OECD-Indikatoren. Paris 2013.
OECD (2013c): Skills Outlook 2013. Paris, November 2013.
OECD (2012): Internet Economy Outlook 2012. Paris 2012.
Oxford Economics (2012): Global Talent 2021. How the new geography of talent will transform human resource strategies. Oxford 2012.
Palla, Rudi (2010): Von Sesselträgern, Drahtziehern und Lustfeuerwerkern. Verschwundene Berufe und ihre Geschichte. Weltbild Verlag. Augsburg 2010.
Posen, Adam (2013): Deutschland zerstört die Euro-Zone, in: Die Welt, 15. Juni 2013, S. 12.
Prantl, Heribert (2003): Der Treppenwitz der SPD, in: Süddeutsche Zeitung, 15. März 2003, S. 4.
Prenzel, Manfred, Christine Sälzer, Eckhard Klieme und Olaf Köller (2013, Hrsg.): PISA 2012: Fortschritte und Herausforderungen in Deutschland. Waxmann Verlag. Münster 2013.
Projektgruppe Gemeinschaftsdiagnose (2014): Deutsche Konjunktur im Aufschwung – aber Gegenwind von der Wirtschaftspolitik. Frühjahr 2014. Berlin, April 2014.
Projektgruppe Gemeinschaftsdiagnose (2010): Erholung setzt sich fort – Risiken bleiben groß. Gemeinschaftsdiagnose Frühjahr 2010. Berlin, April 2010.
Ravallion, Martin (2009): The Developing World's Bulging (but Vulnerable) »Middle Class«. The World Bank Policy Research Working Paper 4816. Januar 2009.
Reiermann, Christian (2007): Wirtschaftswunder 2.0, in: Der Spiegel, 23. April 2007, S. 80–82.
Ross, Hannes, und Tobias Schmitz (2007): »Mit Politikern sprechen wir nicht mehr«, in: Stern, 16. Mai 2007, S. 202.
Rürup, Bert, und Dirk Heilmann (2013): Fette Jahre. Warum Deutschland eine glänzende Zukunft hat. Aktualisierte Neuauflage. Deutscher Taschenbuch Verlag. München 2013.
Sachverständigenrat zur Begutachtung der gesamtwirtschaftlichen Entwick-

lung (2013): Gegen eine rückwärtsgewandte Wirtschaftspolitik. Jahresgutachten 2013/2014. Wiesbaden, November 2013.
Sachverständigenrat zur Begutachtung der gesamtwirtschaftlichen Entwicklung (2011): Herausforderungen des demografischen Wandels. Expertise im Auftrag der Bundesregierung. Wiesbaden, Mai 2011.
Sachverständigenrat zur Begutachtung der gesamtwirtschaftlichen Entwicklung (2011a): Verantwortung für Europa wahrnehmen. Jahresgutachten 2011/12. Wiesbaden, November 2011.
Sachverständigenrat zur Begutachtung der gesamtwirtschaftlichen Entwicklung (2009): Die Zukunft nicht auf Spiel setzen. Jahresgutachten 2009/2010. Wiesbaden, November 2009.
Sachverständigenrat zur Begutachtung der gesamtwirtschaftlichen Entwicklung (1977): Jahresgutachten 1977/78. Bonn, November 1977.
Schaefer, Thilo, und Ralph Brügelmann (2014): Bundeshaushalt 2015. Wie krisenfest plant der Staat? Kurzstudie des Instituts der deutschen Wirtschaft. Köln, März 2014.
Schmillen, Achim, und Heiko Stüber (2014): Bildung lohnt sich ein Leben lang. IAB-Kurzbericht 1/2104.
Schneider, Friedrich (2014): Der Einfluss der Wirtschaftslage auf die Schattenwirtschaft in Deutschland und anderen OECD-Staaten in 2014: Kein einheitliches Bild. Arbeitspapier, revidierte Version vom 22. Januar 2014.
Schnell, Christian, und Mark C. Schneider (2014): Volvo attackiert Audi, in: Handelsblatt, 24. März 2014, S. 16–17.
Schott, Jeffrey (1994): The Uruguay Round: An Assessment. Institute for International Economics. Washington, D.C., November 1994.
Schröder, Christoph (2013): Produktivität und Lohnstückkosten der Industrie im internationalen Vergleich. iw-Trends, 4/2013. Köln, Dezember 2013.
Schufa (2014): Schufa Kredit-Kompass 2014. Wiesbaden, April 2014.
Schwab-Felisch, Hans (2012): »Die Weber« – ein Spiegel des 19. Jahrhundert, in: ders. (Hrsg.), Gerhart Hauptmann – Die Weber – Dichtung und Wirklichkeit. 13. Auflage. Ullstein. Berlin 2012, S. 73–113.
Schwarz, Michael, und Juliane Gerstenberger (2014): Investitionen: Mittelstand noch im Plus, Großunternehmen schon lange im Minus, in: KfW Economic Research (Hrsg.), Fokus Volkswirtschaft Nr. 61. Frankfurt am Main, Juni 2014.
Sinn, Hans-Werner (2013): Das demographische Defizit – die Fakten, die Folgen, die Ursachen und die Politikimplikationen, in: ifo-Schnelldienst 21/2013, 66. Jahrgang, München, November 2013, S. 3–23.
Sinn, Hans-Werner (2003): Ist Deutschland noch zu retten? 1. Auflage. Econ Verlag. München 2003.

Solveen, Ralph, und Jörg Krämer (2013): Euroraum: Die Probleme wandern nach Norden. Commerzbank Economic Insight, 17. Juni 2013.

Sommer, Ulf (2013): Das Chinamärchen, in: Handelsblatt, 5. August 2013, S. 4–5.

Statistisches Bundesamt (2014): Bauhauptgewerbe. Lange Reihen – Auftragseingang – Indizes. Dezember 2013. Wiesbaden, Februar 2014.

Statistisches Bundesamt (2014a): Bevölkerung und Erwerbstätigkeit – Wanderungen. 2012. Wiesbaden, Februar 2014.

Statistisches Bundesamt (2014b): Volkswirtschaftliche Gesamtrechnungen 2013. Inlandsproduktberechnung. Lange Reihen ab 1970. Wiesbaden, Mai 2014.

Statistisches Bundesamt (2014c): Volkswirtschaftliche Gesamtrechnungen. Beiheft Investitionen. 2. Halbjahr 2013. Wiesbaden, März 2014.

Statistisches Bundesamt (2014d): Produzierendes Gewerbe. Kostenstruktur der Unternehmen des Verarbeitenden Gewerbes sowie des Bergbaus und der Gewinnung von Steinen und Erden 2012. Wiesbaden, Juni 2014.

Statistisches Bundesamt (2014e): Verdienste und Arbeitskosten. Reallohnindex und Nominallohnindex. 1. Quartal 2014. Wiesbaden, Juni 2014.

Statistisches Bundesamt (2013): Volkswirtschaftliche Gesamtrechnungen. Private Konsumausgaben und Verfügbares Einkommen. Beiheft. 4. Quartal 2013. Wiesbaden, März 2014.

Statistisches Bundesamt (2013a): Bauen und Wohnen. Baugenehmigungen/ Baufertigstellungen. Lange Reihe z. T. ab 1949. Wiesbaden, September 2013.

Statistisches Bundesamt (2013b): Wirtschaftsrechnungen. Einkommens- und Verbrauchsstichprobe Wohnverhältnisse privater Haushalte. Wiesbaden, November 2013.

Statistisches Bundesamt (2009): Bevölkerung Deutschlands bis 2060. 12. koordinierte Bevölkerungsvorausberechnung. Wiesbaden, November 2009.

Steinbrück, Peer (2013): Vorwort, in: Rürup/Heilmann (2013), S. VII-X.

Stifterverband für die Deutsche Wissenschaft (2013): FuE-Datenreport 2013. Tabellen und Daten. Essen 2013.

Stothard, Michael (2013): Eurozone companies face debt divergence, in: Financial Times, 9. Juli 2013, S. 1.

Subramanian, Arvind, und Shang-Jin Wei (2007): The WTO promotes trade, strongly but unevenly, in: Journal of International Economics, Volume 72, Nr. 1, S. 151–175.

Tauber, Andre (2014): Google lässt Autofahren, in: Die Welt, 30. Mai 2014, S. 12.

Taylor, John B. (2007): Housing and monetary policy, in: Federal Reserve

Bank of Kansas City, Proceedings – Economic Policy Symposium. Jackson Hole 2007, S. 463–476.

Techniker Krankenkasse (2013): Bleib locker, Deutschland! TK-Studie zur Stresslage der Nation. Hamburg, Oktober 2013.

The Economist (2013): Special Report on Germany. Europe's reluctant hegemon, 15. Juni 2013, S. 3–7.

The Economist (2013a): When giants slow down, 27. Juli 2013, S. 17–19.

The Economist (2009): Burgeoning bourgeoise. A special report on the new middle classes in emerging markets, 14. Februar 2009.

Trabandt, Mathias, und Harald Uhlig (2013): How Do Laffer Curves Differ across Countries?, in: Alberto Alesina und Francesco Giavazzi (Hrsg.), Fiscal Policy after the Financial Crisis. The University of Chicago Presse. Chicago 2013, S. 211–249.

Unctad (2014): World Investment Report 2014. Genf, Juni 2014.

Vereinte Nationen (1987): Our Common Future. Report of the World Commission on Environment and Development. 1987.

Weidmann, Jens (2013): Herausforderungen des Niedrigzinsumfelds. Rede beim Wirtschaftstag der Volks- und Raiffeisenbanken. Frankfurt am Main, November 2013.

Weltbank (2013): Doing Business 2014. Economic Profile: Germany. Washington, D.C., 2013.

Weltbank (1984): World Development Report 1984. Washington, D.C., Juli 1984.

Welthandelsorganisation (2011): Understanding the WTO. Genf 2011.

Werding, Martin (2014): Tragfähigkeit der öffentlichen Finanzen: Modellrechnungen für die mittlere und lange Frist. Ifo-Forschungsbericht Nr. 64. München, März 2014.

Werres, Thomas (2013): Die China-Opfer, in: Manager Magazin, September 2013, S. 60–63.

Wisdorff, Flora (2014): »Erste Anzeichen für De-Industrialisierung«. Interview mit Rainer Dulger, in: Die Welt, 4. März 2014, S. 10.

Wolf, Martin (2013): Germany's strange parallel universe, in: Financial Times, 25. September 2013, S. 7.

Yalcin, Erdal, und Kilian Zacher (2011): Zur Lage der deutschen Exporte, in: ifo-Schnelldienst, 21/2011, S. 17–25.

Zeuner, Jörg (2013): Wege aus der Demografiefalle, in: KfW Economic Research (Hrsg.), Fokus Volkswirtschaft Nr. 34. Frankfurt am Main, November 2013.

Zhong, Raymond (2013): The Stories Germans Tell Themselves, in: The Wall Street Journal Europe, 20. Juni 2013, S. 17.